北京“一城三带”历史丛书

北京西山永定河故事

李　良　唐晓峰　主编

中共北京市委党史研究室
北京市地方志编纂委员会办公室　著

北京出版集团
北京出版社

图书在版编目（CIP）数据

北京西山永定河故事 / 李良，唐晓峰主编 ；中共北京市委党史研究室，北京市地方志编纂委员会办公室著. —北京 ：北京出版社，2022. 5
（北京“一城三带”历史丛书）
ISBN 978－7－200－16712－2

Ⅰ. ①北… Ⅱ. ①李… ②唐… ③中… ④北… Ⅲ. ①永定河—文化史—北京 Ⅳ. ①G127. 1

中国版本图书馆 CIP 数据核字（2021）第 277738 号

北京“一城三带”历史丛书
北京西山永定河故事
BEIJING XISHAN YONGDINGHE GUSHI
李　良　唐晓峰　主编
中共北京市委党史研究室
北京市地方志编纂委员会办公室　著

*

北京出版集团
北京出版社　出版
（北京北三环中路 6 号）
邮政编码：100120
网　　址：www. bph. com. cn
北京出版集团总发行
新华书店经销
北京建宏印刷有限公司印刷

*

787 毫米×1092 毫米　16 开本　24. 5 印张　336 千字
2022 年 5 月第 1 版　2022 年 5 月第 1 次印刷
ISBN 978－7－200－16712－2
定价：65. 00 元
如有印装质量问题，由本社负责调换
质量监督电话：010－58572393
编辑部电话：010－58572617；发行部电话：010－58572371

《北京西山永定河故事》
编委会

序　言

北京是世界著名古都，古迹遗存富集，文化积淀深厚。早在70万年前，这片沃土上就出现了以“北京猿人”为代表的古人类。经过数十万年的繁衍生息，这里孕育了蓟、燕二城，开启了3000多年的建城史；自金中都建立，开启了800多年的建都史。北京丰富的历史文化是一张金名片，更是中华文明源远流长的伟大见证。

“一城三带”，即历史文化名城、大运河文化带、长城文化带和西山永定河文化带，是北京独有的文化标志。老城是历史文化名城保护的重点地区，具有无与伦比的历史文化和社会价值；中轴线是老城的灵魂和脊梁，代表着东方文明古都规划建设的最高成就；三条文化带承载着北京“刚柔相济、山水相依”的自然文化资源和城市发展历史。老城为本、中轴线为魂、运河为脉、长城为屏、西山为根、永定河为源，它们相辅相成、相得益彰，成为古都风韵、首都风范、时代风貌的集中体现。

为深入贯彻落实习近平总书记关于“让书写在古籍里的文字都活起来”的指示精神，挖掘传承“一城三带”历史文化内涵，服务全国文化中心建设，经市委、市政府批准，中共北京市委党史研究室、北京市地方志编纂委员会办公室策划编写了“北京‘一城三带’历史丛书”，包括《北京老城故事》《北京中轴线故事》《北京大运河故事》《北京长城故事》《北京西山永定河故事》。

《北京老城故事》，主要讲述“蓟燕并封　金立中都”“匠人营国　大汗之城”“天子踞北　帝都典范”“旗民分治　都邑维旧”“民国新举　近代都市”“红色京华　古都新生”的故事，通过丰富翔实的史料，展现老城“营城建都”的发展过程，梳理从建城到新中国首都的总体脉络，揭示老城丰富厚重的文化底蕴。

《北京中轴线故事》，主要讲述“中轴源起　古都神韵”“紫垣中正　威严壮美”“坛庙祀典　敬天法祖”“皇家禁苑　历经风雨”“阛阓之带　商贾云集”“红墙见证　海晏河清”的故事，从历史文化的视角，纵览中轴线的沧桑变迁，彰显“执中守正”的营造理念，感悟博大精深的传统文化。

《北京大运河故事》，主要讲述“波延百里　事越千年”“堤渠闸桥　束流启漕”“南粮北运　百物随伴”“河岸胜景　人文时光”“锦帆水驿　汇通交融”“枕流人家　文化赓续”的故事，用商贾云集、繁华喧闹的场景，体现大运河文化带悠久的历史风貌，揭示其在都城发展中扮演的重要角色，留存南北交融、通商惠工的宝贵记忆。

《北京长城故事》，主要讲述“都城藩篱　人类奇迹”“天堑屏障　居庸雄关”“京师锁钥　古北要冲”“军防村镇　文化瑰宝”“长城抗战　精神丰碑”“长城雄姿　名扬世界”的故事，以跌宕起伏的情节，赞美北京段长城的巍峨险峻，记录拱卫都城的重要作用，讴歌血战到底的抗战精神。

《北京西山永定河故事》，主要讲述“莽莽西山　文脉绵绵”“水润京华　大河永定”“帝王遗踪　皇家苑囿”“古刹云集　钟灵毓秀”“驼铃古道　人杰地灵”“红色印记　永恒丰碑”的故事，倾注朴实无华的笔墨，体现西山永定河北京文明之源的特点，凸显孕育北京人历史之根的地位，昭示北京城文化之魂的意义。

丛书是面向社会大众的通俗性历史读物。我们依托北京浩如烟海的史志文化资源，挖掘新史料、吸收新成果，阐释蕴含在古籍中的历史人文内涵，确保权威性和科学性。丛书采用史话体裁，用通俗易懂的语言，讲述生动鲜活的故事，图文并茂、简洁明快，力求具有吸引力，扩大影响力。

“一城三带”品北京，继往开来话传承。希望读者通过阅读这套丛书，对源远流长的古都文化、丰富厚重的红色文化、特色鲜明的京味文化留下深刻记忆，更加认识北京、了解北京、热爱北京，从而进一步坚定文化自信，鼓荡起建设国际一流和谐宜居之都的磅礴伟力。

目　录

水润京华　大河永定

帝王遗踪　皇家苑囿

古刹云集　钟灵毓秀

驼铃古道　人杰地灵

红色印记　永恒丰碑

前　言

北京西山位于太行山脉最北段，峰峦绵延叠嶂，宛如腾蛟起蟒，护佑着千年古城，有“神京右臂”之美誉；永定河发源于山西桑干河、内蒙古洋河和北京妫水河，东流冲出西山，催生滋养着北京小平原，被誉为北京的母亲河。这里山水林湖灵秀天成，历史文化富集厚重，人文自然高度融合，构筑起以“一山一水”为基本骨架的西山永定河文化带。

西山永定河文化带孕育了北京人、北京城，奠定了北京城市的自然本底和文化底蕴。为深入挖掘和阐释其历史文化内涵，服务全国文化中心建设，中共北京市委党史研究室、北京市地方志编纂委员会办公室全面梳理西山永定河历史文化脉络，编写了《北京西山永定河故事》。全书共分6个板块，精选66个故事，力求呈现该文化带作为北京文明之源、历史之根、文化之魂的面貌。

“莽莽西山　文脉绵绵”，由13个故事组成。该板块既介绍了西山的地质演变和生命起源，又记录了周口店“北京人”和“东胡林人”等古人类文明；既有建城肇始燕国都城的历史变迁，又有汉唐时期北方重镇的沧桑巨变；还有建都之始金中都的兴衰更替，和营建元大都及明北京城的匠心独运。

“水润京华　大河永定”，由8个故事组成。该板块以永定河利用和治理为主线，主要讲述三国时期修戾陵堰和车箱渠、金元两朝开凿金口河、清康熙帝疏浚并赐名永定河、新中国修建官厅水库等故事。

“帝王遗踪　皇家苑囿”，由11个故事组成。该板块以跨越五朝的南海子和清代营造的“三山五园”为重点，并将明景泰陵、香山健锐营、京西御稻等点缀其中，充分体现了西山永定河文化带皇家文化的深厚积淀。

“古刹云集　钟灵毓秀”，由11个故事组成。该板块以肃穆威严的名刹古寺为主要对象，精选潭柘寺、云居寺、大觉寺、法海寺等历史悠久的寺庙，对建筑形制、宗教文化、古树名木等进行了翔实描绘。

“驼铃古道　人杰地灵”，由12个故事组成。该板块以京西古商道、古香道、古村落为背景，聚焦商贸交通、民俗民居和名人轶事，再现了昔日商贾云集、民风淳朴的繁荣景象，诠释了曹雪芹、顾颉刚、梁思成、梅兰芳等人与西山的不解之缘。

“红色印记　永恒丰碑”，由11个故事组成。该板块以传承红色文化、赓续红色基因为主轴，选取长辛店、卢沟桥宛平城、霞云岭堂上村、香山双清别墅等点位，生动重现发生在这里的早期工人运动、全民族抗战爆发、《没有共产党就没有新中国》歌曲创作，以及毛泽东等老一辈革命家筹建新中国、解放全中国的峥嵘岁月。

西山永定河文化带文脉深厚，古都文化历久弥新，京味文化丰富多彩，红色文化催人奋进，已成为北京历史文化名城的重要组成部分。讲好西山永定河的故事，厚植北京山水城市的意象，留住精神家园的记忆，正是我们编写本书的初衷。希望通过我们的努力，引领读者走近莽莽西山、永定河畔，感悟这片热土自然人文相得益彰的文化魅力，领略其在实现中华民族伟大复兴进程中展现的时代风貌。

莽莽西山
文脉绵绵

从西山探微“地球成长史”

走进北京西山深处，透过门头沟雁翅镇的叠层石，可以一窥生命之初的活动痕迹；比较妙峰山镇的岩石，可以追溯“雪球地球”时期的生物演化；考察千家店镇的足迹化石，可以聆听来自恐龙时代的远古回响。岩石犹如一部百科全书，忠实记录着46亿年来地球的沧桑变化。

叠层化石　生命初痕

雁翅镇太子墓村西北方向的山上，有许多大小不等、凸面向上、形似馒头的石头，多独立存在，也有三五成群，甚至互相堆叠的。更为奇特的是，每块石头上密布着若隐若现、同心圆状的线条。这些石头在地质学上称为叠层石，是由名叫蓝细菌的微生物在生命活动中，将海水中的钙、镁碳酸盐及其碎屑颗粒粘接、沉淀形成的化石。蓝细菌被称为地球生物圈的缔造者。

约46亿年前，地球诞生之初是一团沸腾的熔岩，就像一个巨大的火球，表面温度超过1200℃，没有坚硬的外壳，也没有氧气，只有二氧化碳、氮气和水蒸气，更没有生命存在。约39亿年前，地球上开始出现水和陆地，但温度仍然很高，生命依然无法存活。

约30多亿年前，海水中到处浮游着蓝细菌。这些单细胞生物是地球上最初的生命形态。蓝细菌很小，几乎无法独自生存，只能“抱团”附

<table>
<tr><th colspan="6">地质年代</th></tr>
<tr><th rowspan="2">宙</th><th rowspan="2">代</th><th rowspan="2">纪</th><th colspan="3">生物演化阶段</th></tr>
<tr><th colspan="2">动物</th><th>植物</th></tr>
<tr><td rowspan="13">显生宙</td><td rowspan="3">新生代
（0.66亿年前至今）</td><td>第四纪</td><td>人类出现</td><td rowspan="9">无脊椎动物继续发展</td><td rowspan="4">被子植物繁盛</td></tr>
<tr><td>新近纪</td><td rowspan="2">哺乳动物繁盛</td></tr>
<tr><td>古近纪</td></tr>
<tr><td rowspan="3">中生代
（2.52亿年前—0.66亿年前）</td><td>白垩纪</td><td rowspan="3">爬行动物繁盛</td></tr>
<tr><td>侏罗纪</td><td rowspan="3">裸子植物繁盛</td></tr>
<tr><td>三叠纪</td></tr>
<tr><td rowspan="7">古生代
（5.41亿年前—2.52亿年前）</td><td>二叠纪</td><td rowspan="2">两栖动物繁盛</td></tr>
<tr><td>石炭纪</td><td rowspan="2">蕨类植物繁盛</td></tr>
<tr><td>泥盆纪</td><td>鱼类繁盛</td></tr>
<tr><td>志留纪</td><td colspan="2" rowspan="3">海生无脊椎动物繁盛</td><td>裸蕨类植物繁盛</td></tr>
<tr><td>奥陶纪</td><td rowspan="5">藻类及菌类植物繁盛</td></tr>
<tr><td rowspan="2">寒武纪</td></tr>
<tr><td colspan="2">硬壳动物繁盛</td></tr>
<tr><td rowspan="6">元古宙
（25亿年前—5.41亿年前）</td><td rowspan="3">新远古代</td><td>震旦纪</td><td colspan="2">裸露动物繁盛</td></tr>
<tr><td>南华纪</td><td colspan="2" rowspan="7"></td></tr>
<tr><td>青白口纪</td><td rowspan="2">真核生物出现</td></tr>
<tr><td rowspan="2">中远古代</td><td>蓟县纪</td></tr>
<tr><td>长城纪</td><td rowspan="2">蓝细菌</td></tr>
<tr><td>古远古代</td><td></td></tr>
<tr><td>太古宙
（40亿年前 —25亿年前）</td><td></td><td></td><td>原核生物出现</td></tr>
<tr><td>冥古宙
（46亿年前—40亿年前）</td><td></td><td></td><td></td></tr>
</table>

地质年代表

着在海底岩石上生长。它们分解海水中的碳酸氢钙，然后将生成的碳酸钙微粒牢牢地吸附在海底，久而久之形成了叠层石菌落，就像从海床上长出的一个个小山峰。这些叠层石菌落通过光合作用，把二氧化碳和水变成葡萄糖，并释放出地球生命最需要的氧气。氧气极大地改善了海洋和大气环境，为之后地球生命大爆发提供了必要条件。据科学家推算，当今地球上21%的氧气都来自30多亿年来蓝细菌的光合作用。不仅如此，许多金属矿床，特别是海洋环境中形成的铁、铅、锌、金、铀等矿物质，都与蓝细菌的大量出现密切相关。

经过亿万年的地质变迁，叠层石菌落慢慢被沉积物埋藏，形成千姿百态、具有纹层结构的叠层石，成为地球最初的生命印记。

雪球地球　生物萌发

门头沟区妙峰山镇丁家滩村和下苇甸村相邻，都处于蜿蜒的永定河谷，地貌相近，但是周边岩石年龄却相差很大。下苇甸村周边岩石大多距今8亿年左右，丁家滩村周边岩石则大多距今5亿年前后。两个不同时代的地层在丁家滩和下苇甸相遇，岩石年龄相差近3亿年！这期间，正逢地球历史上第一次冰期——“雪球地球”时期。

从距今约8.5亿年开始，地球发生了最严酷的全球性冰期事件，又称“雪球地球事件”。这一时期，地球表面从两极到赤道全部结成冰，地球被冰雪覆盖，变成一个大雪球。地球从最初的火球变成了极寒的冰球，一直持续了2亿多年，是地球史上最长最冷的冰期。距今1万年左右的“冰河时代”与之相比，不过是一场波澜不惊的“微风”而已。

打破地球冰雪“牢笼”的是火山。连续不断的火山爆发所释放出的大量二氧化碳无法被冰封的岩石吸收，像毯子一样包裹着地球，留住了太阳的温暖，使地球气温逐渐上升。经过1500万年，冰层开始消融，地球平均温度重回冰点之上，“大雪球”开始加速融化。地球终于在6亿年前渐渐复苏。

“雪球地球”这一极端的寒冷事件加速了地球早期简单生命向复杂生命的演化。单细胞生物不再长久地统治地球，多细胞的复杂生命辐射到地球的每一个角落。在距今约5.1亿年时，海洋变得生机盎然，成为各种生物繁衍生息的家园，微小细菌在漫游，三叶虫在觅食，奇虾在捕猎，生命的跃进势不可当。

恐龙时代　足迹尚存

距今2.5亿—6600万年的中生代（分为三叠纪、侏罗纪和白垩纪），是地球史上生命最为壮观的时代。生物都沐浴在温暖的热带气候里，极地也还没有被冰雪覆盖，花儿和阔叶植物还未出现，人类的衍生还只是进化长链中遥不可及的一环。整个世界都是爬行动物的天下，史前巨兽恐龙更是称霸地球长达1.6亿年，从而缔造了“恐龙时代”。

我国是恐龙化石最丰富的国家之一，北京地区就曾经生活着多种多样的恐龙。2011年7月，中国地质大学张建平教授带领科学考察队，在千家店镇的延庆硅化木国家地质公园，发现大批恐龙足迹化石。园内共有6个恐龙足迹化石集中点，其中，位于S309线延庆段路侧的1号点数目最多。在高约35米、倾斜角度45°的岩壁上，分布着170多个大大小小的恐龙足迹，最大的有半米多长，颇为壮观。这些化石距今已有1.5亿年，是北京地区首次发现恐龙存活过的痕迹。

恐龙足迹化石形成条件十分苛刻。生活在河、海、湖等岸边的恐龙，在松软的土地上留下足迹，暴露在空气中变得坚固，并随着地壳运动埋入地下。这些足迹被埋藏约800万年后，地壳运动使得留有足迹化石的山体开始发生倾斜，再经过650万年，部分脚印随山体提升至山顶，得以显露于世人面前。专家分析认为，延庆地区留存有1.5亿—1.4亿年前的硅化木群和十几亿年前的海洋沉积遗迹，完全具备恐龙足迹化石形成的条件。

延庆恐龙足迹化石并不是人类历史上的首次发现。21世纪初，全球在侏罗纪地层中陆续发现了5000多枚恐龙足迹化石。但是，这些足迹化石都是食肉性恐龙留下的。“它们猎杀的对象在哪里”这个问题一直困扰着中外古生物学家。而延庆恐龙足迹化石的发现，像一把金钥匙解开了这个谜底。

张建平教授在考察延庆恐龙足迹化石后说：“如三叶草一样胖乎乎的，是鸟脚类恐龙的足迹；像大象蹄子一样圆乎乎的，是覆盾甲龙类的足迹；像鸡爪一样尖尖的，是食肉型兽脚类恐龙的足迹。”而“兽脚类恐龙是唯一的食肉性恐龙，其余都是植食性恐龙”。覆盾甲龙类恐龙足迹是首次在中国发现，鸟脚类、蜥脚类也是在中国同时代地层中首次发现。它们共同组成了一个多样化的恐龙动物群，使延庆成为我国侏罗纪晚期恐龙足迹化石种类最丰富的地方。

不同类别的恐龙具有不同的足部骨骼结构，并反映到足迹化石形状上，由此可以判断恐龙的类别和形态。延庆的恐龙足迹化石中有一处颇为有趣。植食性恐龙留下长长的行迹，而它们的天敌——肉食性恐龙的足迹在这些行迹中来回穿插，一个活生生的史前捕猎场景就这样展示在世人面前。专家根据肉食性恐龙“捕杀”行迹估算出，这只足长仅14厘米左右、体长不到1.5米的恐龙，奔跑速度竟高达7米/秒。

1.3亿—7000万年前，燕山运动[1]爆发，西山随着太行山逐渐隆起。300万年前，永定河、潮白河、温榆河、大清河、蓟运河与西山经过长

[1] 燕山运动是指中生代（距今2.5亿—6600万年）时期中国东部广泛发生的造山运动。许多地区地壳因为受到强有力的挤压，褶皱隆起，成为绵亘的山脉，北京附近的燕山是典型的代表。地质学家把出现在这个时期的强烈地壳运动，统称燕山运动。

时间的相互作用，五大水系的洪积冲积扇连为一体，从而造就了坦坦荡荡的北京小平原。大西山巍峨静立，永定河恣肆欢腾，它们在等待着那一串属于人类的脚印出现在山之间、水之侧。

（执笔：王羚）

西山的“冰河时代”记忆

发现于北京西山的冰川遗迹，真实记录着这一区域第四纪的地质变迁和气候变化。它的发现，揭开了中国地质研究的新篇章，为人类探寻远古的过去打开了新的窗口。

第四纪地质时代的叩问

在地质历史上，曾经出现过气候寒冷的大规模冰川活动时期，称为冰期，又叫“冰河时代”。两次冰期之间相对温暖的时期，称为间冰期。地球历史上曾发生过多次冰期，最近一次在古人类出现的第四纪。

第四纪是一种地质年代纪年，通过岩石和化石地层的划分来确定。地质年代共经历了古生代、中生代、新生代三大阶段。6500万年前，统治地球1.6亿年的恐龙消失，地球进入到新生代。新生代是地质历史的最新阶段，而第四纪是新生代最新的一个纪，从约260万年前开始，一直延续至今。

现今的全球海陆分布、地形、气候格局和陆地生态系统都是在第四纪最终形成的。这期间，全球气候以冰期—间冰期旋回为特征，共分为4个冰期和3个间冰期。冰期时，地球的年平均气温比现在低10～15℃，全球有1/3以上的大陆为冰雪覆盖，冰川面积达5200万平方千米，冰厚1000米左右，海平面下降130米。尽管冰川的分布范围很广，但大多数陆地未被冰川覆盖，地球上仍有许多地方是茫茫草原和茂密森林，生活着种类繁多的冰期动物。当时，在我国广袤的大地上，大熊猫、剑齿象等动物群活跃在我国南方地区，而猛犸象、剑齿虎、巨颏虎、硕鬣狗等则生活在北方，比如西山一带。

对人类来说，第四纪也是最为重要的一个时段，古人类在第四纪严酷的生存环境下出现。冰期恶劣的自然环境在对古人类进行“清场”时，不能适应区域小环境的古人类逐渐灭绝。同时，在另一些区域又不断诞生着新的古人类。距今70万年开始，西山周口店一带先后出现“北京人”“新洞人”“田园洞人”“山顶洞人”。为了生存，他们不断迁移，裹着兽皮，躲进山洞，制造工具，并开始掌握用火的方法。经历无数次严峻考验，逐渐进化为现代人。

1万年前，地球开始进入间冰期，气温变暖、冰川消融，冰雪不再肆虐。猛犸象、巨角鹿、巨颏虎等大量冰期动物由于不能适应环境的急剧变化开始走向灭绝，幸存的人类和其他哺乳动物一道，成为现代陆地生态系统中最重要的成员。

新中国地质史上的重大发现

第四纪冰川与人类相关，引起科学家的广泛关注。第四纪冰川遗迹在国外多有发现，如北欧、中欧、北美众多的冰碛残丘，阿尔卑斯山的U形谷和陡峭的山峰，法国和瑞士交界处侏罗山巨大的冰漂砾，等等。20世纪20年代，西方一些科学家来中国考察后认为：“中国没有第四纪冰川，中国东部和低纬度地区没有发生过冰川。”

我国著名地质学家李四光没有迷信西方科学家的论断，为寻找中国的第四纪冰川遗迹，他几乎走遍了全国。1921年，他在太行山东麓和大同盆地首次发现第四纪冰川遗迹。后来，又在长江中下游庐山、黄山、九华山等地发现了冰蚀、冰碛地形、冰碛物等，并撰写了《冰期之庐山》，论证中国东部存在第四纪冰川，为我国在该领域的研究打开了大门。新中国成立后，他担任地质部部长，工作间隙，仍然念念不忘我国的第四纪冰川研究。20世纪50—60年代初，李四光亲自组织科研人员深入北京西山进行野外考察，发现和鉴定了模式口、隆恩寺、八大处、香山等地的第四纪冰川遗迹。

1954年，我国地质学家、水利部原高级工程师李捷在勘探永定河引水渠时，发现翠微山南麓模式口处3块裸露的基岩上有一组与众不同的擦痕。这些擦痕集中成片、痕迹清晰、保存完整，线条上粗下细、方向一致、呈典型的钉头鼠尾状。李捷猜想这可能是一处冰川擦痕。随后，李四光亲临现场勘察并确认这些冰川遗迹形成于距今300万—200万年前气候大幅波动的第四纪冰期。当时北京的地形与今天相差无几，但某个时期气候却与现在大相径庭，气温很低，降雪量骤增，在山上海拔高度条件适合区域积雪成冰，当其厚度和重量为山体无法承受时，冰体便在自身重力作用下随山势向下运动，形成冰川。冰川运动时，其中夹杂的小块石粒或硬物经过基岩摩擦出的痕迹，即为冰川擦痕。

李四光在《北京西山区第四纪冰川遗迹和中国冰期问题》一文中说："在模式口的东面一个小山坡南麓，在相当坚硬的辉绿岩表面也发现了许多擦痕，那些擦痕显而易见地都是由刻划而成的，它们所指的方向大都和山坡倾斜方向是一致的，但是局部也有少许的变化。"并指出，"所有这些擦痕的特点，显示它们与构造擦痕完全不同，而是与一般冰溜擦痕的特征相符合的"。

模式口冰川擦痕遗迹的发现，促使我国地质工作者进一步深入西山地区进行实地考察。1958年春，地质学家孙殿卿、马胜云在三家店东北方向的隆恩寺东侧山坡发现了冰溜面擦痕。马胜云回忆："那一天我和孙殿卿并不是专门到这里寻找冰川遗迹的，但是，受李老的启发和影响，又无时无刻不在留意北京西山的第四纪冰川遗迹。将近中午，我们也跑累了，来到一个稍缓的山坡上休息。我当时正好憋了一泡尿，不想这泡尿竟然冲出了冰川遗迹，石板一湿，擦痕当然更清楚，我们初步观察，都觉着很像。回去立即向李四光做了汇报，几天后，李老一得空马上赶到现场观察并组织鉴定，遗迹就是这样发现的。”

李四光对这些发现十分重视，曾多次到现场仔细观测，并组织鉴定。国内地质学家李捷、王曰伦、俞建章、杨钟健及苏联科学院院士纳里乌金等先后到模式口、隆恩寺等地考察，共同确认为第四纪冰川擦痕。李四光指出，北京西山冰川遗迹的发现和确定，对中国冰期问题有肯定性和决定性意义，从此推翻了西方地质学家认为中国低海拔地区没有冰川的判断。

模式口冰川遗迹的保护

为保护模式口冰川擦痕遗迹，1955年修筑永定河引水渠时特意改变原有设计，河道向南绕了一个弯。1957年，模式口冰川擦痕被北京市政府列为第一批市级文物保护单位加以保护。隆恩寺冰川擦痕在见诸报端后，慕名前来察看的人很多。有人动手摩摩擦擦，想看得更仔细；有地质专业的学生还带着锤子之类的工具，敲敲打打，察看断面、采集标本，因此这一带擦痕遭到严重破坏。为长久保留这片历史遗迹，在李四光的提议下，有关部门决定“将原来翻开的草皮、土层重新覆盖”，隆恩寺冰川擦痕不再示于人前。

1989年，在模式口冰川擦痕遗迹的东侧建立了中国第四纪冰川遗迹陈列馆，这是我国乃至亚洲唯一一座建立在第四纪冰川遗迹上的自然科学类的专题性博物馆。当时的冰川陈列馆占地面积1950平方米，建筑面积750平方米，共设4个展厅，展陈冰川知识、冰川研究成果等。

建馆之初，仅在擦痕遗迹四周做了简单围挡，擦痕处于露天状态。

由于擦痕存在于质地偏软的玄武岩表面浅层，随着岩石的风化和剥落，擦痕一点点消失，加之北京城区重工业的迅速发展，擦痕又被酸雨腐蚀得十分严重，甚至还有人带着小锤子偷偷将擦痕石敲下带走。2000年，陈列馆在擦痕遗迹上安装玻璃罩予以保护。2006年，石景山区政府拨款2600万元对陈列馆进行扩建，将近1400平方米的露天遗址山坡用罩棚保护起来，棚顶预留自然采光，并拆除玻璃罩，还在3块玄武岩周围修建了一条2米宽的木栈道，方便游客近距离观看。

第四纪冰河时代在地球上留下了深深的烙印。西山冰川擦痕遗迹的发现和保护，不仅使人们思绪万千、遐想无限，更为研究地球演变和人类进化留下了宝贵的实证。

（执笔：王羚）

周口店“北京人”寻踪

周口店遗址位于房山区周口店镇西的龙骨山上，是“北京人”的摇篮。1929年，“北京人”第一个头盖骨在这里发现，成为古人类学史上划时代的事件。

龙骨山的人牙化石

1918年，时任北洋政府农商部地质调查所顾问的瑞典地质学家安特生（J. G. Andersson），偶然见到了一批红色黏土胶结在一起的碎骨片，并得知它们产自周口店镇附近的鸡骨山（今称南坡）。于是，他亲自前往鸡骨山实地考察。1921年8月的一天，安特生在乡民的引导下，辗转来到周口店镇西约1千米处的一座山丘。山上有一个巨大的山洞，里面埋藏着丰富的哺乳动物化石。这些化石被当地百姓当作中药“龙骨”，因此这座山就被称为龙骨山。

考察龙骨山时，安特生在洞穴堆积中发现了石英片，而这个山洞本身是石灰岩形成的，因此，他判断石英片一定是被某种生物从洞外带进来的，并推测这里有过古人类活动，说“总有一天会成为考察人类历史最神圣的圣地之一”。于是，他决定派助手斯丹斯基（O. Zdansky）留在龙骨山采掘化石。1921年和1923年，斯丹斯基先后采集了两批哺乳动物化石，运回瑞典乌普萨拉的研究室。1926年夏天，斯丹斯基从中发现了2枚人牙化石。

同年10月17日，为欢迎瑞典皇太子访华，中国地质调查所[1]、北京自然历史学会和北京协和医学院等机构组织了一场学术报告会。会上，安特生宣布了在周口店洞穴堆积中发现2枚人牙化石的消息，引起与会代表极大兴趣和关注。美国古生物学家、北京大学地质系教授葛利普（A. W. Grabau）将这2枚人牙命名为“北京人”（Peking Man）。

1927年10月，又一枚保存完好的人牙化石在周口店被发现。依据这3枚人牙的形态特征及其在地理分布上的意义，时任北京协和医学院解剖科主任的加拿大人体解剖学家、人类学家步达生（D. Black）将其命名为“中国猿人北京种”（*Sinanthropus pekinensis*）。按其所属的人类演化阶段，称“北京直立人”或“周口店直立人”。不过，至今很多人仍然喜欢使用葛利普所取的通俗名称“北京人”。

猿人洞里的头盖骨

周口店发现人牙化石，使步达生异常兴奋。在他的提议下，1927年2月，中国地质调查所与北京协和医学院正式签订协议，合作开展周口店的挖掘和研究。

1929年，北京大学地质系毕业两年的裴文中主持周口店野外发掘工作。12月1日，秋季挖掘工作即将结束时，裴文中等人在“窄到无可再窄的地方”，突然发现一个新洞，东西长约140米，洞口距山顶30余米，洞深10余米。山洞的一部分被沙土填满，只露出一个窄缝，初开的洞口只够一人通过。裴文中在腰上系好绳索，与一名工人一同下到洞里。他见洞内化石非常丰富，激动不已。这个洞后来被称为“猿人洞”。

[1] 隶属于北洋政府农商部，即后来的中央地质调查所。

12月2日16时许，裴文中在洞中发现了一个猿人头盖骨。它与现代人的头盖骨差异很大，形状像馒头，前额后倾而扁，眉脊很粗。裴文中在日记中写道："猿人头骨异常的厚，若说猿人是人，真冤枉！从这一点看来，他真不像人。"这就是闻名中外的"北京人"头盖骨。它的发现，在国际上引起很大轰动。

继1929年第一个"北京人"头盖骨发现之后，1936年11月，负责周口店野外考古工作的贾兰坡，在10天内接连发现3个"北京人"头盖骨，成为当时的特大新闻。

在整个考古发掘过程中，"北京人"遗址出土了数以万计的石制品，原料均来自遗址附近。在"北京人"居住过的洞穴里，发现厚度达4～6米、色彩鲜艳的灰烬。这说明"北京人"已懂得制作和使用石器，并学会了使用火、支配火和保存火种，这是人类由动物界跨入文明世界的重要标志。"北京人"生活在距今70万～20万年[1]前的旧石器时代初期，过着以采集为主、狩猎为辅的生活。他们属于从古猿进化到智人的中间环节的原始人类，脑容量为1015～1225毫升，小于现代人；鼻梁与黄种人相似，梨状孔较短而宽；下颌骨粗壮硕大，吻部前伸，牙齿也比现代人大得多，犬齿锋利。男性平均身高156厘米，女性平均身高144厘米。身体基本类似现代人，能够直立行走，但姿势明显前倾。著名人类学家吴新智曾描述道："如果他（"北京人"）能活到今天，给他穿上衣服，戴上帽子，混在人群之中很难被认出来。但是脱去他的帽子，摘掉口罩，马上便显出了猿人的本相。"

---

[1] 2009年，有学者通过铝铍同位素比值（26Al/10Be）测定得出结论："北京人"生活在距今77万年前，误差为正负8万年。但亦有学者对此结论提出质疑。

失踪的“北京人”化石

根据1927年中国地质调查所与北京协和医学院签订的周口店合作发掘协议，周口店的所有出土标本都归中国地质调查所所有，人类化石在不运出中国的前提下，由北京协和医学院保管，以供研究之用。1929年，中国地质调查所成立新生代研究室，由步达生担任名誉主任，负责保管周口店出土的“北京人”化石。1934年步达生病逝，德国人类学家魏敦瑞（F. Weidenreich）接任新生代研究室名誉主任，这些化石便改由魏敦瑞负责保管。

1941年太平洋战争爆发前后，美日关系日趋紧张，美国开始撤离在中国华北的侨民。当时，魏敦瑞已加入美国国籍，准备定居纽约。考虑到“北京人”化石留在北平不安全，于是他向时任国民政府行政院秘书长翁文灏请求，将化石运往美国。当年11月，魏敦瑞收到翁文灏批文，同意将化石全部运出国境，交纽约自然博物馆保管，待战争结束后再运回中国。按照计划，魏敦瑞将在纽约自然博物馆继续开展“北京人”化石研究工作。

12月初，贾兰坡等人把1927—1937年发现的“北京人”化石、“山顶洞人”化石和高等灵长类动物化石全部装箱打包，交给北京协和医学院总务长博文（T. Bowen），准备送往美国使馆，以便交由美国海军陆战队运往纽约。

后来“北京人”化石不知所终。主要有3种说法：一是日本人在从北平开往秦皇岛的美军专列上找到了化石，他们把化石装上一艘驳船，但是驳船失事，化石沉到了海底；二是美军专列在中途被日军劫持，劫车的日本人不知这些化石的价值，把化石当成破烂儿扔掉，或者当作“龙骨”卖给了药材商人；三是装有化石标本的箱子被运达天津的美国海军陆战队兵营后，还未来得及装船，兵营就被日军占领，化石从此下落不明。

1945年日本投降后，裴文中曾托人多次到日本探寻“北京人”化石的下落，但都一无所获。新中国成立后，国内外有心人士也曾多方寻访那批丢失的化石，均无果而终。2000年，贾兰坡等人发起寻找“北京人”化石的活动，尽管收到的线索不少，但大多虚无缥缈，甚至自相矛盾。“北京人”化石的失踪，至今仍然是古人类学历史上的无头公案。

“北京人”遗址与距今约10万年的“新洞人”遗址、距今约4万年的“田园洞人”遗址、距今约3万年[1]的“山顶洞人”遗址等，共同构成周口店遗址群。遗址群内共计发现和发掘了27处具有学术价值的化石地点，出土了代表40多个男女老幼不同个体的化石材料、10万余件石器、大量用火遗迹以及近百种哺乳动物化石。1987年，联合国教科文组织将周口店遗址列入保护世界文化和自然遗产公约的“世界遗产清单”，并评价道：“周口店遗址不仅是有关远古时期亚洲大陆人类社会的一个罕见的历史证据，而且也阐明了人类进化的进程。”

（执笔：林玉琳）

[1] 一说距今1万多年。

新石器早期的“东胡林人”

永定河的支流清水河，穿越崇山峻岭，在今门头沟区斋堂镇一带，形成了较宽阔的河谷地带。河的北岸有个东胡林村，有人在这里偶然发现一座墓葬遗址，揭开了约1万年前古人类的神秘面纱。

不期而遇的“东胡林人”

1966年春天，北京大学地质地理系的师生来到门头沟区东胡林村，开展“社会主义教育运动”。其中一个名叫郝守刚的古生物专业学生，从此与“东胡林人”结下了半个世纪的不解之缘。

4月2日清晨，郝守刚和同学们来到村西的后山坡，要把山上的黄土运到清水河河滩上。劳动间隙，他偶然在地上看见一段白骨。专业的敏感促使郝守刚继续往前走，在一条曾有水流过但已干涸的浅沟周围，他又找到了更多碎骨片。强烈的好奇心驱使他加快脚步顺着浅沟寻上去，一道黄土陡坎横亘面前，他发现在距地面约1.5米的断面上有一具人骨。郝守刚仔细观察发现，人骨的头、胸、腹和股骨、腿骨部分清晰可见，下颌骨周围还有十几枚小螺壳。他取下下颌骨，用手帕包好，匆匆下山送到古生物教研室的老师们面前，他们都认为这很可能是一个重大发现。随后，郝守刚将下颌骨送至中国科学院古脊椎动物与古人类研究所，请专家研究鉴定。

4月8日，研究所的周国兴、尤玉柱来到东胡林村，进行了短期调查和发掘。清水河河谷两侧分布着两级阶地。第二级阶地即马兰阶地，由疏松的黄土及底部砾石层构成。在马兰阶地的黄土堆积里，他们发现不同个体的人骨相互叠压，其中一个个体的装饰品还保留在身体原来的部位，因而推测这可能是一个墓葬，这些人类很可能生活在新石器时代早期。因发现地在东胡林村，他们被命名为“东胡林人”。

由于发掘出3对完整的髌骨，周国兴、尤玉柱判断至少有3个个体。保存最好的就是郝守刚发现的那具人骨，是一个16岁左右的少女，另两个为男性个体。令人遗憾的是，接踵而至的“文化大革命”使发掘研究工作戛然而止，3具人骨也下落不明。

近30年的时光转瞬即逝。1995年5月10日，已是北京大学教授的郝守刚带领学生又一次来到东胡林村，进行地质考察和气候研究。没有料到，他的名字再次与“东胡林人”紧紧联系在一起。

郝守刚在后山坡陡坎的黄土断面上发现几段碎骨，周围剖面有明显的刨挖痕迹。可能是雨水冲刷使人骨从黄土中暴露出来，后被人随意挖掘。师生们赶紧去供销社买来炒菜铲子和刷子，简单清理了陡坎下散落的人骨和黄土。次日，他们拿来罗盘、卷尺、毛刷等专业工具，进行了一整天的发掘，收集到破碎的颅骨、不完整的上下颚及21枚牙齿，还发现了烧过的炭屑、果核、螺壳和人工打制的石片。

郝守刚将人骨送到北京大学加速器质谱年代实验室，次年又在美国国家加速器质谱年代实验室做了平行测定。综合两个实验室的数据，第四位“东胡林人”的碳-14年龄约为公元前7500年。

2001年、2003年和2005年，北京市文物研究所和北京大学考古文博学院组成东胡林考古队，先后对该遗址进行了3次发掘，新发现墓葬、火塘、人骨、兽骨、石器、陶器等一批重要的新石器早期遗迹遗物。截至目前，在东胡林遗址总共发现了7具人骨。

年代久远的粟米培植

中国是世界上粟作农业的主要发源地，栽培历史非常悠久。学术界普遍认为，世界上主要栽培作物的驯化时间大多始于距今1万年前后，与当时全球气候变化有直接关联。因此，粟有可能在1万年前就开始被人类栽培，但是一直没有找到确切证据。

考古工作者运用浮选法[1]在东胡林遗址发现了1663粒植物种子。其中，14粒炭化粟粒呈球状或近球状，胚部细长，因炭化爆裂呈沟谷状；炭化黍粒仅发现1粒，呈椭圆形，胚部宽短，因炭化爆裂呈敞口状。这是正式考古发掘中，采用浮选法发现的年代最早的粟和黍两种谷物籽粒的实物证据。

尽管东胡林遗址出土的炭化粟粒在形态上已经具备栽培作物的基本特征，但由于尺寸非常小，很可能是由狗尾草向栽培粟进化中的过渡类型，尚处于驯化过程的初期阶段。在2019年举行的第三届“东胡林人”论坛上，中国科学院考古研究所的专家表示，“东胡林人”很可能已经开始种植粟米，并为适应耕作劳动形成了半定居的生活方式。

丰富多彩的生活形态

大约1万年前，地球环境发生急剧变化，告别了寒冷干燥，变得较为温暖湿润。那时北京地区的温度比现在高2 ~ 3℃，东胡林一带草木丰富，栎、桦、松、杉都占有较高比例，这使得“东胡林人”可以获得

[1] 浮选法是发掘获取炭化植物遗存的方法。炭化植物遗骸比一般的土壤颗粒轻，比重略小于水，因此将土壤放入水中便可使植物遗存脱离土壤浮出水面进而提取。

更为充足的自然资源，从而深刻影响了他们的体质和生活方式。他们走出洞穴，来到山脉向平原过渡的山前地带，开始了全新的生活。

旧石器时代的古人类就已经掌握了用火的技术。到新石器早期，“东胡林人”在居所地面挖出坑洞，搭起火塘。火塘呈圆坑状，底部和四壁排列石块，方便在上面放置烹煮食物的容器。他们不仅采集植物性食物煮食，如粟、黍和橡果等，还制造石磨盘和石磨棒，对植物性食物进行加工。此外，狩猎也是“东胡林人”果腹的一种方式，火塘遗迹内发现了大量动物骨骼，经辨认，主要是鹿骨，还有猪骨、獾骨等。

陶器是区分新旧石器时代的标志之一，也是“东胡林人”的日常生活用具。发掘出土的陶器残片为红褐色或灰褐色，均为夹砂陶，质地疏松、火候不均，显示制陶技艺尚处在初级阶段。绝大多数陶器为素面陶，但个别陶器上已出现附加堆纹和压印纹，具有一定美感。

有人以为古代先民过着蓬头垢面、茹毛饮血的生活，但事实上可能并非如此，他们也有自己的审美追求。16岁“东胡林少女”下颌部发现的螺壳顶部均有磨成的小孔，且磨面向下倾斜，穿起来后相邻的两个螺壳“咬合”在一起，形成一串既整齐美观又错落有致的项链。她的腕部周围有7枚扁状骨管，是由牛肋骨截段磨制而成的骨镯。此外，在她身边还发现了两件残破的蚌类壳制品，顶端钻有小孔，应该也是装饰品。

然而，一个细节上的疑惑恰恰出现在郝守刚最早发现、后来遗址发掘时也出土较多的螺壳上。经鉴定，这是一种生活在亚热带地区的紫游螺，在我国仅见于浙江沿海地区，而在今天的渤海湾尚未发现。那么，“东胡林人”又是如何获得这些螺壳的呢？据专家推测：一种可能是1万多年前由于气候变暖，紫游螺可以在渤海生存；另一种可能是“东胡林人”与南方地区的古人类在某个地带相遇，通过物品交换得到了这些螺壳。

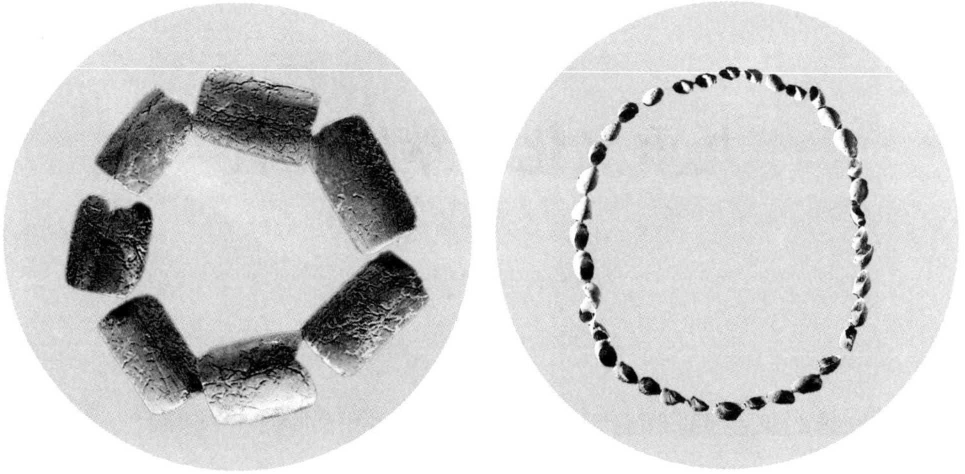

东胡林遗址出土的手镯和项链（图片来源：《北京市门头沟区志》）

自“山顶洞人”之后，北京地区有相当长的一段时间缺少古人类发展的实物证据。新石器早期“东胡林人”的发现，填补了华北地区古人类发展的空白，对研究古人类演化进程及其谱系具有重要的科学价值。

（执笔：纪箟）

九重文化荟萃镇江营

新石器时代至商周时代，先民们在拒马河畔搭起“棚居”，陶土而炊，留下了丰富的文化遗存，呈现出一幅上古时期燕地文化的生动图景。

拒马河畔的重大发现

拒马河发源于山西省北部，东流横断太行山脉，在北京市房山区张坊镇西出山，分为南北两支，称南拒马河、北拒马河。

1959年，北京市文物工作队在拒马河流域开展文物普查时，发现了镇江营西周遗址。遗址位于北拒马河两岸的镇江营村和塔照村。1986年5—6月，北京市文物研究所对镇江营遗址进行复查，首次发现新石器时代遗存，随后开始正式挖掘。经过连续5年的考古发掘，共计发现房址15处、灰坑1391处、灰沟3处、墓葬11处，出土了大量陶器、石器、骨器、角器。

位于镇江营村的遗址区在村北一块高出河床10余米的台地上。台地呈椭圆形，南北长约220米，东西宽约140米，中间一条东西向近代采石沟几乎横断台地。采石沟断壁及台地周围断崖普遍暴露出厚3米左右的灰土文化层堆积，地表散布着商周、战国时期的陶片。

另一处遗址位于塔照村南约300米的台地上。日军侵华时期挖的一条西南一东北向战壕破坏了文化堆积层。20世纪80年代，当地农民在采石时又扩大了壕的范围，形成一条宽15米、长130米的采石沟，沟崖上暴露有灰坑和墓葬，弃土中夹杂着商代和战国时期的陶片。

镇江营遗址文化堆积丰厚，共计发现先秦时期的9种文化，分属新石器时代和商周时代。

属于新石器时代的有四期遗存，均发现于镇江营台地。一期遗存又名镇江营一期文化[1]，距今约7000年；二期遗存年代相当于后岗一期文化[2]，距今约6500年；三期和四期遗存年代相当于雪山一期文化和雪山二期文化，距今6000—4000年。

属于商周时代的有五期遗存。前三期遗存年代相当于商中期至西周中期，时间跨度为公元前1600—前900年。四期遗存年代相当于西周中期至春秋早期，即公元前900—前700年。五期遗存年代相当于战国早期至战国中期，即公元前476—前300年。

镇江营遗址分期一览表

遗存分期		遗存年代	对应考古文化类型/所属历史年代
新石器时代（4期）	新石器一期	距今约7000年	镇江营一期文化
	新石器二期	距今约6500年	后冈一期文化
	新石器三期	距今6000—4000年	雪山一期文化
	新石器四期		雪山二期文化
商周时代（5期）	商周一期	公元前1600—前900年	商中期至西周中期
	商周二期		
	商周三期		
	商周四期	公元前900—前700年	西周中期至春秋早期
	商周五期	公元前476—前300年	战国早期至战国中期

[1] 对于镇江营遗址新石器时代遗存的性质，学界争议较大，争论的焦点在于新石器一、二期遗存是否为同一支考古学文化。由争议而衍生的命名也不尽相同，先后有“镇江营一期类型”“镇江营一期文化”“镇江营遗存”“镇江营文化”“北福地二期文化”“仰韶文化下潘汪类型镇江营亚型”等。这里暂使用“镇江营一期文化”。

[2] 一般指仰韶文化的后岗类型，首先发现于河南省安阳市后岗村，故名。

这9种文化对应的人类历史，从母系氏族时期到父系氏族的炎黄时期，从尧舜禹时期到商周、战国时期，保存了北京地区延续不断的文明轨迹，其文化延续性之强，在北京地区绝无仅有。

新石器时代的历史烙印

镇江营遗址新石器时代遗存共有四期。一期遗存包括房址1座、灶坑3个、灰坑50多个、灰沟1条。其中，房址为半地穴式，东西宽3米多，有4个柱洞，地面铺垫质地坚硬的红花土，灰坑平面有不规则形、椭圆形、圆形和圆角长方形4种。

出土文物以陶器居多，石器次之，角骨器最少。陶器又分夹砂红陶和泥质红陶两类，另有少量夹砂褐陶，多采用泥条捏筑，少量用泥片贴筑，多为素面，少量带有划纹、指甲纹、镂空等纹饰。常见器型为釜和钵，其次为盆和壶，也有少量鼎、杯等。一些器皿采用叠烧方法成器，呈上红下灰、口红腹灰或外红内灰特征，被称为红顶器皿。石器多利用河滩上的鹅卵石稍加打制而成，包括砍砸器、刮削器等。磨制石器主要有斧、凿等。细石器主要有石核、石叶。骨角器较少，仅见骨锥。

通过对新石器一期遗迹的研究可知，当时先民的生活方式以定居农业为主、狩猎为辅。居住条件较为原始，均为简陋“棚居”。这一时期遗存的年代早于以彩陶为特征的仰韶文化（距今7000—5000年），接近上宅文化[1]（距今8000—6000年）中期晚段，文化面貌上又有一定特色，因此被作为一种新的文化类型提出，称“镇江营一期文化”。

镇江营一期文化的发现，填补了北京西南地区新石器时代早期较晚阶段考古学文化的空白，成为京津冀地区这一时期考古文化的参照标尺，

[1] 上宅文化遗址位于北京东部的平谷区境内，属新石器时代早中期。

也为探索分布在太行山东侧、华北平原北部的后岗一期文化的起源，提供了一条重要线索。

二期、三期、四期发现的遗存均为灰坑，出土遗物以陶器、石器为主。二期的陶器形制、器型与一期相比变化不大。三期遗存出土的少量泥质灰陶，过去多见于龙山文化[1]遗存（主要分布在黄河中下游地区），这说明当时镇江营地区已经受到中原文化的影响。四期陶器种类空前丰富，有鬲（lì）、甗（yǎn）、斝（jiǎ）、鼎、甑（zèng）、罐、瓮、豆、壶、杯、盆、碗等，还有环形的装饰品。陶器的功能划分很细，仅炊器就有5类，盆有三四种。材质以夹砂褐陶、泥质灰陶为主，有少量泥质黑皮陶，常见绳纹、篮纹、方格纹、弦纹等。史传，商朝第一位先人契居住在今北京和冀中、冀东北一带，因此，第四期遗存所属的雪山二期文化很可能是最早期的先商文化。

纵贯商周两朝的文化记忆

镇江营遗址出土的商周遗存，从年代上被分为五期。前三期遗存的文化经历了整个商代，延续至西周中期，跨越了七八百年时间，这一时期的先民称作燕国之前的土著居民。后两期遗存的文化经历了西周和东周时期，分别是西周燕文化和东周燕文化，这一时期的先民经历了燕国创立之后周文化与土著文化的融合过程。

前三期遗存发现的遗迹有房址、墓葬、灰坑等。房址3处，直径在1.8～3米，屋内有多处灶坑。墓葬11座，东西向，长方形，竖穴土坑墓，均有木棺，头向多朝东，一般有1～3件随葬品，部分还随葬羊、

[1] 龙山文化泛指黄河中、下游地区约新石器时代晚期的一类文化遗存，属铜石并用时代文化。首次发现于山东省济南市历城县龙山镇（今属济南市章丘区），故名。年代为距今约4000年，分布于黄河中下游的河南、山东、山西、陕西等省。

猪、牛等。灰坑多为规整的圆形或椭圆形，底部平坦，铺有草或树皮类植物，有的灰坑还被用于葬人。三期遗存出土的陶印模上发现一处头像，结合出土的铜器耳环等，考古学家推测并绘制出剃发、双髻、纹面的土著居民画像。

商周第三期陶印模上的人像和复原画像
（图片来源：《燕人始祖 九重圣地——北京镇江营遗址文物展》）

周初，分封燕国，以镇江营东北35公里的燕城为都。此时，镇江营一带居住条件有所改观，建筑结构由半地穴式改为平地式，有的还隔出内外间。墙体用草拌泥垒砌，夯打柱基，居住面铺垫细砂土，灶壁挖有烟道通向户外。遗址中发现许多形制规整的大型灰坑，应当是用于储藏粮食的窖穴。

四期、五期遗存中出土了大量陶器、铜器、铁器、石器、玉器。陶器以鬲为主，其次为罐、盆，簋、豆较少。器表多滚印整齐的竖绳纹，有的还叠加弦纹。灰陶比例猛增，但褐陶、红褐陶的传统也得到保留，且陶质含细砂、羼云母粉，与燕都地区的夹粗砂灰陶有明显差异。遗存中还发现西周晚期刻字卜骨1件。卜骨在商代屡见不鲜，而周代相对少见，在北京地区更是少之又少。镇江营遗址发现的卜骨用牛肩胛骨制作，经过加工，整体打磨光滑。骨臼朝下，上有钻凿的圆孔。残长13.1厘米，宽4.7 ～ 9.5厘米。上面左下刻有数字两组。这块卜骨侧面反映了西周时期镇江营先民的巫祝文化和生活习俗。

遗存中的陶纺轮、骨针、骨梭、骨锥、铜锥、石斧、石锛、石凿等，表明当时这里纺织缝纫手工业和木工手工业已具相当规模。此外，还发现有石器、鹿角器的半成品和废品，说明当时存在石器和角器加工作坊。

研究表明，周人封燕以后，在繁荣的镇江营土著文化基础上，强势植入周文化，形成西周燕文化和东周燕文化。燕国的建立，并未根本改变镇江营的文化趋势，土著文化仍得到持续发展。东周时期，随着周王室的衰弱，发源于拒马河畔的土著文化卷土重来，逐渐成为当地文化的主流。

（执笔：林玉琳）

燕国都城的历史变迁

公元前11世纪中叶，神州大地风云巨变。西伯侯姬昌的儿子姬发举兵讨伐商纣王，灭商后建立周王朝。周初，大封诸侯。为镇抚商朝遗留在北方的势力，周朝将召公奭分封于“燕”，开启了燕国延续800余年的历史。

分封于燕的召公姬奭

采邑，是古代帝王赐给贵族的土地。被封的贵族往往用采邑的地名作为自己的称呼。召公奭是周室宗亲，姓姬名奭，因采邑在“召”[1]，故称“召伯”，后被封为“召公”，史称召公奭。

公元前1046年（一说前1045年），姬发在牧野之战中大败商军，随后，周公旦、召公奭二人辅佐姬发进入商都朝歌，举行仪式，周公旦手持大钺[2]，召公奭手持小钺，将商纣王的罪行告知上天。姬发遂即位，称周武王。《史记》记载：武王即位后，太公望为师，周公旦为辅，召公奭、毕公高等人辅佐武王，继承文王姬昌的未竟功业。

为安抚殷商遗民，武王将朝歌封给商纣王的儿子武庚禄父。为防止其叛乱，又以朝歌为中心，将周围划分出邶、庸、卫3个诸侯国，交由

[1] “召”位于渭水流域的岐山（今属陕西宝鸡）之下。

[2] 钺是古代的一种武器，在此作为礼器使用。

自己的3个弟弟管叔、蔡叔、霍叔管理，史称“三监”。武王即位不久就去世了，其子成王即位。成王年幼，由周公旦任太师、召公奭任太保，共同辅佐成王，周公旦代管国事。管叔、蔡叔、霍叔不满周公旦掌权，串通武庚禄父及东方部族起兵谋反。周公旦和召公奭以成王之命率兵东征，杀管叔、放蔡叔、贬霍叔。武庚禄父兵败后向北逃窜，投奔商朝在幽燕一带的旧有势力。召公奭北上追击，到达燕地，平定武庚叛乱。

周初实行“封建亲戚，以藩屏周”，全面推行诸侯分封制，将宗亲和功臣谋士封到各地各领一方，“授民授疆土”，作为捍卫周室的屏障。为褒奖召公奭平叛之功，成王封召公奭于燕，镇抚幽燕重地。鉴于召公奭身负辅政重任，成王没有让他前往燕国就封，而是册封其长子克为燕侯。燕国历史由此开篇。

召公奭辅佐周王，颇有政绩。后助成王继承武王遗志，在洛水旁建立与国都镐京相呼应的都城，称洛邑（今洛阳），成为周王朝的东都。成王去世后，召公奭、毕公高奉成王遗命，辅佐太子钊即位，是为康王。召公奭为政清明，《诗经》有《甘棠》一诗，表达了后人对他的赞美和怀念。司马迁在《史记》中，对召公奭也给予很高的评价。

燕国对外震慑蛮夷，对内守卫周朝，与齐国、晋国形成犄角之势。后来列国纷争，燕国虽疆域广阔，但实力羸弱，夹在强国之间艰难求生，多次险些亡国，最终维持了八九百年，在姬姓诸侯国中是最后一个灭亡的。在司马迁看来，这与召公奭开创基业的功绩有密切关系。

遗址尚存的燕国都城

幽燕之地古称幽陵、幽州或幽都，位于华北大平原西北隅。相传，共工曾被流放至此。周初，此地商朝势力盘根错节，肃慎、燕亳、孤竹等北方部族时常出没。

燕国最初的都城位于琉璃河畔，今房山区琉璃河镇董家林一带，正处由中原地区通往东北和蒙古草原的主干大道上。这条大道沿太行山东麓自南向北延伸，在今北京地区分为3支：西北方向出南口，直入蒙古草原；东北方向出古北口，通往松辽平原；另有一条往东的通道，沿燕山南麓通往渤海之滨。燕都的设立，扼守住了北方通往中原的咽喉之地，在周王朝东北方向建立起一道军事屏障。

琉璃河西周燕都遗址包括城址、居住区和墓地三大部分。其中，城址位于琉璃河东北面的一块高地上，呈长方形，东西长约829米，南北宽约700米，城墙由夯土版筑。城墙外有护城河环绕，深约2米。城内偏北部为宫殿区，宫殿区西南部有祭祀坑。古城东墙外是西周时代的墓葬区，有多座王侯级别的大墓。

遗址中出土了大量青铜礼器、兵器、车马等珍贵文物，不少器皿还镌有与“太保”“匽侯”有关的铭文。其中，编号为M1193的西周大墓中出土的铜盉和铜罍各铸有43字铭文，均位于器物盖内及口沿内侧，内容完全相同。铭文记载，周王为表彰召公奭的功绩，封其长子克为燕侯，管理燕地6支部族，燕侯克制作了盉、罍来纪念这一事件，称“克盉”“克罍”，这也是西周初年燕国受封历史的重要物证。

编号为M1902的西周墓葬中出土了青铜卣，其上铭文包含“太保”“墉燕”“燕侯宫”等内容。专家认为，“墉”是筑城之意，证实召公奭曾亲自来过这里，并在此筑都。

琉璃河燕都遗址的文化堆积中，能够反映都城地位的大中型贵族墓、宫城基址、城垣建筑等元素，都集中在西周初、中期。到了西周晚期，这些元素消失殆尽，说明此地已不再是燕国都城。此后，这里便废弃不用，并且再无大型城镇建立，因而遗址保留至今。1988年，琉璃河西周燕都遗址被国务院列入第三批全国重点文物保护单位。

并蓟居之的燕都蓟城

毗邻燕国的蓟国也是西周初年周王分封的诸侯国之一，而且受封时间早于燕国。《礼记·乐记》记载：“武王克殷返商，未及下车，而封黄帝之后于蓟。”由此可知，蓟国受封于周武王灭商的当年，也就是公元前1046年（或前1045年），距今已有3000余年。

不同于对燕国的“分封”，蓟国受封属于“褒封”。二者主要区别在于：“有土嘉之曰褒，无土建国曰封。”周初封建诸侯时，神农、黄帝和尧、舜、禹的后裔尚在。武王追思先圣王，将他们“褒封”于焦、祝、蓟、陈、杞等地。这些地位显赫的受封者有土有国，“褒封”虽然是名义上的嘉奖，但也意味着周室承认了他们在当地的权力。受封者从此成为宗主国的藩属，听从周天子的号令。

蓟国是当时在今北京地区的一个根基久远的当地势力，并且其受封者是“先圣王”后人，武王对他们进行“褒封”的主要目的是安定北方局势，因此对他们的控制力并不强。相对于古已有之却并非周室嫡亲的蓟国，燕国虽然是一支外来势力，但它的背后是强大的周王朝，锐不可当，很快成为幽燕历史的主角。《史记正义》记载：“蓟微燕盛，乃并蓟居之。”西周中后期，燕国吞并蓟国，并将都城迁到蓟国的都城——蓟城。

蓟城中心位置在今北京广安门一带，因其地理位置优越，后世在此反复修建城市，导致早期蓟城的遗址荡然无存。1995年，广安门桥北的滨河公园内竖立北京建城纪念柱，亦称蓟城纪念柱。纪念柱镌文：北京城区，肇始斯地，其时惟周，其名曰蓟。

春秋初年，周王朝逐渐衰弱，诸侯国互相攻伐，战争不断。进入战国时期，形成大国争霸的局面。在此期间，燕国为躲避北方山戎侵扰，曾将国都迁往临易（今属河北雄安新区），又修建中都（今房山区窦店古城）、下都（今属河北易县）。公元前226年，秦军攻陷燕都蓟城，燕王喜与太子丹逃往辽东。4年后，燕王喜被秦军俘虏，燕国就此灭亡。

（执笔：林玉琳）

大葆台汉墓的神秘主人

1974年，在丰台区大葆台村偶然发现一座汉墓。墓中惊现的“黄肠题凑”葬制以往只存在于文献记载中，此次系全国首次发现实物。经专家考证，墓主人是第一代广阳王刘建。

黄肠题凑首次面世

1974年6月8日，考古学家马希桂接到北京市地质地形勘测处（简称勘测处）工作人员的电话。原来，北京东方红石油化工总厂为了深埋储油罐，请勘测处在丰台区大葆台村进行地质水文钻探，他们在两个高大土丘下发现了木炭、木头和白膏泥。工作人员听过有关长沙马王堆汉墓的报道，怀疑这可能也是个古墓，随即将这一情况报告给市文物部门。

市文物部门为确定这到底是不是古墓，决定再请勘测处协助补探。7月初，勘测处补打了13个探测孔，确定墓葬范围大致为东西宽19.1米、南北长27.6米，其中7号孔探出一枚汉代五铢钱。根据勘测结果，文物部门初步认定，这是一座大型西汉木椁墓。

10月，考古工作者在清理墓坑北部的木炭和白膏泥时，发现木炭下面有残木板，木板下是条木，越往下条木越多，大多向外倾倒。经过一周时间发掘，四面条木清晰可见，层层垒起，形如木墙，南面正中有门。

大葆台汉墓——黄肠题凑（图片来源:《北京志·建筑志》）

棕褐色的条木规整平直，表面光滑，木质坚硬，有些表层还有树脂油，规格多为90厘米×10厘米×10厘米，个别尺寸稍大，每根重约8.1千克，其中最大的一根重达32千克。整个木墙约由15000根条木垒成，各层条木之间无榫卯固定，多为单摆浮搁，显得不够牢固。面对如此大量木头垒起的四面木墙，大家茫然不知何物，在过去的考古发掘中也未曾发现，这引起考古工作者的思考。考古学家于杰查阅大量文献，提出这就是传说中的“黄肠题凑”，为秦汉时期的一种特殊葬制，西汉时大多为皇家陵寝使用，也可以由天子赐给王侯重臣，汉代后期逐渐消失。

“黄肠题凑”到底是什么样呢?《汉书·霍光传》中曾记载，霍光死后，汉宣帝赐“梓宫、便房、黄肠题凑各一具”。东汉末年学者苏林对“黄肠题凑”注释为:“以柏木黄心致累棺外，故曰黄肠；木头皆内向，故曰题凑。”据此可知，“黄肠”是指材料和颜色，“题凑”是指木头摆放的形式和结构。大葆台汉墓发掘现场的四面木墙，每根条木端头都向内，与文献中“题凑”的注释完全相符。至于条木是否为“黄肠”，考古工作者向江西省木材工业所求助，经鉴定确为柏木芯材。至此，真相大白，

“木墙”就是文献记载中的“黄肠题凑”。由此，深埋地下2000多年的“黄肠题凑”终于第一次向世人展示出真实面目。

缜密考证汉墓主人

发掘这座汉墓时，考古工作者还在西侧挖掘出另一座墓葬。前者定为一号墓，后者定为二号墓。经鉴定，一号墓主人为男性，年龄为45～55岁，二号墓主人为女性，年龄为20～25岁。两墓东西并列，应为夫妻并穴合葬，与西汉后期逐渐流行的同穴合葬制度有所区别。

一号墓中发掘出的五重棺椁，均为上好木料，外两重为梓属楸木，内三重为更加名贵的楠木。这五重棺椁应是《汉书·霍光传》中所指的“梓宫”。墓中棺床与题凑之间宽敞的内回廊即是“便房”。二号墓结构与一号墓相同，但规模略小。“天子棺椁七重，诸侯五重，大夫三重，士再重。”[1]结合墓内出土的玉匣残片、鎏金嵌玉龙头枕等随葬品，种种迹象表明，这两座墓的墓主人应该是西汉中期诸侯王及王后。

西汉时期，燕国范围不断缩小，后改为广阳郡，又立广阳国。到底哪位诸侯王葬在了大葆台？初期有人推测墓主人是燕王刘旦。

随着研究工作的深入，马希桂认为，北京在西汉中期是燕国或广阳国国都蓟城的所在地，因而一号墓主人应是燕王或广阳王，二号墓主人是他的王后。这里共分封了8位燕王、4位广阳王，根据一号墓出土的残漆器上“宜官廿四年五月丙辰丞”字样推断，墓主人在位至少24年，那只可能是燕康王刘嘉、燕王刘定国、燕剌王刘旦和广阳顷王刘建中的一人。

燕康王刘嘉墓在金代扩建中都城时被圈入城内，后被迁到顺义的燕

[1] 见《庄子·天子篇》。

王庄，因此可以排除。燕王刘定国是刘嘉之子，在位24年，因乱人伦、逆天道，被斥责后自杀，不应享受如此规格的黄肠题凑。且墓中发现大量的武帝、昭帝五铢钱，发行时刘定国已死去多年。据《水经注》记载，燕刺王刘旦的戾陵在梁山（今石景山区内），不应出现在丰台区大葆台。

最终，考古工作者和历史学家们结合墓中棺椁形制、出土文物和史料记载，基本确定墓主人是汉武帝的孙子广阳顷王刘建。

受累其父终被封王

汉高祖刘邦一统天下后，考虑到“周室虽乱而持久，秦室孤单而速亡”，因此采取“郡国并举”体制，在原燕国、韩国、齐国等地封立宗室子弟、有功之臣为诸侯王。为加强中央集权，汉初几代皇帝大力削弱诸侯王势力，燕国所辖范围从最初的100多个县不断缩减至燕王刘旦管辖初期的7个县。

汉武帝共有六子，燕王刘旦为第三子，居太子刘据、齐王刘闳之后。刘闳被封8年后去世，刘据被奸臣陷害自杀。燕王刘旦认为自己居长，理应成为太子，随即派使者入长安，上疏表示想宿卫宫中，并侍奉年迈病重的汉武帝。武帝阅后大怒，将使者下狱，又以藏匿亡命之徒的罪名，削去燕国的良乡、安次、文安三县，随后立小儿子刘弗陵为太子。

武帝死后，刘弗陵即位，是为汉昭帝。刘旦怀疑新帝得位系朝中大臣操纵，便暗中与齐孝王的孙子刘泽等人勾结，准备谋反。刘旦谎称在武帝时接受“得职吏事，修武备，备非常”的诏令，开始私制兵甲，按天子之制造旌旗鼓车，又造谣说昭帝并非武帝之子。始元元年（前86）八月，刘泽意图起兵，但尚未举兵便被人告发，刘泽及其党羽被捕。汉昭帝追查此事，发现燕王刘旦牵涉其中，念及骨肉亲情，免除燕王之罪，而将刘泽等人正法。

几年后，刘旦又与朝中的左将军上官桀、御史大夫桑弘羊及亲姐姐鄂邑长公主等勾结，欲再次谋反。元凤元年（前80），阴谋败露，朝廷诛杀刘旦同谋，鄂邑长公主自尽。刘旦失去内应，知大势已去，心生忐忑。随后，朝廷诏书传至燕国，赦免所有官吏百姓，却唯独没有赦免刘旦，使他愈发恐惧不安。不久，昭帝派专使赐送诏书，斥责刘旦身无寸功而裂地分王、坐享富贵，却还想背叛朝廷，有何脸面去见列祖列宗。刘旦领会皇帝意图，用绶带自缢身亡，谥号刺王。其子燕太子刘建被贬为庶人，燕国被废改广阳郡，辖蓟县、广阳、阴乡、方城四县。刘旦成为汉代最后一位燕王。

元平元年（前74），汉昭帝去世，汉宣帝刘询即位，改广阳郡为广阳国，诏封刘旦之子刘建为广阳王。刘建成为第一代广阳王，他吸取父亲的教训，为人本分，做事恭谨，稳坐广阳王位29年。刘建死后谥号顷王。埋葬他的大葆台墓地与其父刘旦的戾陵相距较远，也许是为了向世人表示两者之间的差距。

大葆台一号墓是当时全国唯一呈现“梓宫、便房、黄肠题凑”葬制的墓地，保存尚好。1983年12月1日，北京市大葆台西汉墓博物馆正式对外开放，继续向世人述说那段跌宕起伏、波谲云诡的历史。1995年，大葆台西汉墓博物馆被列为北京市文物保护单位。

（执笔：于冰）

幽州节度使的“河朔故事”

唐朝安史之乱后，朝廷威权严重受挫，各地藩镇割据迭起，主帅更替如同儿戏。作为北方军事重镇的幽州（今北京），在150余年间就更换了28位节度使。特别是唐宪宗时期，幽州节度使刘济之子刘总大逆不道、杀父夺帅的恶行，留下了令人不齿的千古骂名。

“最务恭顺”的刘济

藩镇亦称方镇，原指节度使统领之兵，是唐初戍边的军队建制。唐中期，朝廷开始在重要地区设置节度使，掌管军政事务。先天二年（713），唐玄宗设幽州节度使，负责防御奚族、契丹族，统辖幽州、蓟州、妫州、檀州、易州、定州、恒州、莫州、沧州九州。因后来统领卢龙镇，故又称卢龙节度使。

安史之乱后，节度使权势日重。他们自恃兵强马壮，独霸一方，形成列镇相望、不奉朝命的割据半割据局面。其中，卢龙镇与魏博镇、成德镇实力最强，史称“河朔三镇”或“河北三镇”。藩镇之间明争暗斗、互相残杀，节帅之位更替频繁，大唐政局动荡不安。为稳定局面，朝廷一面镇压叛军，一面安抚各方，在节度使职位的延续上，逐步与各地藩镇形成“父死子继”的默契，史称“河朔故事”。

贞元元年（785）九月，幽州节度使刘怦病危，军中推立他的长子刘济“代父为帅”。相传，刘济出生时母亲难产，好不容易生下来一看，竟是一条“黑气勃勃”的大蛇，吓得侍从四处逃窜。刘济小时候言行就异于常人，一天他的居室着火，众人惊慌失措，大声呼救。不一会儿，竟见他淡定自若地从火中走出，令人啧啧称奇。刘济年轻时游学京师，中过进士，曾任幽州下属的莫州刺史。父亲刘怦任节度使时，命他兼任御史中丞、行军司马；刘怦病重时，又命他代管州务。刘济在军中声望很高，父亲去世后，便顺理成章地被推立为幽州节度使。

刘济虽然是军中拥立，却也符合“河朔故事”关于节度使职位“父死子继”的惯例，因此朝廷姑且承认了他的继任。但是，鉴于各藩镇之间亦敌亦友的复杂关系，加上幽州特殊的地理位置，朝廷对幽州节度使一直放心不下。于是，唐德宗李适秘密派出使节试探。据说刘济见了皇帝使节后当即下跪，痛哭流涕地表明誓死效忠朝廷，愿意做藩镇的表率。

德宗在位的贞元年间，各藩镇节度使大都骄横不法，只有刘济忠于朝廷，进贡不断，《旧唐书》称其“最务恭顺”。幽州北处边境，常常受到游牧民族的袭扰。而刘济镇守幽州期间，边境安定，与北方部族的关系明显改善。契丹、奚等部族每年都派数十人前往长安觐见，且有数百人常居幽州。刘济因此深得朝廷信任，先后被封为同中书门下平章事、检校司徒、中书令，地位相当于宰相。他坐镇幽州26年，历经德宗、顺宗、宪宗三任皇帝，是安史之乱后幽州历任节度使中任期最长的一位。

然而，“最务恭顺”的刘济，却在唐宪宗元和五年（810）走到了英雄末路。

刘总的离间之计

唐宪宗即位后，不满“河朔故事”，意欲废除。但此时河朔藩镇已经习惯“父死子继”的旧例，于是他们暗通款曲，意图抗争。元和四年

（809），成德节度使王承宗起兵谋反。

卢龙镇与成德镇长期交恶，因此朝廷一下讨伐命令，刘济就率先出兵，在朝廷大军到来之前，已生擒成德军300余人，斩首千余级，并将擒获叛将献给朝廷。刘济立下大功，宪宗下旨褒奖，封为中书令，命他继续进兵。次年春，刘济率军进攻瀛州时，突然病倒。后来，听闻朝廷赦免了王承宗，成德军叛乱基本平定，刘济便决定率兵返回幽州。

此次出征，刘济任命长子刘绲为副使，留守幽州后方，全权处置军政事务；任命次子刘总为行营都兵马使，统领前线兵权。刘总性情"阴贼险谲"，他自然明白父亲的意图，这是要以兄长刘绲作为储帅，将来接任幽州节度使，对此他心怀不满。于是，趁刘济病中，刘总与心腹将领密谋夺权。

一天，刘总派人在军中散布谣言，谎称朝廷不满刘济"逗留不进"，已经派出使节，准备让副使刘绲取代刘济的节帅之位。第二天一早，又时不时让人四处宣称："使者已到太原""使者已过代州"……一时间，全军上下人心惶惶。

听到消息的刘济惊恐不已、愤怒异常，但又不知如何是好。他向来信任长子刘绲，所以只是派人将其召来问话。真正令他担心的，还是身边的统兵将领暗通朝廷、趁机谋乱。宪宗即位以来朝廷步步收紧的削藩政策，本就让刘济高度警惕，现下四处流传的"逗留不进"这一说法，更让他联想到了昭义节度使卢从史。

卢从史在奉命讨伐成德军期间"逗留不进"，朝廷怀疑他与叛军同谋，便设计诱捕。对一位藩镇首领，朝廷竟然使出诱捕手段，连朝臣都认为有失大体，可见宪宗削藩的意愿有多强烈。如今自己也被安上"逗留不进"的"罪名"，刘济顿时方寸大乱，生怕自己成为第二个卢从史。想到这里，他一声令下，将数十个统兵将领，还有平日与刘绲关系亲近的人悉数杀掉。

这天，刘济从早上起就滴水未进，直到午时才觉口渴难耐，于是让人送上茶水。刘总买通帐内随从，暗中投毒。刘济没有察觉异常，一饮而尽，中毒身亡，时年54岁。刘绲抵达涿州后，刘总假借父命将其杖杀，并统领了军务。朝廷不知其弑父之事，任命他为新的幽州节度使。

刘总杀死父兄之后，时常梦见父兄前来索命。为了修善祈福，他延请数百名僧人，常年在府中作法，每当处理完政事就待在作法的房间，一旦换个房间，便心惊胆战，夜不能寐。到了晚年，刘总愈发恐惧。长庆元年（821），他上奏皇帝请求弃官为僧，并将自己的私宅作为佛寺。皇帝下诏赐其法名大觉，赐寺名报恩。谁料，皇帝的诏书还未到，刘总已迫不及待削发为僧，还杀死十余名带头挽留他的将领，留下节度使印节后，仓皇逃离幽州。当年，死于定州。

“女尊男卑”的刘济墓

刘济死后，唐宪宗念其功劳巨大，追封为太师，辍朝三日。刘济墓依山为陵，坐北朝南，三面环山，背靠上方山，南临拒马河，全长34米，是北京地区现存规模最大、等级最高的唐代墓葬。墓内有石、陶、瓷、铜、铁等各类随葬品，种类繁多。其中，刘济及夫人墓志、彩绘须弥座石棺床、彩绘石俑等文物尤为珍贵。

刘济墓志为志盖盝顶式。志盖顶部刻有“唐故幽州卢龙节度观察御史中书令赠太师刘公墓志之铭”，6行24字，篆书。四斜刹线刻十二生肖图案，间以线刻牡丹花图案。志石与盖相扣，呈长方形，四边立面阴线刻画卷叶牡丹纹样。志文中有“开国男归登书并篆额”，归登是当时的工部尚书。由归登亲自篆额，说明刘济在唐代具有显赫的社会地位。

刘夫人墓志亦为志盖盝顶式。志盖阴刻描金篆书：“唐故蓟国太夫人赠燕国太夫人清河张夫人祔志铭”，5行21字。志盖呈正方形，表面描金彩绘纹饰精美：四斜刹浮雕彩绘文吏怀抱十二生肖图案，四角浮雕彩绘牡丹花图案。浮雕雕工精湛，色泽鲜明，浓淡得宜，令人叹为观止。

刘济及夫人的两合墓志，不仅体积有所差别，就连雕刻纹饰的精美程度也相去甚远。刘济的墓志志石虽也雕有十二生肖、牡丹等纹饰，但与刘夫人的描金彩绘纹饰相比，逊色不少。

专家推测，由于刘总下毒害死父亲刘济，将其匆忙下葬，又或是对父亲心怀不满，所以刘济的墓志显得简单朴素了许多。刘总弑父杀兄后，恐惧焦虑，惶惶不可终日。或出于对父兄的愧疚，刘总在母亲的墓志上下了很大功夫，以求内心安宁。因此，刘济墓出现了所谓“女尊男卑”现象。

（执笔：林玉琳）

“辽王坟”里的“僭窃之君”

永安陵，俗称“辽王坟”，为辽宣宗耶律淳的陵寝，是文献记载中香山最古老的帝陵。耶律淳在辽朝危亡之际被迫登上皇位，称帝三月忧惧而亡，被视为“名不正，言不顺，事不成”的僭窃之君，其陵寝今已无考，化作历史的尘埃。

南京留守　权势日盛

辽太宗天显十一年（936），契丹占据燕云十六州[1]。大同元年（947），改国号为辽。为加强对华北地区的统治，辽朝以幽州为陪都南京（今北京），又称燕京。辽寿昌七年（1101），天祚帝耶律延禧即位，他沉迷酒色、穷奢极欲、任用奸佞，致使朝政荒废、民生凋敝。

南京是辽宋接壤的战略要地。南京留守、魏王耶律淳大力推行保境息民政策，使这里成为根基稳固、兵力雄厚、经济富庶之地。因其镇守燕地，人们又称他为“燕王”。耶律淳笃好文学，研习诗赋，汉学造诣较高，在燕地汉人心中威望较高，天祚帝也对他宠信有加。

---

[1] 燕云十六州又称幽云十六州、幽蓟十六州，指中国北方以幽州（今北京）和云州（今山西大同）为中心的十六个州，即今北京、天津北部（海河以北），以及河北北部、山西北部地区。

天庆五年（1115），完颜阿骨打建立女真族政权金朝后，攻占辽东北重镇黄龙府（今吉林农安）。天祚帝御驾亲征。前锋都监耶律章奴认为，天祚帝失道，燕王耶律淳不仅有继承皇位的资格，且亲近贤良，若废天祚帝迎立耶律淳，女真可不战而胜。于是，他乘大军渡鸭子河（今黑龙江肇县西嫩江一段）之机，引诱将士300余人返回上京临潢府（今内蒙古巴林左旗东南郊）做内应，并派耶律淳妻兄萧敌里等赶往南京，谋划罢黜天祚帝改立耶律淳事宜。

耶律淳面对拥立犹豫不决。而此时，天祚帝的行宫使者已经拿着"御札"来南京见他，并详细叙述了耶律章奴的叛乱罪行。耶律淳当即痛哭流涕，立刻将萧敌里等人斩首。随后，快马加鞭赶到广平淀（今内蒙古西拉沐沦河和老哈河汇流处东南），觐见天祚帝，将萧敌里等人首级献上以示清白。天祚帝因此更加信任耶律淳。天庆六年（1116），耶律淳被封秦晋国王，拜都元帅，赐金券，免拜汉礼。

黄袍加身　惊惧而亡

辽朝在金军强大攻势下，风雨飘摇，逐步走向崩溃。天庆十年（1120）五月，金军攻陷上京，天祚帝一路狼狈逃窜至辽西京（今山西大同）。保大二年（1122）正月，金军攻占辽中京（今内蒙古宁城县），并准备进犯南京。刚从中京逃到南京的天祚帝，慌忙留下张琳、李处温等人与耶律淳同守南京，自己则仓皇逃匿夹山[1]，数日消息不通。此时的辽朝，2/3的疆域已沦陷于金朝。

南京的官员们希望借助耶律淳的威望稳定局势、挽救败局。主持南京军政事务的萧干和李处温以及契丹贵族耶律大石等人，鼓动藩汉官吏、

[1] 夹山即今内蒙古包头市土默特右旗萨拉齐镇西北大青山。

诸军将士、父老百姓等数万人，到耶律淳府前，叩求他登基。不明就里的耶律淳刚走出府门问询情况，就被李处温之子李奭披上黄袍。年近六旬的耶律淳惊恐异常，再三推辞。百官劝道：“主上蒙尘，中原扰攘，若不立王，百姓何归？宜熟计之。”在众人的百般劝说和拥立下，耶律淳于当年三月即皇帝位，改元建福，号天锡皇帝。

耶律淳即位后，贬谪天祚帝为湘阴王。他深知自己的政权处境艰危，于是向宋、金派出使臣，期待获得两方承认。耶律淳对北宋表示愿意免除岁币、缔结和约，但使臣被拒之门外。耶律淳向金朝上奏表，请求纳为金朝附庸，也被拒绝。此时，实力尚存的天祚帝也对耶律淳的叛逆行为口诛笔伐，大臣萧得里底更是直斥耶律淳为“僭窃之君”。耶律淳成为一个不被辽、宋、金三方所承认的伪皇帝。

六月，耶律淳身患重病时听说天祚帝带5万精锐骑兵，准备回师南京，大为震惊。六月二十四日，耶律淳在内外交困中忧惧而死，仅当了98天的皇帝。临终，他下旨迎立天祚帝之子秦王耶律定即位。《辽史》记载，耶律淳死后，“百官伪谥曰孝章皇帝，庙号宣宗，葬燕西香山永安陵”。天祚帝痛恨耶律淳妄自称帝，将其贬为庶人，从宗室谱籍中除名。

香山相伴　陵今无考

永安陵在强敌环伺下仓促修建，规模不可能宏大。后来江山易主，耶律淳为“僭伪之君”，陵墓也未得到保护与修缮，很快就消失得无声无息，仅在后世文献史料中有零星记载。清乾隆《日下旧闻考》称“永安陵今无考”，清光绪《顺天府志》有“陵今无考”的记载。

民国年间，永安陵以“辽王坟”的名字再现于世。1920年出版的香山测绘图，在双清别墅西南上坡方向的蟾蜍峰东标注了“辽永安陵”位置。民国学者田树藩在《西山名胜记》中，记载了他所见的辽王坟，“在

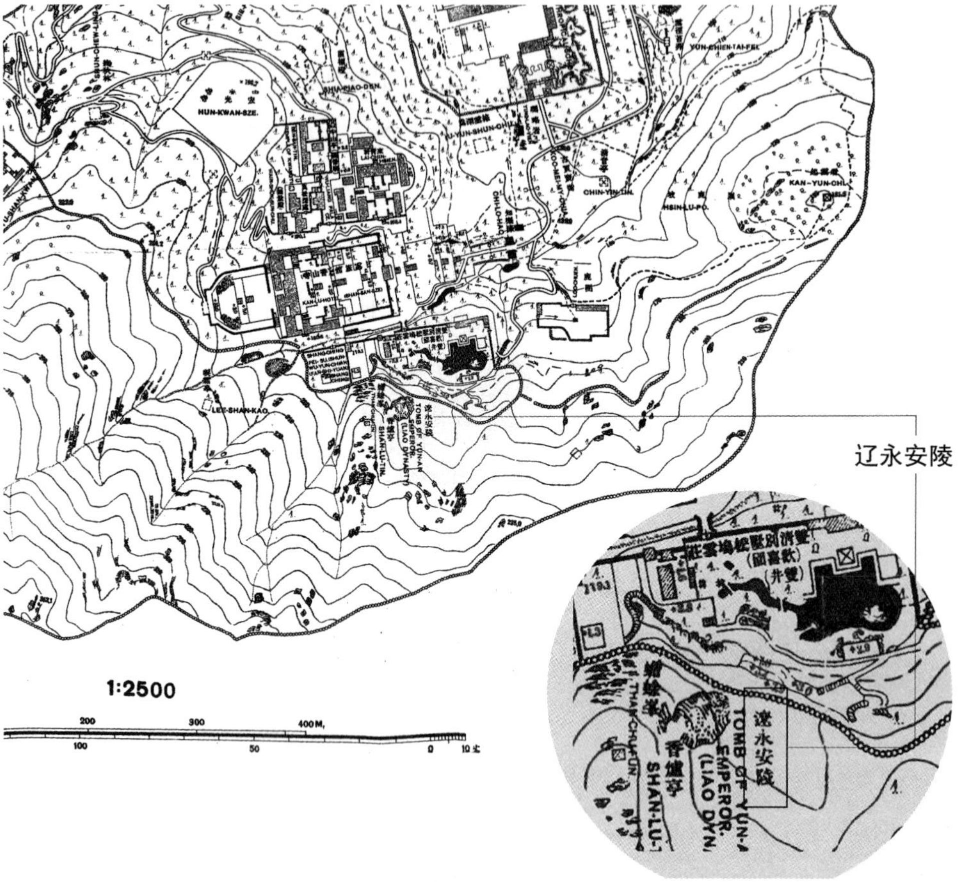

1920年版香山测绘图

双清西南上坡。蟾蜍峰之下面。为二丈长一丈宽之三石洞”。熊希龄在建双清别墅时，曾陈述：“园内辽王坟……保存如故。”实业家卢作孚游香山时曾特意前往踏勘，“看辽王坟，砖砌墓道，掘露出来，工作很坚”。燕京大学历史学会出版的《史学年报》1936年第一期记载：“古迹古物调查实习班自开课以来，已作数次之调查实习，计有香山辽王坟、颐和园、涿州……文丞相祠堂等处。”藏书家傅增湘在《香山杂咏》中提到永安陵：“传闻舍宅阿中丞，胜事残辽说废兴。遗碣难寻鹰爪石，寒芜长没永安陵。”

历史学家陈述辑校的《全辽文》卷六记载更为详细：“香山静宜园侧，相传为‘辽王坟’者，依山为洞，有石门二扇，闭合不能开。抗战前尝游其处，附近无碑志，仅于门外望之。解放后，再至其地，门虽大开，已空无所有。访之邻近故老及有关单位，亦无能道其始末者。”

永安陵历经千年岁月，早已消失得无影无踪，但它那段扑朔迷离的历史，却给后人留下许多待解的谜团。

（执笔：王羚）

“制度如汴”金中都

贞元元年（1153），金朝第四位皇帝完颜亮正式迁都燕京，并改燕京为中都，拉开了北京八百余年古都历史的序幕。金中都的建筑格局和宫室制度都仿效北宋都城汴京，布局方正、宫阙壮丽，一派皇家气象。

完颜亮迁都燕京

女真族兴起于白山黑水之间。公元1115年（北宋政和五年、辽天庆五年），完颜阿骨打建立金朝，建元“收国”，定都会宁府（今黑龙江哈尔滨阿城区）。天眷元年（1138），将会宁府加号上京，改原辽上京临潢府（今内蒙古赤峰巴林左旗南波罗城）为北京。南京（又称燕京）、东京、中京、西京仍沿用辽代旧制，分别为析津府、辽阳府、大定府和大同府。

金熙宗皇统元年（南宋绍兴十一年，1141），宋、金达成“绍兴和议”，南宋称臣。此后，金朝占据了淮河以北的广大地区。金朝统治者有着“居天子之正”“合天下于一”的强烈欲望，但上京会宁府偏处东北一隅，“供馈困于转输，使命苦于驿顿”，难以有效控制黄淮地区，南下用兵也路途遥远，国都南迁势在必行。

皇统九年（1149），完颜亮杀死金熙宗，即位称帝。他向来有志入主中原、一统天下，加上夺位后内心不安，时常感到危机四伏。不久，完颜亮便决定迁都，远离上京。

燕京地理位置优越。从“澶渊之盟”到“海上之盟”，再到金朝攻占燕京，直至北宋灭亡，燕京始终是争夺焦点。金朝统治者既顾及北方之根本，又觊觎中原之广袤，因此将燕京视为“天地之中”。金人认为：辽就是因为占据了燕京，才能控制南北，坐收宋朝纳贡，因此燕京是迁都的首选之地。

即位次年，完颜亮颁布《议迁都燕京诏》，遭到一些朝臣反对，但他早已下定决心。一日，完颜亮假意问自己的亲信：“朕栽了二百株莲花，为何都死了呢?”亲信答道：“上京寒冷，但燕京地暖，适合栽莲。”并趁机迎合：“燕京自古就是霸国，虎视中原，可以成就万世基业。”还有朝臣附和：“上京是黄沙之地，实在不适合帝王居住。”如此这般，舆论纷纷倒向完颜亮一边。

天德三年（1151）三月，完颜亮下令“广燕城，建宫室”，征调民夫80万人、兵丁40万人，耗费大量土木石材，扩建工程浩大。《析津志》记载：“金朝筑燕城，用涿州土。人置一筐，左右手排列定，自涿至燕传递。空筐出，实筐入，人止土一畚，不日成之。”

贞元元年（1153），燕京宫城竣工。完颜亮颁布《迁都燕京诏》，正式迁都。同时，改原来的北宋都城汴京（今河南开封）为南京。完颜亮认为“燕乃列国之名”，作为京师名称不妥，于是改燕京为中都，成为金朝政治中心。

仿照汴京建中都

完颜亮在营建中都之前，派遣画工仿照汴京宫室制度绘图；在修建宫室时，又明确提出“制度如汴”的要求。他还强调“勿惮暂时之艰，以就得中之制”，就是说皇宫布局应该尽量靠近城市的中央位置。由此，金中都的建筑格局和宫室制度都仿效汴京，宫殿的窗户、屏风等部件甚至直接取自汴京宫殿，宋徽宗用作假山的艮岳石也被运往中都点缀御苑。

中都在城市布局上吸收了中国传统国都营造理念，形成外城、皇城、宫城三重回字形相套格局。在辽南京城的基础上，将东、南、西三面城墙向外大幅扩展（一说北墙亦向北推移100米）。在全城中部略微偏西的位置，形成一条贯通南北的中轴线。

外城周长约三十五里，北城垣即辽南京旧城的北城墙址（或向北略有扩展），东城垣在翠花街至四路通南北一线，南城垣在四路通至凤凰嘴村东西一线，西城垣在凤凰嘴村至军事博物馆南黄亭子南北一线。城外有护城河环绕。

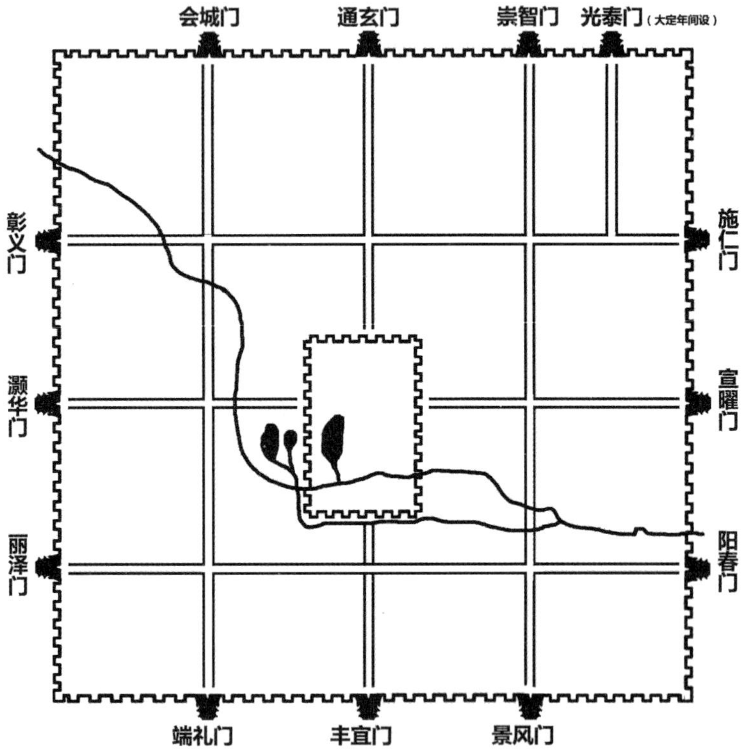

金中都城示意图

中都城初建时有12座城门。北城墙自西向东分别有会城门、通玄门、崇智门，东城墙自北向南分别有施仁门、宣曜门、阳春门，南城墙自东向西分别有景风门、丰宜门、端礼门，西城墙自南向北分别有丽泽门、灏华门、彰义门，城门命名无不体现儒家文化。大定年间，为便于往返中都东北郊新修建的大宁宫（亦称太宁宫、万宁宫），在中都北城墙东侧新开辟一座城门，名为光泰门。由此中都城共计有13座城门。

皇城位于今广安门南滨河路一带，东西窄，南北长，周长九里三十步，共有4座城门：北为拱辰门，东为宣华门，南为宣阳门，西为玉华门。宫城内有36处宫殿，还有众多楼阁和园池名胜。其中，坐落在中轴线上的大安殿和仁政殿是最重要的两大宫殿。金人对他们的宫殿很是自豪，金章宗有《宫中》一诗描述宫城景致："五云金碧拱朝霞，楼阁峥嵘帝子家。三十六宫帘尽卷，东风无处不扬花。"

此外，与宫殿配套的皇家园林、坛庙寺院、衙署学府，乃至中都城外的皇陵，都参照北宋汴京所展现的都城标准来安排。中都共设62坊，坊与市没有严格的界限，但主要商业区仍在城北。整个中都城布局方正、前朝后市、坊巷分割、状如棋盘。

中都城内大半土地圈入宫禁，宫殿金碧辉煌、极尽奢华。南宋资政殿大学士范成大的《揽辔录》评价道："制度不经，工巧无遗力，所谓穷奢极侈者……制度强效华风，往往不遗余力，而终不近似。"在他看来，金中都并不完全符合中原王朝宫廷礼制要求，但在追求奢侈工巧方面则有过之而无不及。

金中都建成后，逐步显示出作为政治中心和文化中心的宏大气象。随着国子监、司天台、太医院、翰林院、译经所、国史院等机构的设置，中都城会聚中国北方各民族杰出人才，带动了金朝文化、教育、科技、艺术等领域蓬勃发展。儒学进一步向北方传播，很快占据主导地位。佛教、道教也在中都地区兴盛起来，庙宇宫观遍布城里郊外。人口规模不断扩大，极盛时期的金章宗泰和七年（1207），中都城市总人口约40万。

然而，金中都作为都城的历史仅持续了62年。金末，蒙古大军南下，宣宗于贞祐二年（1214）仓皇迁都南京开封府，百姓四处逃散、流离失所。中都城最终毁于战火，宫殿拆作柴薪，宫城残破不堪，“可怜一片繁华地，空见春风长绿蒿”。多年后，元朝在中都城东北郊外修筑新都，即后来的元大都。

丽泽门的由来

丽泽门是中都西城墙三门中居南的一座，位于今丽泽商务区一带。北宋著名政治家、思想家、文学家王安石曾赋《丽泽门》一诗，赞誉“丽泽门”的景致：

丽泽门西日未俄，水明沙净卷纤罗。
绿琼洲渚青瑶嶂，付与诗工敢琢磨。

令人疑惑的是，金中都城建成的时候，王安石已经去世60多年，北宋也已灭亡了20多年。那么王安石为什么会作诗称赞丽泽门呢？同时，诗中描述的景致也与中都丽泽门周边相去甚远，诗里的“水明沙净”“绿琼洲渚”又是从何而来？

事实上，王安石诗中的“丽泽门”并非金中都的“丽泽门”，而是北宋都城汴京城内延福宫的宫门。北宋宰相蔡京为取悦宋徽宗，大兴豪华宫殿，徽宗将其中一座赐名延福宫。丽泽门即延福宫的西门。“丽”，有“成双”“成对”之意。“泽”，水积聚的地方。“丽泽”，意为两泽相连。延福宫丽泽门不远处有两处湖泊，以桥相隔，正好与“两泽相连”呼应，

“丽泽门”应是得名于此。

金中都的形制仿照北宋汴京，城门命名也无不体现中原文化。或许是巧合，但更可能是有意为之，城门命名之人从汴京抄来的宫室形制图上，选中“丽泽门”这一名称，最终以它命名中都城西城墙上的南门。

莲花遗址今犹在

莲花池古称西湖、太湖、南河泊。原为燕都蓟城西郊的一处湖泊，是蓟城（后来的唐幽州城、辽南京城）的主要水源。《水经注》记载：“湖东西二里，南北三里，盖燕之旧池也。”完颜亮迁都后，命人在西湖广植莲花，后人因此称其莲花池，称其下游洗马沟为莲花河。

金代在辽南京城基础上营建中都，依托莲花池水系解决城市用水问题，对辽南京城水系做了较大改变，形成新的护城河系统。莲花河被圈入城内，成为宫苑水源。在宫城西面建同乐园，开西华潭，宫城之内建鱼藻池（今宣武门外青年湖）。莲花河流经皇城南门宣阳门前，由南城垣下流出城外，河水流经城垣的地方建有规模宏大的水关。

元代以后，莲花池水量逐渐减少，但仍可作为郊游之所。清《天咫偶闻》记载，莲花池“广十亩许，红白莲满之，可以泛舟，长夏游人竞集”。

20世纪90年代北京西站选址时，曾考虑建在莲花池。一方面因池水干枯，便于地下施工；一方面没有搬迁问题，可以很快动工。后来，在历史地理学家侯仁之先生建议下，莲花池作为重要的历史文化遗迹被保留下来，最终将西站建在莲花池东北岸。2000年，莲花池被复建成公园，吸引着大量市民和游客。

金中都现存3段城墙遗迹，即西城墙的高楼村段和南城墙的万泉寺段、凤凰嘴段。2019—2020年的考古发掘中，在凤凰嘴段首次发现金中都外城护城河、城墙等遗迹，为研究金中都结构布局提供了重要依据。未来，凤凰嘴段中都城墙遗址将建设为金中都遗址公园，曾经辉煌一时的金中都终将焕发新的生机。

（执笔：林玉琳）

北京最早的帝王陵

位于房山区周口店镇的金陵，是北京地区年代最早的帝王陵，始建于金朝第四任皇帝完颜亮迁都燕京后。明后期，金陵遭到毁灭性破坏，从此逐渐荒废，面目全非。

金陵修建始末

金贞元元年（1153）三月，完颜亮正式将金朝首都从上京迁至燕京，并改燕京为中都。此次迁都虽然得到大多数朝臣的支持，但也遭到一些女真贵族的反对。为保证顺利迁都，完颜亮做了3件事：一是将祖先的陵墓从上京迁往中都；二是下令将大批女真人由东北强行迁往中原地区，与汉人混居；三是将上京的宫殿、住宅全部烧毁。这样一来，女真贵族重回上京的希望就完全破灭了。

贞元二年（1154）三月，完颜亮下令在中都城西南约45公里的大房山修建新的皇陵，采用“因山为陵”的形制。金陵修建之初，完颜亮只是将它作为一处迁葬陵区，因此并没有周全设计，而是利用房山云峰寺旧址，毁寺建陵。

为了尽快完成迁葬事宜，完颜亮在下令修建金陵的两个月后，就派人回上京奉迁先祖灵柩。这一年先后两次从上京迁来金太祖完颜阿骨打等人的灵柩，从迁陵到下葬用时约6个月。次年七月，再次派人奉迁金开国前10位皇帝的灵柩，这次从迁陵到下葬用时约4个月。

营建金陵的工期非常紧张，可以说是“一边建，一边迁，一边葬”。其间，完颜亮先后4次前往督建，有一次督建历时半个月之久，还因“修工不力”，杖责了负责营建的一干人等。金陵初建时规模很小，只有帝陵区和王陵区两部分。帝陵区用于安葬皇帝；王陵区用于安葬皇室宗亲，称“诸王兆域”。迁葬的金太祖、太宗、德宗（完颜亮的父亲）3座陵墓相距仅1.5米，这在历代帝王陵寝布局中非常罕见。

金世宗时期，对金陵进行了较大规模的扩建，修建了用于埋葬后妃的坤厚陵，划定陵域保护范围，还敕封金陵所在地的大房山神为“保陵公”，建造山神庙，定期祭祀。大定二十九年（1189），专门在大房山地区设立万宁县，以便守护皇陵。至此，金陵的规模大致形成，陵域范围北至神宁乡上冶村龙泉河东岸—南郊涧道南岸一线，东至南郊涧口—万安寺岭一线，南至万安寺岭—羌弧岭一线，西至龙泉河东岸辘轳岭。金章宗、卫绍王、金宣宗时期，均有不同程度的续建。

经过数十年营建，金陵成为一处规模宏大的皇家陵区，盛极一时。主陵区包括帝陵区、坤厚陵区和“诸王兆域”等区域。金开国后9位皇帝中的7位、追封的4位皇帝中的3位，以及开国前的10位皇帝都葬于此。帝陵中均有皇后祔葬。葬于坤厚陵的后妃有23位以上，葬于“诸王兆域”的宗室成员至少有4位。陵区中有用于祭祀的磐宁宫，周边建有陵墙保护，并设有守陵户。

贞祐二年（1214）七月，金宣宗迁都南京开封府。次年，中都失陷。此后，金陵成为燕南一大景观。其中，金章宗道陵的景致被誉为“道陵苍茫”，成为“燕京八景”之一，在明代中期以前，一直是大房山的一处名胜。

无缘入葬金陵的完颜亮

夺位成功的完颜亮为稳固政权，大肆诛杀威胁其皇位的宗亲国戚和反对他的朝廷重臣。仅天德二年（1150）就数次大开杀戒。四月，完颜亮派人杀害金太宗的儿子完颜宗懿等人，“其子男无少长皆杀之”，共有70余人，太宗一脉自此绝后。同年，完颜亮还杀害了曹王完颜宗敏、韩王完颜亨、太皇太妃萧氏等宗室贵族，以及行台左丞相、平章政事、御史大夫等朝廷重臣。他们当中有多人惨遭灭门。就连当年参与完颜亮夺位的功臣，也被尽数杀害。一时间，金朝上下人心惶惶。

完颜亮的堂弟葛王完颜雍，能文能武，骑射技术“国人推为第一”，熙宗时期任兵部尚书，在女真贵族中威望较高。完颜亮对他很不放心，不但解除了他兵部尚书的官职，还频繁调动，并派人暗中监视，以便找借口将他除掉。完颜雍在妻子乌林答氏的劝谏下，先后向完颜亮进献“故辽骨睹犀佩刀”“吐鹘良玉茶盏”等奇珍异宝。完颜亮认为他“恭顺畏己”，不足为惧，因此放松了对他的防备。

完颜雍任济南尹期间，完颜亮下令乌林答氏入京为质。乌林答氏素闻完颜亮荒淫无度，去了便是羊入虎口。如果不去，或者身死济南，完颜亮肯定会借机对完颜雍不利。于是，她给完颜雍留下遗书后，便动身前往中都。到了距离中都七十里的良乡，她趁人不备，自尽身亡。完颜雍得知乌林答氏的死讯悲痛不已，但他听从其遗嘱，没有亲自前往处理后事，只是命人将其草草埋葬。完颜亮见完颜雍既无悲痛之情，也无怨恨之意，于是放过了他。贞元三年（1155），完颜雍任东京留守，晋封赵王。他忍辱负重，在东京辽阳施行德政、整肃纲纪、招揽人才、拉拢人心，伺机夺取帝位。

为一统天下，完颜亮不顾群臣反对，发动声势浩大的伐宋战争。正隆六年（1161）六月，完颜亮离开中都到达南京开封府。九月，亲自带兵南下伐宋。这场战争耗费了大量人力物力财力，金朝上下怨声载道，军中契丹人也因不愿为完颜亮卖命而起兵反抗。

完颜雍的机会来了。舅舅李石劝他积蓄力量，准备起事，于是他们在东京辽阳府秘密修造兵甲，不料被完颜亮的亲信、东京副留守高存福发现了。高存福想要告发完颜雍，却被家人提前向完颜雍告了密。这时，完颜雍又得到消息，说完颜亮要派人来害宗室兄弟。惊惧之下，完颜雍听从李石的建议，决定及早起事。他们先发制人，以商议讨伐契丹叛军为由，将东京官吏召集到一起，并当场抓了高存福。与此同时，伐宋金军中逃亡归来的将士在大名府聚集，授甲起兵，声称要去东京辽阳府另立新天子。

十月初，女真贵族中的诸军将领从各地带兵投奔完颜雍。十月初八，完颜雍在众人拥立下即位称帝，改元“大定”，是为金世宗。他即位后便下诏废黜完颜亮，并历数其数十项罪名。

完颜亮行至瓜洲（今扬州），得到完颜雍拥兵称帝的消息，气愤至极，本想停止伐宋、领兵北归，但他听从亲信的建议，选择继续渡江南下，意图灭亡南宋之后再回兵攻打完颜雍，以取得“双双全胜”。然而，事违人愿。瓜洲渡江作战遭遇宋军顽强抵抗，金军伤亡惨重。与此同时，伐宋金兵也得知政局有变，纷纷举旗反叛。十一月二十七日深夜，哗变的金兵闯入完颜亮帐内，将他乱箭射死。

十二月十九日，金世宗完颜雍正式进入中都，夺取了金朝政权。大定二年（1162），完颜亮被降为“海陵郡王”，谥号“炀”，葬入金陵的“诸王兆域”。金人因此称他“海陵王”。大定二十年（1180），完颜亮被贬为庶人，改葬在金陵西南四十里的荒郊野地里。始建金陵的完颜亮，最终却无缘安葬于此。

明朝的毁灭性破坏

明后期，女真人建立的后金政权在关东崛起。在与后金的交战中，明军屡尝败绩。天启二年（1622），后金军队大败明军，夺取东北军事重镇广宁。明军退守山海关，明朝自此在辽东地区的统治名存实亡。

消息传回北京，朝野震惊，明熹宗朱由校如坐针毡。这期间，有大臣进言，后金是女真人的后代，他们的祖陵在大房山，历经300余年"王气太盛"，这才导致明军战败。明熹宗听后觉得有道理，于是派人拆毁金陵，隔断"地脉"，并在陵区建造多处关帝庙，即所谓"厌胜之术"。当地至今还流传着"砍龙头""刺喉咙"的说法。"砍龙头"即在大房山"主龙脉"的"龙头"部位挖沟"断脉"，"刺喉咙"即在"龙喉"部位深凿洞穴，并填上鹅卵石。此番"去王气，断龙脉"的举动，对金陵造成毁灭性的破坏。

当然，这些做法未能挡住后金进军中原的步伐。清康熙帝御制《金太祖世宗陵碑文》记述了明人所为，并大加讥讽："迨其后流寇猖獗，人心离叛，国祚以倾，既与风水无与，而前此之厌胜摧毁，又何救于乱亡乎？……而有明君臣乃毁及前代帝王山陵，其舛谬实足，贻讥千古矣。"

清朝入关后，修缮了金太祖、世宗两座陵墓，但金陵盛况再难恢复如初。清末民初，金陵屡遭兵劫匪祸，仅存的金太祖、世宗陵再次遭到盗掘破坏，金陵的残余遗迹逐渐消失殆尽，"落了片白茫茫大地真干净"。

（执笔：林玉琳）

刘秉忠与元大都

刘秉忠是元初一代传奇人物。他辅佐元世祖忽必烈成功夺取汗位、建立大元帝国；他规划设计的元大都规模空前、宏伟壮丽，是当时世界上首屈一指的大都市，在中国城市历史发展中占有重要地位。

开国创业第一谋士

刘秉忠（1216—1274），邢州（今河北邢台）人，原名刘侃，字仲晦，出身世家大族。年轻时，他因不甘心担任邢州节度使府里一个小小的“刀笔吏”，遂辞官遁入武安山修习全真道。之后，他被邢州天宁寺招致为僧，法号子聪。

刘秉忠学问广博，兼通儒、释、道三家。他“于书无所不读”，尤其对《周易》《皇极经世》等研究颇深，天文、地理、律历、堪舆、占卜样样精通。他创立的“邢州学派”，涌现出张文谦、郭守敬等一批天文、历法、水利、建筑诸领域的杰出人才。

蒙古太宗十四年（1242），刘秉忠北上追随蒙古可汗蒙哥的弟弟忽必烈，以僧人身份成为忽必烈的第一个汉族谋士。刘秉忠不断向忽必烈灌输汉族王朝的统治方法，上“万言书”，极力陈述正朝廷、振纪纲、选贤任相、安民固本的重要性。他还为忽必烈举荐贤能，由此得到重用的不下数十人。忽必烈受命主管漠南[1]“汉地”军事政务期间，在刘秉忠辅佐下建立了元朝历史上有名的金莲川幕府，实行“汉法”，推行新政。此外，刘秉忠在随征云南等地时，多次谏言“不可嗜杀”，阻止忽必烈屠城。这一系列举措，大大提高了忽必烈在汉族士人中的声望。

宪宗八年（1258），蒙哥亲自领兵进攻四川，忽必烈受命进攻鄂州（今湖北武昌），二人分东西两路大举讨伐南宋。次年七月，蒙哥在四川钓鱼城（今重庆合川）战死。不久，忽必烈的弟弟阿里不哥在国都和林（今蒙古国境内）称汗，并派亲信占据燕京，准备阻挡忽必烈回师夺位。

忽必烈犹豫是继续南下伐宋，还是立即返回国都夺取汗位之时，刘秉忠对他说：“飞龙之时已至，可速回辕。”忽必烈听了这话，立刻与南宋议和，并迅速北撤，控制燕京，稳定“汉地”局势。

宪宗十年（1260）四月，忽必烈在开平城（今内蒙古锡林郭勒正蓝旗）登上汗位，与阿里不哥展开长达5年的汗位争夺战。忽必烈在蒙古贵族将领的支持和汉族地主的拥戴下，凭借“汉地”的丰富资源，最终取得胜利。

刘秉忠忠心耿耿、占卜有验、奏事中理，成为最受忽必烈信赖的汉臣，察必皇后曾说他“言则帝听”。中统五年（1264）八月十二日，忽必烈下诏命他还俗，恢复姓氏，更名为秉忠，拜光禄大夫，位居太保，参领中书省事。

“一代成宪”不二功臣

刘秉忠辅佐忽必烈确立年号、国号，颁章服、举朝仪、给俸禄、定官职，为“一代成宪”，是大元帝国的不二功臣。

[1] 戈壁沙漠以南、阴山以北地区，位于今中国与蒙古国之间。

古代蒙古部落实行草木纪年，“每以草青为一岁，人有问其岁，则曰几草矣”。后来，逐步演变为采用十二兽名纪年法和干支纪年法。宪宗十年（1260）五月，忽必烈采纳刘秉忠的建议，颁布建元诏书，定年号为“中统”，意为“中华开统”，在忽必烈争夺汗位的特殊时期，强调其正统地位。中统五年（1264），随着汗位争夺战的胜利，“中统”年号完成了使命。八月十六日，忽必烈听从刘秉忠提议，取《易经》“至哉乾元，万物资生，乃顺成天”的含义，改年号为“至元”。此后，忽必烈一朝再未更改年号。

蒙古立国之初称“大蒙古国”。蒙古大军占领金中都后，中原逐步出现“大朝”一词，成为大蒙古国在汉文中使用的“国号”。随着“至元”年号的确立和忽必烈统治地位的稳固，“大朝”这一称谓已难适应蒙古人统治中原腹地、融入中华正统的需求，集议国号成为朝野上下的迫切期望。刘秉忠认为忽必烈取得的成就是历朝历代所没有的，建议取《易经》“大哉乾元”之意，以“大元”为国号。“元”的内涵与蒙古人“长生天”的信仰恰好契合，也得到蒙古贵族的认同。至元八年（1271）十一月，忽必烈正式定国号为“大元”。

国号之前加“大”字，是元朝的首创，明清两朝延续了这一做法。在唐宋碑文中，曾有称唐为“巨唐”、称宋为“皇宋”的先例。“巨”和“皇”都有“大”的意思，但这些国号都未直接使用“大”字。“大汉”“大唐”“大宋”都是臣子和“外夷”的尊称之词，元朝是第一个在国号里真正使用“大”字的王朝。“大元”国号得到元朝人的赞誉：“自古有国家者，未若我朝之盛大者矣……元也者，大也。大不足以尽之，而谓之元者，大之至也。”在他们看来，这个国号确能体现元朝恢宏盛大的气象。

为改变元初官制混乱的局面，忽必烈按照刘秉忠等人“酌古今之宜，定内外之官”的原则，定下元朝官制。在中央层面设立总领政务的中书省、掌管兵权的枢密院、纠弹百司的御史台，并辅以寺、监、卫、府等部门；地方机构设行省、行台、宣慰司、廉访司，行省以下有路、府、州、县。官员全部实行俸禄制度，“官有品次，俸有级别”。

此外，刘秉忠等人遍访教坊乐工，创设礼乐制度；选拔仪容端庄的蒙古军士，操练朝仪程序；奏请成立侍仪司，专门管理朝会礼仪。至元八年（1271），朝仪制成，元朝大多重要政治活动，如皇帝即位、外国来朝、册立皇后皇太子等，都要行这一套朝礼。

刘秉忠的一系列举措，使元朝成为名副其实的大一统帝国。《藏春集·刘秉忠神道碑铭》记载：“辅佐圣天子开文明之制，立太平之基，光守成之业者，实惟太傅刘公为称首。”

大都城规划设计师

至元元年（1264），忽必烈定燕京为中都。燕京为金朝旧都，宫城规模较小，又因战争破坏，已是满目疮痍。于是，忽必烈决定放弃旧城，另建新城，仍称中都。至元四年（1267），刘秉忠受命开始营建中都新城。至元九年（1272），忽必烈应刘秉忠奏请，改中都为大都，并作为元朝首都，原中都城为大都的一个组成部分。自此，历史上的北京成为统一国家的政治中心。

史传忽必烈建大都城时，命刘秉忠定“大内方向”（即宫廷轴线方向）。他将后来丽正门外第三座桥南的一棵树作为勘定大内的定向标识。忽必烈予以批准，并封此树为“独树将军”，还赐以金牌。由此向北延伸，穿过海子桥（今地安门外万宁桥），在积水潭的东北岸、今鼓楼以北的位置建立中心阁。从丽正门到中心阁划定一条左右对称的中轴线，城内重要建筑物均置于中轴线上，中心阁往西15步，建立中心台，这里是全城真正的布局中心。应用精准的测量技术确定全城中心点，并做明确标记，这在历代城市规划中还是首例。

刘秉忠以金代离宫万宁宫（原名大宁宫，亦称太宁宫）的湖泊为中心，规划布局宫殿建筑。万宁宫位于中都旧城东北方向，因地处郊外，在蒙古军队焚毁城内宫室时得以幸免。忽必烈即位初期，每次来燕京都是驻跸于此。万宁宫的湖泊后改名太液池，范围包括今北海和中海。刘秉忠将宫城方位定在太液池东岸，宫城北面是御苑；太液池西岸则是东宫（太子宫，后改称隆福宫）等宫殿建筑。这一设计体现了“得水为上”的理念。为紧邻太液池，宫城并没有严格居于大都城中心，而是位于城市南部的中间位置，可谓独树一帜。

皇城围绕太液池和宫城修建，位于大都城南部中央地区。东墙在今南北河沿西侧，西墙在今西皇城根，北墙在今地安门南，南墙在今东华门、西华门大街以南。

皇城之外是外城。经勘测，外城周长28600米，南北略长，呈长方形。南墙在今长安街南侧；北墙在今健德门、安贞门一线，遗址尚存；东、西墙分别位于今东直门、西直门所在的南北一线上。

外城有11座城门，东、南、西三面均为三门，北面两门，城门名称富有庄重典雅的国都气派。以中轴线为参照，南面正门是丽正门，寓意“圣人南面而听天下，向明而治”。丽正门位于今天安门金水桥前，东西两侧分别是文明门和顺承门。

北面两座城门，西为健德门，东为安贞门。“健德”取自《周易》“乾”卦，“天行健，君子以自强不息”，“君子以成德为行”。大意是：天道刚健，君子按照它行事，因此自强不息；君子将成就德业作为自己的追求。“安贞”取自《周易》“坤”卦：“东北丧朋，乃终有庆。安贞之吉，应地无疆。”意思是说：朝东北方向出行会失掉朋友，然而最终却获得吉庆；君子安于人间正道而获得吉庆，这与大地的广阔无垠正相符合。

东西城墙上各有3座城门，两两对称。最北端一组，东为光熙门、西为肃清门，分别取明亮兴盛、安定太平之意；中间一组，东为崇仁门、西为和义门，源自儒家“仁义礼智信”的道德观念；最南端一组，东为齐化门、西为平则门，有百姓受化、法则公允之意。这些城门在地理分

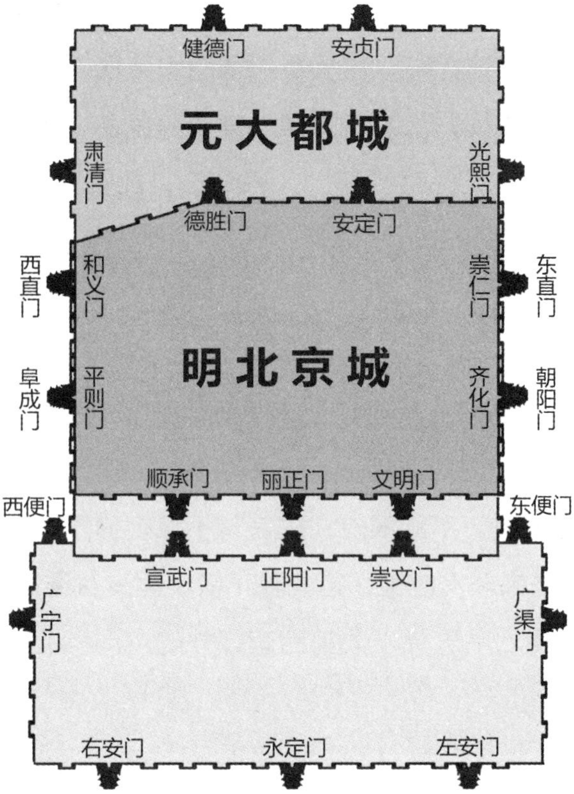

元大都与明北京城城门对比示意图

布、结构形式、词语含义上都体现出对称之美。

元大都街道规划整齐划一，纵横交错组成49坊。相对的城门之间，都有宽广平直的大道。街道宽度有统一的标准，大街宽24步，小街宽12步。时人描绘："大可以并百蹄，小可以方八轮……城南之走城北，出而晨归而昏。"此外，还有狭长的胡同和连接胡同的巷通，全城有胡同384条、巷通29条。

元大都的规划设计处处体现"中""正"思想，与《周礼·考工记》"匠人营国，方九里，旁三门，国中九经九纬，经涂九轨，左祖右社，面朝后市，市朝一夫"的规制要求相契合。

至元十三年（1276），大都城宫殿建设基本完成。至元二十年（1283），官民正式迁入，元大都由此成为规模空前的世界性大都市。

《马可波罗行纪》称大都城为“汗八里”，尤对大都宫殿赞美有加：此宫之大，向所未见。宫顶甚高，宫墙及房壁满涂金银，并绘有龙、兽、鸟、骑士等图案。顶上之瓦，皆红黄绿蓝及其他诸色，上涂以釉，光泽灿烂，犹如水晶，至远处亦见此宫光辉。大殿宽广，能够同时容纳六千人进餐还绰绰有余，房屋之多，可谓奇观。此宫壮丽富瞻，世人布置之良，诚无逾于此者……

至元十一年（1274）八月，还未等到大都城完全建成，刘秉忠就在上都开平府去世。听到消息后，忽必烈极为悲痛，对群臣说：秉忠侍朕三十多年，小心谨慎，不避艰险，进言毫不隐晦掩饰。他精通阴阳术数，占卜事情、预知未来非常应验。这些除了朕，再没有谁知道了。十月三十日，忽必烈命人将刘秉忠葬于大都西南郊外的卢沟桥北。次年，赠太傅，封赵国公，谥号文贞。

（执笔：林玉琳）

“黑衣宰相”姚广孝

房山区青龙湖镇常乐寺村，有一座建于明永乐年间的八角形九级密檐砖塔，坐北朝南，通高33米，塔座为须弥座式，塔身每角有砖砌圆柱，叠涩檐各角悬挂铜铃，铁制塔刹形似葫芦。正面门楣上刻“太子少师赠荣国恭靖公姚广孝之塔”，塔前碑首题“明成祖御制姚少师神道碑”。这便是“黑衣宰相”姚广孝的安葬之所。

姚广孝墓塔（王烨　摄）

“靖难之役”首功之臣

姚广孝生于元元统三年（1335），苏州人。他兼通儒、释、道三家，精于兵法、诗词、书画等。顾炎武曾评价他：“少师之才，不下于文成（王阳明）……”明洪武十五年（1382），姚广孝被举荐为僧官，赴北平（今北京）随侍燕王朱棣，住持庆寿寺。他时常出入燕王府，成为朱棣身边的重要谋士。

明初实行“封藩卫国”制度，广封朱氏宗室，朱元璋20多个儿子先后建藩为王。洪武三十一年（1398），朱元璋去世，其孙朱允炆继承大统，是为建文帝。朱允炆即位伊始，因忌惮藩王拥兵自重，决定“削藩”，当年下半年便一举削除周、湘、代、齐、岷五位藩王。

众多藩王之中，燕王朱棣不仅年长，而且实力最强，居诸藩之首，成为朝廷“削藩”的最大目标。朱允炆步步为营，自当年十月起，先是更换北平守臣，又分批调走燕王府精兵，试图削弱朱棣的兵力。朱棣感到危机四伏，迫于形势，他决定背水一战、争夺皇位。

促使朱棣决议夺位的关键人物就是姚广孝。朱棣曾问他：“民心向彼，奈何？”答曰：“臣知天道，何论民心。”他以“天命攸归”的说辞，促其早下决断。姚广孝还推荐大相士袁珙给朱棣相面，袁称其有“天子之相”，并预言“年四十，须过脐，即登大宝矣”。

在姚广孝等人辅佐下，朱棣采取一系列应对措施。首先，藏匿府中，称病不出。这个一石二鸟之计，一则躲开朝廷耳目，赢得缓冲时间；二则以病重为由接回留在京师的三个儿子，免去人质之忧。其次，暗中挑选将帅，精选八百壮士充实燕王府守卫力量。再次，修建隔音地穴密室用以铸造兵器，外围以厚墙环绕，上面饲养鸭鹅，用鸭鹅叫声掩盖锻造之声。

建文元年（1399）六月，燕王府护卫百户倪谅告发朱棣谋反，朱允炆密令北平都指挥使张信等人逮捕朱棣府中官属。但张信接到密诏后，却在母亲劝说下向朱棣报信。这天，朱棣正与姚广孝、张信等人商议对策，忽然狂风暴雨骤至，将王府檐瓦吹落在地。这在当时被视为不祥之兆，众人非常紧张，朱棣脸色也不禁为之一变。姚广孝趁机巧加解释：“祥也。飞龙在天，从以风雨。瓦堕，将易黄也。”意思是上天要让朱棣的燕王府改换黄瓦。按照明代定制，黄瓦为皇宫专用，亲王府只能用绿瓦，不得僭越。改换黄瓦，意味着夺位可成。

七月初七，朱棣以“清君侧”为名，誓师“靖难”，史称“靖难之役”。“靖难”，意为平定变乱。朱棣亲率主力南征，留下姚广孝等人协助世子据守北平。姚广孝竭尽心智，辅佐世子，仅以万余人的守军抵挡住了朝廷五十万大军的进攻。建文二年（1400）春，朱棣久攻济南城不下，陷入进退两难境地。此时，朝廷军队已开始策划反攻，准备截断朱棣北归之路。形势危急之下，远在北平的姚广孝写信劝说朱棣果断放弃攻城计划，最终朱棣得以全身而退。

六月，南京宫中被黜宦官逃到北平投奔朱棣，带来“京师空虚可取”的情报。姚广孝听后认为，这是个不可错失的大好机会，于是提议直取京师。朱棣听取建议，自北平领军一路南下，沿途不据城池，不恋厮杀，避坚击弱，顺利渡过长江，于建文四年（1402）四月攻陷南京。朱允炆的朝廷土崩瓦解。

建文四年（1402）七月，朱棣即位，之后开始大封功臣。姚广孝虽未曾亲临前线，但在“靖难之役”中功勋卓著，“论功以为第一”（《明史》），被封为僧录司[1]左善世。永乐二年（1404）四月，朱棣下令封他为资善大夫、太子少师，恢复其姓氏，赐名广孝，平日里尊他为少师。朱棣还命他蓄发还俗，赐予官邸和宫人，但被他拒绝了。姚广孝常居寺庙，上朝身着官服，退朝换回黑色僧衣，因此被称为“黑衣宰相”。

奉旨监修永乐大典

朱棣喜欢翻阅《韵府群玉》等书，发现当时的类书“采摘不广，记载太略”，使用起来很不方便。因此，他逐渐产生了编纂一部旷古未有、无所不包的大型类书的想法。

永乐元年（1403）七月初一，朱棣命侍读学士解缙，将有文字记载以来的天下古今事物，包括“经、史、子、集百家之书，天文、地志、

[1] 僧录司于明洪武年间设置，是明代管理僧人事务的最高机构。

阴阳、医卜、僧道、技艺之言”，备辑一书，按类收录，以韵统字，“毋厌浩繁”。

解缙早在十多年前就有过类似想法，因早有准备，编纂进展很快，次年十一月完成，朱棣赐名《文献大成》。但解缙并未完全遵照朱棣“毋厌浩繁”的旨意，而是代之以“致君尧舜”的思路，重儒经、轻诸学的问题较为明显。朱棣看后不甚满意，认为内容缺略太多，下令重修，并钦点姚广孝主持监修。

当月，姚广孝、礼部尚书郑赐（一说刑部尚书刘季篪）和解缙3人任监修，在文渊阁开馆重修《文献大成》，设总裁、副总裁、纂修、催纂、编写、看详、誊写、续送教授和办事官吏等职，参用文渊阁全部藏书，还大量征购补充书籍。他们在全国范围内广泛征集修书人才，既有朝廷官员、“宿学老儒”，又有国子监、各地郡县“能书生员”，还有佛教、道教相关人士。据明《万历野获编》记载，参与重修的各类人员达2619人。

永乐五年（1407），《文献大成》重修定稿。全书共计22877卷11095册，内容涵盖经史子集、天文地理、阴阳医术、占卜、释藏道经、戏剧、工艺、农艺等等，堪称“古今第一浩繁”之作。朱棣龙颜大悦，亲自为序，并更名为《永乐大典》。

耄耋之年监铸大钟

今北京大钟寺内有一座古老的大钟，始铸于永乐年间，故称“永乐大钟”。因铸造年代久、铸成经种多、钟声传播远、力学结构佳、铸造工艺高，有“钟王五绝”之美誉。钟高6.75米，直径3.7米，唇厚18.5厘米，重达46.5吨。钟身内外铸佛经17种，梵文咒语100多种，共约22.7万字，是世界上铭文字数最多的大钟。钟声浑厚古雅，《长安客话》

形容:“昼夜撞击，声闻数十里，……时远时近，有异他钟。”大钟最初放置在宫中，万历年间移至万寿寺。清雍正时移至觉生寺，因此觉生寺又俗称“大钟寺”。

永乐大钟的监铸者正是姚广孝。永乐十六年（1418）三月，已是84岁高龄的姚广孝奉旨从南京来到北京。老年的姚广孝身体并不好，他自朱棣即位后就长居南京，后来朱棣多次亲征，他都没有随行。此次他不远千里北上，是因为朱棣交给他一项特殊的重要任务——铸造大钟。

关于朱棣铸钟的原因，一种说法是因他在“靖难之役”中杀戮太多，希望以此消除罪孽，求得内心安宁。另一种说法是朱棣为迁都北京而准备的重要法器。不论传说真假，铸造大钟是当时朝廷和佛教界的大事，因此朱棣十分重视。

姚广孝曾居僧录司左善世之职，由他来选定铭刻经文、主持开工仪式，再合适不过。此外，他在“靖难之役”中曾经成功设计出隔音密室，表明其声学造诣有过人之处。选择德高望重又博学多才的姚广孝监铸大钟，是朱棣深思熟虑后的决定。

然而，大钟开工不久，姚广孝就溘然长逝。朱棣十分悲痛，辍朝二日，命有司治丧，追封他为荣国公，谥号恭靖，以僧礼葬入房山墓塔，还亲自撰写神道碑铭，以志其功。

（执笔：林玉琳）

水润京华
大河永定

永定河上“都江堰”

三国时期，魏国镇北将军刘靖在今石景山一带主持修筑戾陵堰，开凿车箱渠。这是历史文献记载的北京地区第一个大规模引水灌溉工程，距今已有1700余年。今天有学者把它比喻为永定河上的“都江堰”。

登山观水谋屯田

3世纪中叶，魏蜀吴三国鼎立。蓟城属于魏国管辖范围，地理位置十分重要，北方游牧部族一旦通过这里，就能轻而易举地进入华北平原腹地，所以魏国由镇北将军刘靖统领黄河以北地区军事，派重兵驻守蓟城。刘靖是扬州刺史刘馥之子，曾担任庐江太守、大司农、卫尉、河南尹等职务。

因为连年战乱，造成人口凋敝、土地荒废，为维持军队的粮草供应，魏国在统治区域普遍推行屯田制度。戍边军队不但要防御外敌，还担负着开垦农田的责任。刘靖的父亲刘馥主政扬州时，曾建水堰灌溉稻田，造福一方。受父亲影响，刘靖调任蓟城后打算大兴水利、发展农业，解决军队和百姓的粮食问题。

这时期的㶟水（今永定河）已从流经蓟城以北改道为蓟城以南。城北的大片荒地摆脱了原先洪水的威胁，具备了可以长期种植作物的条件。尽管城北郊外有一条高梁河，但水量有限，无法为大规模灌溉提供足够用水。

为补充高梁河水量，刘靖开始寻找水源。他来到蓟城西郊，登上梁山[1]观察漯水的出山形势。经过实地踏勘梁山周边的地形，刘靖发现梁山以北的漯水河段，岸高水深，受当时工程技术的限制，引水难以实现。梁山以南与石景山之间形成两山夹一谷的天然垭口，是适宜的引水地点，又有河流改道后留下的天然河道可以利用。如果向东开凿水渠，与西高东低的地形自然坡度恰好契合，能够达到事半功倍的效果。于是，刘靖决定在梁山以南筑堰开渠，分漯水入高梁河。

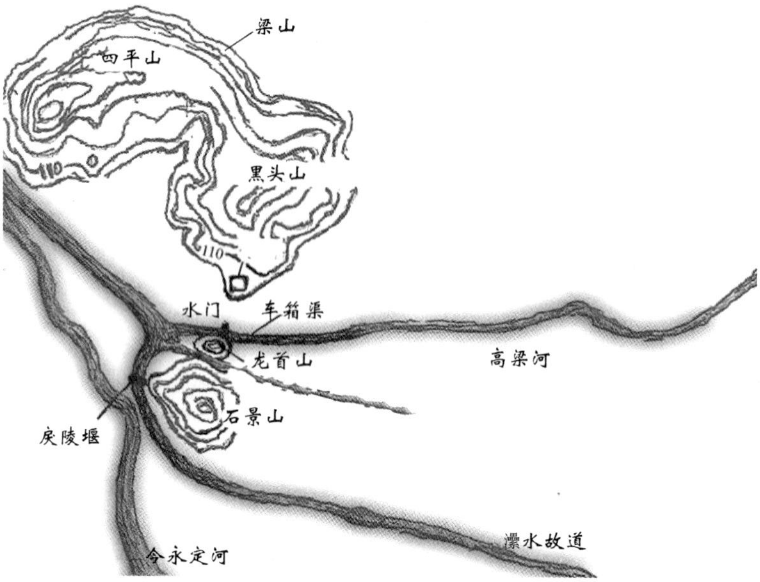

戾陵堰、车箱渠位置示意图（图片来源：吴文涛《北京水利史》）

筑堰凿渠稻谷香

魏嘉平二年（250），刘靖派遣下属丁鸿率领千余名军士，在梁山以南、石景山西侧筑堰，向上游斜向切割漯水河道。因梁山附近有汉武帝第三子燕王刘旦的戾陵，故名戾陵堰，又称戾陵遏。随后，沿漯水岸边

[1] 据学者考证，梁山即位于永定河东岸、与石景山对峙的四平山—黑头山。

山体垭口处开凿人工水道，因水道横断面呈矩形，两壁直立形如车箱，得名车箱渠。

刘靖筑堰的具体做法是：将一根根木桩按一定间距打入河床，木桩之间用柳条或荆条编成笼筐，填以石块，堆垒成一道“高一丈、东西长三十丈、南北广七十余步”的滚水坝，既能壅水又可透水，并在两山之间形成一个水流回转、水势平缓的水区。戾陵堰上游设引水口，凿引水渠。在两山夹峙最窄处修建水闸，水闸宽四丈，“立水十丈”。水势激增时，河水漫过戾陵堰向下游流去；平流时，根据需要打开水闸，把水通过车箱渠导入高梁河。这与四川岷江上都江堰工程中飞沙堰和宝瓶口的原理类似。

戾陵堰和车箱渠修筑后，引㶟水东流，每年可灌溉蓟城周边稻田2000顷，缓解了军粮短缺和边境饥荒问题，促进了地区经济的发展。为感念刘靖的功劳，人们将戾陵堰称为“刘师堰”。刘靖去世后被追赠为征北将军，进封建成乡侯，谥曰景侯。

随着社会发展和人口增长，通过戾陵堰、车箱渠所引之水已不能满足农业生产的需要。魏景元三年（262），朝廷派专管河渠事务的河堤谒者[1]樊晨到蓟城改造车箱渠。经过改造，工程大大拓展，㶟水经车箱渠进入高梁河，自蓟城西北流过昌平。樊晨还在高梁河中游加开一条支渠，分水向东到渔阳潞县（今北京通州一带）汇入潞水（今北运河），沿途灌溉农田万余顷，是嘉平年间的5倍。

堰渠工程泽后世

西晋元康五年（295）六月，㶟水暴涨，已经建成40余年的戾陵堰

[1] 河堤谒者：官名，西汉置，掌治河。

被损毁3/4。洪水冲入车箱渠，导致沿岸决口漫溢，造成严重损失。此时镇守幽州的骁骑将军、平乡侯刘弘（一作刘宏）正是刘靖之子。他追思父辈建堰渠的功勋，亲自带领2000名将士筑堤岸、修石渠，重垒主堰，改造水闸。施工过程中，附近的少数民族首领和沿途百姓主动参与，很快恢复了戾陵堰、车箱渠的功能。

随着晋朝短暂统一的终结，历史文献中没有了关于戾陵堰和车箱渠的记载。北魏正光二年（521），平北将军、幽州刺史裴延儁上表提出修复戾陵堰、车箱渠等旧有水利设施。他像刘靖、刘弘等人一样，亲自参与勘测地形水势，很快完成了整修任务。整修后的灌溉面积超过100万亩，收益是旱地的10倍，直至北齐时期仍能造福幽州百姓。

北齐河清三年（564），幽州刺史斛律羡把高梁河向北引入易荆水（温榆河上源之一），再往东注入潞水，进一步把灌区扩大到温榆河流域，至唐代还能发挥作用。1991年，在海淀区双榆树出土了一段南北走向的古渠遗址，经专家考证，其走向与北朝时期扩建车箱渠的记载吻合，应是斛律羡将高梁河与易荆水连接起来的水渠故道。

12世纪下半叶，曾经的边疆军事重镇蓟城已成为北方统治中心——金中都。金世宗听从大臣建议，利用车箱渠故道开凿金口河，其目的不仅仅是引水灌溉，更重要的是开辟水源发展漕运。戾陵堰、车箱渠从某种意义上获得了重生。

（执笔：纪篦）

“金口难开”的金口河

1986年，石景山发电总厂内发掘出一条三合土砌的拦水坝。经专家考证，这条拦水坝就是金代开凿、元代郭守敬重开又封堵的“金口”遗址。历史上的金口河三开三堵，是古人利用永定河引水通漕的实践印迹。

金世宗一波三折首开金口河

金贞元元年（1153），燕京成为金中都。随着城市发展和人口增加，对水的需求从农业灌溉，扩大到宫苑营造和通漕济运等方面。如何增加漕运水源、提升运力，成为中都亟须解决的一个难题。

当时中都城每年消费的粮食达数百万石，其中绝大部分是从华北平原地区征运而来的。这些粮食通过天然河流和人工水道只能运送到通州张家湾，剩下到中都城的50里路程，需车马役夫陆路运输，耗时费力，成本远远高于水运。从通州到中都以北，虽有一条水道，但水量有限、河道不畅。金世宗完颜雍一直希望能开凿一条水量充沛的人工河接济漕运，使中都所需物资直达城内。

大定十年（1170），金世宗召集朝臣商讨引水方案，最终将水源目标锁定到中都周边水量最大的卢沟河（今永定河）。此时山东一带正闹饥荒，如果征募百姓开河，势必影响农业生产，金世宗只得暂且搁置此事。

大定十一年（1171）十二月，朝臣再次奏请开河。次年三月，工程终于动工，此次开凿的就是金口河。在麻峪村东的孟家山金口处设立闸门，取名金口闸。分卢沟水东流，经八宝山北麓，向东南直入中都城的北护城河，往东流至通州之北，汇入潞水（今北运河）。

令人遗憾的是，金口河引来的卢沟河水含有大量泥沙，容易造成河床淤积，干旱季节无法行船，洪水季节又时常泛滥，淹没农田房舍，未能达到引水济漕的目的。金世宗不甘就此作罢，多次派遣熟悉水利的大臣实地勘察，寻觅改进方法，但始终没能彻底解决。

大定二十七年（1187），朝臣谏言，金口闸比中都城高出一百四十余尺[1]，若河堤决口，洪水顺势倾泻，将直接危害中都安全，建议关闭金口闸以绝水患。金世宗遂下定决心堵塞金口。

此次开金口河虽以失败告终，却给后人留下了经验教训。时隔近百年后，开金口河引卢沟水的建议再次被提到朝堂之上。

郭守敬奉旨重开金口河

蒙古至元二年（1265），忽必烈召集都水监[2]众臣，商讨治理燕京水道。都水少监郭守敬提到，当年金朝曾开凿金口河，引卢沟水灌溉农田，获益数不胜数。他奏请重开金口河，不但可运送西山物产，还能提高京畿漕运能力。这个建议遭到部分朝臣反对，他们认为引卢沟水弊大于利，不能重蹈前朝覆辙。面对质疑，郭守敬提出“预开减水口，西南还大河”的解决方案。至元三年（1266），为配合修建大都城，忽必烈

[1] 此处指元代的尺，[元]脱脱《金史》卷二十七《河渠志》：“孟家山金口闸下视都城，高一百四十余尺。”

[2] 都水监是元代掌管水运、河渠、灌溉等事务的机构，其职官置有：都水监2人，从三品；少监1人，正五品；丞2人，正六品；经历、知事各1人。

命郭守敬引卢沟水运输西山的木材石料。

经过周密规划，郭守敬在金口闸以西预开减水闸口，深挖减水渠道，沿西南方向，连通卢沟河主河道。当卢沟河水暴涨时，开放减水闸口，洪水由西向东而来，先被减水渠引向西南回到卢沟河，减少直接进入金口河的水量，从而解除对京城的威胁。此外，郭守敬将取水口上移至麻峪村之北，并利用今玉渊潭附近的旧河道洼地调节蓄水量。这些措施都是为了应对洪水突发状况，兼顾引水与防汛的目的。

竣工后，西山的木材石料顺着金口河，源源不断地运送到大都城。在雄伟的大都城拔地而起的同时，西山植被却遭到严重破坏，水土流失不断加剧。卢沟河水冲出西山裹挟的泥沙更多更杂，水质污浊不堪，因此有了一个更直白的名字——浑河。

浑河水在汛期暴涨，决口漫溢愈加频繁。大德二年（1298），浑河再次泛滥，大量房舍农田遭到毁坏。为防止洪水顺势沿金口河向东奔流，都水监下令关闭金口闸，自此金口以下河段与浑河断开。大德五年（1301），鉴于浑河水势汹涌浩大，郭守敬担心洪水冲破金口闸，危及沿岸村庄甚至大都城。于是，他将麻峪村到金口这一段用沙石杂土堵塞，从根本上消除了洪水对金口河下游的威胁。

从至元三年（1266）到大德五年（1301），金口河虽未能从根本上解决元大都的漕运问题，但对营建都城和灌溉农田都发挥了重要作用，并为后来郭守敬主持开凿通惠河连通京杭大运河积累了宝贵经验。

三 开金口河彻底失败

元末，通惠河水量减少，漕运能力骤降，越来越难以满足大都城对漕粮物资的需求。于是，又有人想到了元初的金口河，认为“金口引水过京城至通州，其利无穷”。

至正二年（1342）正月，中书参议孛罗帖木儿和都水监傅左建言重开金口河。但朝臣多持反对意见，其中中书左丞许有壬反对最为坚决。他直言，浑河水性湍急，即便引水一时成功，也难保永无决堤隐患，而大都乃是宗庙社稷所在，不容有任何闪失。

掌权者中书右丞脱脱支持重开金口河。因为除了通惠河水量不足，需要增加新水源维持漕运外，大都城还有一个迫切的需求——西山煤炭。西山有着丰富的煤炭资源，是大都燃料的主要供应地，过去靠骆驼和骡车往城里运输，成本较高且运力有限。于是，脱脱等人上奏元顺帝，"若都城开池河，上受金口灌注，通舟楫往来，西山之煤可坐致于城中矣"，很快得到元顺帝照准。

此次开凿的人工河被称为金口新河，由脱脱亲自指挥施工。尽管工程中采取上移取水口、拓展原河道、加固闸坝、调整下游走向等一系列新措施，却忽视了郭守敬当年预设减水闸口和减水渠的设计。

朝野上下期盼金口新河可以将西山煤炭经济便捷地运进大都城内。孰料就在新河竣工放水当天，金口闸门刚刚打开，滚滚浑河水立刻奔涌而来，迅速漫上堤岸，吓得百姓四散奔逃，官员们茫然不知所措。最后金口闸只得被迫关闭，不再启用。后来礼部尚书吴师道在《九月廿三日城外纪游》一诗中，描述了当时惊心动魄的情景：

杪秋暇日休弦歌，五门城外观新河。
斗门决水已数日，浅沙漫漫无余波。
纵横疏凿引别派，监官督役犹挥诃。
循堤侧足惧疏恶，惊见崩圻当盘涡。

金口新河修建时，曾征占大量房屋坟地，役夫死伤众多，建成后又流湍势急，泥沙壅塞，无法起到运输煤炭和引水济漕的作用，御史们纷纷上书弹劾当初的建言者孛罗帖木儿和傅左，最终二人被杀。《元史》特意记载了此次开金口新河失败的经过，“用为妄言水利者之戒”。此后600年间再无人提及引浑河（永定河）水事。

元末金口闸关闭后，金口河成为无源之水，到明初仅剩雨水泉水积累的涓流。随着河道淤塞废弃，至明中期，金口河在京城完全消失。

（执笔：纪箟）

北京最早的水库昆明湖

昆明湖位于皇家园林颐和园内，面积有3000亩之阔，约占颐和园总面积的3/4。元代，为补充漕运水源和满足城市用水，郭守敬将昆明湖的前身瓮山泊改造成北京历史上第一座水库。清代，乾隆帝大规模治理，并定名昆明湖。水域广阔、景色秀丽的昆明湖不但是颐和园的灵魂，更是北京城市水系格局中的重要文化符号。

中都西北　金湖碧波

玉泉山是西山东麓的支脉，山前是永定河冲积扇的泉水溢出带。蕴藏量丰富的地下水从此涌出，汇成淙淙流泉，蜿蜒流淌于山间，遇低洼处集聚成潭、积水成湖。大约3500年前，玉泉山东侧的一座小孤山（原瓮山，今万寿山）脚下形成了一个小型天然湖泊。

历经千年岁月，这个小型天然湖泊在历史变迁中渐渐长大。关于这片水域的记载，最早见于《元一统志》中收录的金人碑记："燕城西北三十里，有玉泉自山而出，泓澄百顷，及其放乎长川，浑浩流转，莫知其涯。"足见在金代已是一个深广清澈、烟波浩渺的大湖。

金代皇帝见此处湖光山色、景致宜人，且距离中都城不远，便建起一座金山行宫，并在湖畔修建了金水院，大湖因此有了"金湖"（又称金海）之称。

后来，金章宗下令将玉泉山泉水引入金湖，并开凿一条从金湖通往高梁河的人工河道（今南长河），导引金湖水沿高梁河，汇入中都东北郊的白莲潭（今积水潭、北海、什刹海一带），沟通了玉泉山水系和高梁河水系，使琼华岛一带（今北海公园）水域更加广阔。元世祖忽必烈迁都燕京，正是以琼华岛的金代万宁宫为中心，营建起一座规模宏伟、宫阙壮丽的大都城。

发展漕运　引水入泊

元初，为开辟大都新水源发展漕运，水利专家郭守敬在忽必烈的支持下，曾尝试引玉泉山泉水和卢沟河河水，因玉泉山水量有限、卢沟水混浊暴虐，漕运状况始终未能适应庞大都城的发展需要。在以后的20余年中，他仔细勘测大都四郊的水文状况和地形地貌，综合考虑水量、泥沙和坡度等因素，最终把引水来源锁定在大都以北、昌平神山（今凤凰山）脚下的白浮泉等多处泉水。

寻找到合适的水源后，郭守敬又敏锐地发现了另一个问题：如果将昌平的泉水直接向南引向大都，虽然距离最短，但必须经过地势低于大都的沙河、清河谷地，无法实现引水入城的目的。

郭守敬反复勘察，最终找到了一条绝佳的迂回路线：先开挖一条名为白浮瓮山河（或白浮堰）的引水渠，使白浮泉水西行后南下，绕过地势低洼的沙河、清河谷地，再沿着平缓的山坡，沿途拦截西山一带的泉水、山溪，一起注入瓮山泊，之后沿长河、高梁河滚滚而下，从和义门（今西直门）水关[1]进入大都城，汇聚到积水潭，通过大都城东边的旧闸河，最终到达通州高丽庄入白河（今北运河）。

[1] 水关是古代城墙下供河水进出的水道建筑。

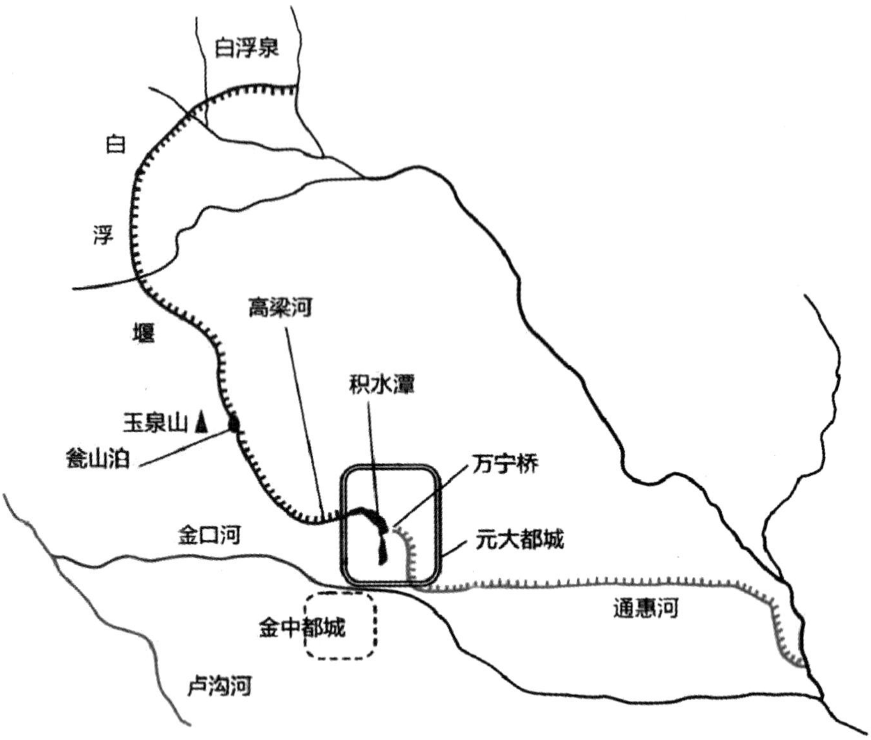

白浮泉引水工程示意图

同时，郭守敬对瓮山泊进行疏浚治理，以容纳来自玉泉山和昌平神山的泉水。又在东岸修筑一条北自瓮山、南至麦庄桥（今麦钟桥）附近的“十里长堤”。

至元三十年（1293），整个引水工程告竣。沿京杭大运河北上的漕船抵达通州后，将货物改装到小型漕船上继续向西行驶，直至大都城内的漕运码头积水潭。当年秋天，忽必烈从上都回到大都，经过积水潭时放眼望去，只见水面漕船如织、百舸争流，不禁龙颜大悦，为这条从通州到大都的人工河道赐名通惠河。

经过郭守敬的改造，瓮山泊上下皆有河流衔接，并设有上下水闸控制，蓄泄自如，从此成为北京历史上第一座水库。它历经元明清三代，一直发挥着畅通漕运、调剂京城用水的重要作用。

扩建疏浚 泽被京城

元末至清乾隆时期，人们认为瓮山泊景致可与杭州西湖相媲美，称其“西湖”或“西湖景”。

明初，因白浮瓮山河年久失修，昌平神山泉水再难导引，勉强靠西湖一处水源接济漕运。清代，随着西山一带建起越来越多的皇家园林，要从西湖大量引水，导致西湖水量不足。同时，洪水季节水患频发，又对东岸地势较低的农田及畅春园等处造成较大威胁。乾隆十四年（1749）冬，乾隆帝决定对西湖进行大规模疏浚治理。

西湖水域向北扩至瓮山东麓，向东扩至今文昌阁一线，并修筑东堤，阻挡湖水东下。将原东堤改造成西堤，仿照杭州西湖苏堤，修建了6座形态各异的桥梁。西堤及其支堤将扩展后的湖面分成大湖、西南湖（今团城湖）、西北湖3块水域。随后，开凿西湖西北部河道，经瓮山西麓，通过青龙桥，沿元代白浮瓮山河故道与清河相连。同时，疏浚元明时的引水渠故道，以西湖为中心，上连玉泉山，下接京城。

通过一系列的扩建整治，西山一带的泉水源源不断汇入新疏浚的湖中，湖水面积增至原来的两倍多，周长达30余里，形成一套完整的供水系统。这样不仅缓解了漕运水源问题，还可以向西山皇家园林和周边农田供水，并为清漪园（今颐和园）的营建创造了先决条件。

西湖水面扩大后，为防备遭受山洪冲击，在湖的西面又开了养水湖和高水湖，形成阶梯水库，以停蓄湖水，同时灌溉高处农田，保障水源的充分利用。

为保证西湖水源充足，乾隆帝还颁布谕旨，开发西山十方普觉寺（今卧佛寺）泉水和香山碧云寺内石泉，“皆凿石为槽，通以水道”，引沿途诸水入湖。

乾隆帝下旨在西湖北端青龙桥改建青龙桥闸，在西湖东岸文昌阁以南建造二龙闸，在西湖南端与南长河相接处建造绣漪桥闸。3座闸门按需开闭，调节水位。城内用水时，就开启绣漪桥闸，将西湖水从最大的出水口注入南长河，向东南流入京城。海淀诸园以及万泉庄、巴沟、六郎庄等御用稻田用水时，就开启二龙闸让湖水东流。洪水季节，就开启青龙桥闸向清河泄洪。疏浚整治后的西湖，成为一个蓄排灌兼具、设施完备的大型水利枢纽。

乾隆十五年（1750）三月十三日，乾隆帝发布上谕，将瓮山定名万寿山，西湖定名昆明湖。游兴甚浓的他，常泛舟湖上，并留下“何处燕山最畅情，无双风月属昆明”的诗句。今日的昆明湖，不仅作为颐和园内的风景名胜吸引着大量中外游客，而且还继续发挥着保障首都水源的重要作用。

（执笔：纪篦）

卢沟晓月照古今

在北京市丰台区卢沟桥乡辖区内，有一座横跨永定河的联拱大石桥——卢沟桥。它始建于金代，虽多次经受洪水冲击和800年沧桑岁月的剥蚀，却始终身姿傲然、屹立不倒，并以卓尔不群的建桥技艺和精美绝伦的石雕艺术闻名于世，成为我国古代桥梁建筑史上的经典杰作。

卢沟要津变通途

自古以来，中原地区的人们与北方居民交往时，沿着太行山脉东麓的山前台地北上，经卢沟河渡口[1]过河后，沿三个方向可到蒙古、山西、东北等地。据北宋使臣许亢宗《宣和乙巳奉使金国行程录》记载，卢沟河水面宽阔、水势湍急，当地人只好待枯水季节水浅时，在渡口搭建小木桥或修造浮桥往来两岸。

金贞元元年（1153），完颜亮迁都燕京，改燕京为中都，这里成为中国北方的统治中心。随着与中原地区往来的不断加强，卢沟河渡口的重要性越发凸显，被金世宗完颜雍称为“使旅往来之要津”。此时，临时搭建的浮桥或小木桥已经不能满足渡河需要，而且汛期遇河水暴涨，极易被冲毁。

[1] 卢沟河即永定河，卢沟河渡口位置在今卢沟桥一带。

大定二十八年（1188）五月，金世宗下诏，要在卢沟河上建造一座坚固耐用的石桥，不料未及动工他便去世了。金章宗完颜璟即位，于次年六月先是下旨造渡船。可能是考虑到用舟船运输效率不高，也可能是为了方便前往大房山谒陵，他很快改变主意，仍决定修建石桥。明昌三年（1192）三月，石桥落成，金章宗赐名“广利桥”，民间称为卢沟桥，沿用至今。

最初，卢沟桥附近没有供使者商旅歇脚投宿的茶肆和客栈。金章宗接受大臣的建议，由朝廷出资在桥的东西两岸建造起房屋供人居住，此后逐渐形成一个以卢沟桥为中心的“商业圈”，呈现出桥上车马辐辏、过客如织，桥下水声如雷、船只如梭，两岸屋舍林立、商业繁华的景象。

意大利旅行家马可·波罗曾在元代游历过中国许多城市。后来传世的《马可波罗行纪》中对卢沟桥进行了详细描述：“河上有一美丽石桥，各处桥梁之美鲜有及之者。桥长三百步，宽逾八步，十骑可并行于上。”卢沟桥因此闻名于欧洲。

岿然屹立八百载

卢沟桥是一座东西走向的联拱石桥。全长266.5米，总宽9.3米，桥下共11孔10个桥墩，从两岸到中间的拱券跨度逐渐增宽，是华北地区最长的古代石拱桥。民间传说永定河有恶龙作祟，至卢沟桥时，见到桥下10把锋利的“斩龙剑”，便不敢兴风作浪。寓意美好的传说背后蕴含着科学原理，体现了古人精湛的桥梁建造技艺。

卢沟桥的桥墩呈船形，北面是迎水面，砌作分水尖，状若船头，如此设计是为了抗击冰块和洪水冲击。春季，永定河上游河冰融化，河水上涨，裹挟着大量冰块浮流而下，撞击桥墩，是为凌汛。夏秋洪水季节，飞湍流波，来势汹汹，日夜冲刷桥墩。为抵御流冰和洪水对桥墩的损害，造桥工匠在每个分水尖上安置了一根边长约26厘米的三角铁柱，像利刃一般劈开滚滚洪流，抵挡冰块，避免对桥墩的过大冲击，保证了整座石桥的安全，于是人们将三角铁柱称为"斩龙剑"。桥墩顺水而出的一面，做流线型微微向内收进，仿佛船尾。水流出券洞后即刻分散开，降低对券洞的挤压。

分水尖的凤凰台上铺设了6层厚达1.83米的压面石，对平衡整个桥墩起着重要作用。因为分水尖向北突出桥身4.5～5.2米不等，桥体压于桥墩的南半部，如果没有这6层压面石，桥墩承重不均，影响桥梁安全。

卢沟桥长期受洪水冲击、风雨剥蚀，难免出现部分损坏，明清两代对卢沟桥进行过10余次修缮，但依然保持桥的原有形制，特别是下部基础和桥身部分构件仍为金代实物。

清乾隆五十年（1785），大臣和珅奉命整修卢沟桥，原本打算大加拆砌，但拆除桥面后，发现"石工鳞砌，锢以铁钉，坚固莫比"[1]。最后只是重铺了桥面，恢复旧貌。原来桥墩、拱券的石与石之间均使用腰铁和铁拉件连接加固。乾隆帝不禁赞叹古人"措意之精，用工之细"，认为明代以来都只是整修桥面而已，从未重修桥身。他为此写下《重葺卢沟桥记》，镌刻在石碑上，至今仍立于桥西侧。

古桥石狮数不清

自汉代以来，狮子造型逐渐成为建筑、陵墓和印纽上的装饰。早期创作的狮子形象比较夸张，有的插着翅膀，有的头上长角，后来慢慢演

[1] 出自《乾隆五十一年过卢沟桥诗序》。

化成现在的模样。在我国，以石狮作为装饰的桥梁建筑有很多，而卢沟桥石狮最为著名。

卢沟桥两侧栏杆每隔一定距离都有一望柱，共计281根。每个望柱顶上都雕有精美的石狮，蔚为壮观。石狮姿态各异、活灵活现：有的昂首挺胸，威严肃穆，尽显兽中之王气度；有的俯视桥面，仿佛倾听桥下流水潺潺；有的侧首相望，状若隔空交流。工匠们还刻了许多千姿百态的小狮子，它们或趴伏在大狮子头上，或依偎在大狮子怀里，或隐藏在大狮子爪下。历代修葺卢沟桥时，也更新替换了损坏的石狮，故今天能看到不同时期的石狮造型。

关于卢沟桥上石狮的确切数量，民间有“卢沟桥上的狮子——数不清”的说法。明代《帝京景物略》记载石狮“态色相得，数之辄不尽”。清代查慎行《人海记》则说“桥柱刻狮凡六百二十有七”。究其原因，一方面桥上的小狮子大者十几厘米，小者只有几厘米，在大狮子身上若隐若现，稍不留意就会漏掉；另一方面由于年久风化，有的小狮子破损开裂严重，以至于无法辨认，再加上不同时期整修更换导致数目有所变化。1961年，文物部门对卢沟桥进行勘查时，采取编号方法清点出485只。

1967—1968年拓宽桥面时，维修人员更新了风化损坏严重的栏板和望柱，部分柱头上的狮子也重新雕刻。现在卢沟桥上有大小石狮共计501只，其中金代石狮1只，元明两代石狮90多组，清代石狮126组。

诗情画意卢沟桥

“卢沟晓月”在金章宗时期已颇负盛名。破晓时分，斜月高挂、野旷天低，远处西山重峦叠嶂，近处桥下河水滔滔。远山、流水、明月、石桥相互映衬，构成一幅“卢沟晓月”的景致。金元明清四代曾有“燕山八景”“燕台八景”“京师八景”“燕京八景”等不同说法，八景内容也众说纷纭，但“卢沟晓月”始终位列其中。

古往今来，文人墨客闻名而至，留下不少以卢沟桥为主题的诗画名作。金代礼部尚书、翰林学士赵秉文《卢沟》一诗，用“落日卢沟桥上柳，送人几度出京华”，描绘出人们离京时在此与亲朋好友折柳话别的情景。

收藏于国家博物馆的《卢沟运筏图》是现存最早的关于卢沟桥的古画。据专家考证创作于元代（一说为明代），除了桥面拱起较高，与卢沟桥平缓造型略有不同外，主要特征均与卢沟桥具有较高的相似度。画中长虹卧波，一排排木筏顺河而下，桥上行人车马络绎不绝，两岸树木葱茏、屋舍栉比，充分反映了当时卢沟桥一带热闹繁荣的景象。

明代诗人邹缉驻足卢沟桥畔，面对河水、石桥、弯月、古道，触景生情，赋诗《卢沟桥》：

河桥残月晓苍苍，远见浑河一道黄。
树入平郊分澹霭，天空断岸隐微光。
北趋禁阙神京近，南去征车客路长。
多少行人此来往，马蹄踏尽五更霜。

诗句描述了“卢沟晓月”朦胧幽远、似真似幻之美。最后两句“多少行人此来往，马蹄踏尽五更霜”，更是意境开阔，引人遐思。

清乾隆帝曾写过《卢沟桥》《过卢沟桥咏冰解》等多首诗作。乾隆十六年（1751），他拜谒泰陵，过卢沟桥时，留下《卢沟晓月》诗，其中一句“半钩留照三秋淡，一练分波平镜明”，可谓“卢沟晓月”诗情画意的生动写照。

1961年，卢沟桥被国务院列为第一批全国重点文物保护单位。1985年，北京市政府市长办公会议作出决定：自8月24日起，卢沟桥上禁止通行机动车和兽力车，并采取措施修复古桥原貌，作为文物古迹加以保护。

（执笔：纪笆）

琉璃古桥话沧桑

琉璃河镇一带自古以来就是北京通往中原和晋陕地区的门户。早在金代，琉璃河上就架有桥梁。明嘉靖年间修建的石桥与卢沟桥呈“双虹对跨”之势，成为南北交通的重要枢纽。后经数度修缮，至今仍横卧在琉璃河上，向世人诉说着近500年的历史变迁。

金元琉璃河桥毁于战火

琉璃河古镇位于房山区西南部与河北省交界处，因镇北有琉璃河（别称留李河、刘李河）而得名。古代，沿太行山东麓通往中原的南北通衢大道途经此地。鱼、盐、枣、栗等燕地物产也通过这条大道运往塞外，换回牛、羊、马等商品。琉璃河镇成为南北交通和商业往来的枢纽。

西周时期，琉璃河镇董家林村附近为燕国都城所在地，战国时期为燕国中都属地。秦统一六国后，为加强中央对地方的控制，以国都咸阳为中心，修筑了通向全国各地的驰道，东到燕、齐，南及吴、越，其中咸阳至碣石的驰道经过琉璃河地区。《辽史·地理志》记载：自涿州“北渡范水、刘李河，六十里至良乡县。渡卢沟河，六十里至幽州……”可见，当时琉璃河镇是自涿州入幽州（燕京）的重要通道。

琉璃河水源丰沛，但水灾频发。为保证燕京的资源供应、贸易往来，在河上修桥势在必行。金代，琉璃河上已建有桥梁。大定十年（南宋乾道六年，1170），南宋范成大出使金国时途经琉璃河，作《琉璃河》一诗：

烟林葱蒨带回塘，桥影惊人失睡乡。
陡起褰帷揩病眼，琉璃河上看鸳鸯。

蒙古灭金时，琉璃河桥毁于兵乱。元初，官员王恽向中书省呈报《请起盖良乡县留李河桥事状》：中都以南是四方官员客旅往来的“驿程正路”，过去有官道经过琉璃河桥，向南去往涿州只需六十里。桥毁之后，只能绕道去往涿州，单程就多了十五里。绕行道路远离村坊，周边常有盗贼出没。夏秋季节，河水上涨，两岸道路泥泞，行走艰难。若重修琉璃河桥，不光道路“高平径直”，往返近了三十余里，又免去泥泞跋涉之苦，于官于民都更加便利。朝廷听取王恽的建议，重修了琉璃河桥。

元至元十六年（南宋祥兴二年，1279），南宋右丞相文天祥被押解去往元大都，途经琉璃河桥时，留下《过雪桥琉璃桥》一诗：

小桥度雪度琉璃，更有清霜滑马蹄。
游子衣裳如铁冷，残星荒店野鸡啼。

元末明初，琉璃河桥再次毁于战火。

嘉靖帝敕建琉璃河石桥

现存的琉璃河石桥始建于明代。此前，河上仅有一座简陋木桥，到了汛期，汹涌的河水常常将木桥冲毁，两岸交通十分困难。嘉靖十八年

（1539），皇帝南巡，路过琉璃河，见过往行人跋涉艰辛。于是，他下旨工部尚书甘为霖督建琉璃河大桥。

建桥颇费周折。开工不久，甘为霖就因财力不支请求拨款。《明世宗实录》记载，朝廷盘点各省“无碍银”和“变赏卖大隆兴寺基银”，全部送来修桥，才算解了燃眉之急。嘉靖二十二年（1543），甘为霖被武定侯郭勋参奏罢官，修桥一事暂时搁置。两年后，甘为霖得以平反，官复原职。但没过多久，他便因病去职，修桥事宜再次搁置。后来，朝廷命工部左侍郎杨麒，内官监太监陈准、袁亨等人接手建桥工程。大桥修修停停，历经七年，于嘉靖二十五年（1546）终于竣工。

为保证大桥稳固，桥基向下挖至六七丈深，直达河底。工匠们把柏木锯成一丈多长的木桩，一头削尖，一根根紧挨着垂直向下砸入基坑，称为“柏木桩栉”。桩栉上面用粗柏木一层层码成一丈高的长木垛，上面再用汉白玉条石并排平铺，最后用糯米和石灰粘缝，称为“金木垛”。

新建的琉璃河大桥是一座多孔联拱石桥，仿照卢沟桥样式建造。桥身长165.5米，桥面宽10.3米，桥高8米，有11个桥拱，中拱最大，拱券正中雕饰精美的兽头。桥身全部以巨大的方石砌筑，桥面以条石平铺，条石衔接处嵌以“银锭扣”，极为坚固。桥面两侧有88对石望柱、178块石栏板，望柱和栏板上雕饰着海棠线等纹饰。

《大明会典》记载，琉璃河石桥修建共花费近40万两白银，可谓耗资巨大。参与修桥的石工有1万余人，朝廷甚至将派往河南、山东的军队也调来修桥。

明隆庆《良乡县志》将琉璃河与石桥列入“良乡八景”中，名为“燕谷长虹”。民国《良乡县志》称：琉璃河石桥“朝宗孔道，四会轮蹄。北望芦沟，双虹对跨，诚京南要隘也”。

饱经沧桑古桥风采依旧

琉璃河石桥自建成后，经历了数次大规模修缮。

由于石桥地势低洼，夏季洪水漫上南北两岸，车马行人无法接近石桥。明嘉靖四十年（1561），朝廷拨帑银8万两，治理水患，在石桥两岸各修筑一道石堤，与石桥相接，次年完工。其中，一道自石桥北端铺设至刘李店村；另一道自石桥南端铺设至琉璃河镇内大街南口，俗称“五里长街”。在桥北路堤中段增建一座小石桥，堤间建8道水沟“以杀水势”。

明万历年间，石桥南侧三洞坍塌，路堤条石或开裂，或被拆除，过往行人无法通行。朝廷下令重修，历时两年，万历三十年（1602）完工。

清光绪十六年（1890）夏，连日大雨，山洪暴发，将桥冲断20余丈。桥东添设渡船供行人过河，因等候太久，来往行人争相抢渡，“几至相殴”。朝廷命直隶总督李鸿章派员监修，经一年有余完工。

民国时期曾数次稍加修葺。抗日战争胜利后，河北省公路局曾修复琉璃河桥栏杆。国民党军队撤退前，将琉璃河石桥的桥面条石掀起多处，并在桥头挖出几道壕沟，以迟滞解放军的进攻。

新中国成立后，北京市多次修补加固石桥，铺设沥青以保护桥面。1988年，为更好地保护石桥，在桥西侧30米处架设一座新桥，次年10月竣工通车。

2001年修缮石桥时，将桥面的沥青清理掉，露出桥面原有条石，车辙清晰可见，有的深达10余厘米。这是近500年来人们南来北往留下的痕迹，更是古桥历史沧桑的见证。2013年，琉璃河大桥被国务院列为全国重点文物保护单位。

（执笔：林玉琳）

永定河畔一条“龙”

永定河在古代曾有“灅水”“卢沟河”“浑河”“无定河”“小黄河”等诸多名称，是北京地区名称最多的一条河流。清康熙三十七年（1698），直隶巡抚于成龙奉旨修筑堤坝，使洪水频发、为害一方的状况得到有效缓解。康熙帝赐名永定河，沿用至今。

浑河频决惊帝听

历史上的永定河以水质混浊而闻名，自元代起始有浑河之名。虽然北魏郦道元在《水经注》中把流出西山的河段称为清泉河，但随着中上游地区森林植被遭到破坏，河水含泥沙量增加，水文特性发生变化，使之成为一条屡屡改道泛滥的河流。由于石景山以南到卢沟桥一段，与京城安危关系密切，金元明三代相继在此段东岸修筑了高大坚固的土堤、石堤。至于下游则向无修防，一直呈现散漫分流的状态，致使沿岸地区饱受洪水肆虐之害。历代多采取被动局部治理的办法，何处堤防溃决即在何处修筑加固，因而未能根治水患。

清康熙帝亲政后，将三藩、河务、漕运3件大事写下来，刻在宫中的柱子上，对关乎京畿安全的浑河治理尤为重视。他认为，如果连浑河都治理不好，就更谈不上治理淮河和黄河了[1]。

[1] “吾想畿内不能防，何况远虑治淮黄”，出自康熙帝《阅河长歌并序》。

康熙三十一年（1692），因“浑河堤岸久未修筑，各处冲决，河道渐次北移”，造成下游永清、霸州、固安、文安等地民生困扰，康熙帝派人疏浚永清东北方向的浑河故道，使河水顺流归淀，又加固了七十二里旧堤。此后，他多次巡视堤工，看到河堤甚为坚固，觉得百姓数年内可免遭水患。

未曾料到，仅过了6年，即康熙三十七年（1698）二月，浑河再次于直隶霸州一带漫决。康熙帝亲自前往受灾之地视察，目睹百姓流离失所，食不果腹，只能以水藻充饥，遂下定决心要彻底治理这条“害河”。

于公治水建奇功

康熙帝任命具有治河经验的于成龙，以总督、兵部尚书兼右都御史职务管直隶巡抚事。

于成龙领命后，火速前往浑河决口处详细勘察丈量，绘制出河图[1]呈报朝廷。康熙帝在宫中研读河图，与于成龙、王新命等朝臣探讨治河良策。君臣借鉴过往治水经验，制定了挑河疏浚、筑坝固堤兼施的策略。当康熙帝询问开挖河道、修筑堤岸所需费用时，于成龙回答：仅挑土筑堤就需钱粮三十余万[2]。剩下封堵决口的材料、河夫工钱伙食等费用还未计算在内。因丈量时正值狂风大作，恐怕结果不准，待确定分工、仔细核算后再详细上奏。康熙帝想到此时正值春季，特命不可征用百姓以免耽误农事，可派遣旗下壮丁修筑，备好工具器械，而且要支付银米酬劳。

治河工程于康熙三十七年（1698）四月开始。首先是“挑河”，即疏浚河道。自良乡老君堂旧河口起，经固安县北十里铺，至永清县东南

[1] 河图是描绘河道及其水利工程的舆图。

[2] 此处为乾隆《永定河志》说法，另有20万一说。

朱家庄，流经东安县安澜城河，出霸州、达西沽、入渤海，一路疏浚河道长达145里。然后，于成龙下令筑南北大堤。南岸大堤自老君堂旧河口起，至永清县郭家务，约长82里；北岸大堤自良乡张庙场至永清县卢家庄，约长102里。后来，于成龙又修筑了沙堤，北岸自卢沟桥南石堤至立垡村南止，长22里；南岸自高店村至老君堂接连土坝，长35里。

康熙帝参考明代水利专家潘季驯治理黄河的做法，命于成龙在老君堂旧河口，用竹络填装石头、泥土，筑成竹络坝，使牤牛河（今小清河）与浑河并流东注，借助牤牛河的清水加大水流挟沙能力，冲刷浑河泥沙，减轻河道淤积，以达到"蓄清刷浑"的目的。

工程结束后，于成龙奏请康熙帝为浑河赐予新名，并敕建河神庙。康熙帝斟酌再三赐名"永定河"，照准在卢沟桥北建神庙，立永定河神庙碑，后称此庙为南惠济庙。康熙帝设立总河，在南北两岸设置两分司、八汛、千总、把总等职官，后又设南北两岸同知，初步建立起永定河堤防管理制度。

自康熙三十七年（1698）百里大堤筑成以后，永定河改行固安以北，东达三角淀，结束了漫流状态，收到了"无迁徙者垂四十年"的效果。直至嘉庆六年（1801）的百余年间，永定河洪水都不曾直接冲击北京城。

康熙帝、于成龙君臣此次治理永定河固然是一次试图根治水患的积极尝试，但也仅仅改变了原先大范围改道迁徙的状态。因牤牛河与永定河水量差距较大，无法彻底实现"激荡浊水，乃成清流"的设想。

名姓相同志亦同

清康熙朝有两个于成龙，不但同名同姓，而且都曾担任过直隶巡抚。年长的于成龙以清廉著称，被誉为"天下廉吏第一"。此次被康熙帝委以治河重任的是小于成龙，曾两次出任河道总督，一生与河务结下不解之缘。

小于成龙，清崇德三年（明崇祯十一年，1638）生于辽东盖州（今属辽宁营口），汉军镶黄旗人。11岁举家迁至北京通州，16岁时移居河北固安。康熙七年（1668），自荫生[1]授直隶乐亭知县，后历任滦州知州、通州知州。

由于为官清廉深得百姓拥护，小于成龙得到大于成龙的赏识。康熙二十年（1681），直隶总督大于成龙调任两江总督时，向皇帝推荐小于成龙可堪大用。不久，江宁知府出缺，大于成龙上疏皇帝，请求让朝臣推举操守清廉的人。这时，康熙帝想到大于成龙举荐的小于成龙，便任命通州知州小于成龙升任江宁知府。时有“冰清玉洁两于公，名姓相同志亦同”的美谈。

小于成龙居官廉洁，声名甚好。康熙二十三年（1684），康熙帝南巡到江宁府，经实地察访，与所闻无异，并亲自书写手卷赐给小于成龙。后命大学士明珠传谕，勉励他务必效仿前总督于成龙，为官正直清廉，不要辜负皇帝的赏识重用。康熙帝返京后，提拔他为安徽按察使。

在安徽时，于成龙与河道总督靳辅在治理黄河的方法上产生分歧。靳辅主张自上游筑堤束水，而于成龙认为应该疏通入海口和下游水道。康熙三十一年（1692），于成龙接替病逝的靳辅任河道总督，经过多次实践逐渐意识到自己的错误，开始遵循靳辅的治河之法。

康熙三十七年（1698），于成龙再次出任河道总督。适逢黄河泛涨，年逾六十的他奔走两岸，勘察灾情，绘制《江南黄河图》，欲把治理永定河的方法和经验运用到治理黄河上。于成龙殚精竭虑，积劳成疾，以致难以支撑，不得不向朝廷告假。康熙帝考虑治河任务艰巨，他人恐难以胜任，命于成龙在任上调理，并派宫廷御医前往诊治。

康熙三十九年（1700）三月，于成龙病逝于河道总督任上，安葬在

[1] 荫生：古代凭借先代有功而取得的监生资格。

北京石景山。康熙帝闻讯痛彻哀悼，翻阅于成龙生前奏疏时，赞他“才品兼优，服官勤慎，屡经简任，实心办事，不辞劳瘁，宣力有年，历著成效”。谥号“襄勤”成为于成龙一生工作勤勉、恪尽职守的真实写照。康熙帝晚年仍对于成龙颇为怀念，称“其办事之才，汉军内诚无有及者”，为失去这个治水能臣而惋惜不已。

（执笔：纪箟）

御书“金堤永固”的大王庙

丰台区北天堂村西南的永定河东岸大堤旁，有一座大王庙，又名金堤永固庙。它建于清光绪十七年（1891），是永定河北京段上唯一现存的治水庙。

“河神显灵”成功治水

清光绪十五年（1889），直隶永定河道[1]万培因奉命巡视永定河上下游。他发现河道严重淤塞、水流不畅，建议尽快疏浚。朝廷以耗资巨大为由没有采纳他的意见，未料想却为来年的一场大汛埋下了隐患。

光绪十六年（1890）五月，京畿一带大旱，光绪帝亲赴北海和景山之间的大高玄殿祈雨。孰料自当月底开始，狂风暴雨接连来袭，十数日不止，导致京师一片泽国、物价飞涨、饥民无数。朝廷从各地调拨粮食，开设粥厂，赈济灾民。

持续的强降雨引发永定河河水急速上涨，沿岸各处险情迭出。六月初五，河水冲溃永定河北上二号堤坝（今丰台卢沟桥农场附近），“漫口二百数十丈”。水势汹涌，南达南苑，北逼城门，大有水淹京城之势。朝廷连夜调集官兵抢修，但洪水来势汹汹，加之防汛储备物资不足，无

[1] 永定河道：清朝设立的以管理永定河河务为主要职责的官职。

法立刻堵上决口，情势愈发危急。

光绪帝命直隶总督李鸿章督办“堵筑永定河漫口”一事。李鸿章派按察使周馥、候补道吴延斌和永定河道万培因等人，分头购买物资、修筑挑水坝[1]，并开挖引河，以减小主河道的水势。七月十五日工程开工后，光绪帝紧急拨付三十万两白银，要求务必在两个月内完工。此时正值汛期，卢沟桥以下河段水流湍急，施工困难重重。九月十日决口处大坝即将合龙时，水势突然暴涨，河堤岌岌可危。官员下令立即开放引河，将水分流出去，大坝得以顺利合龙。

李鸿章将成功堵筑决口一事上奏朝廷，光绪帝喜出望外，钦命万培因“二品衔赏戴花翎总理直隶永定河道随带加十级”，其他有功人员也得到相应褒奖。当时人们认为是河神显灵才使京师转危为安。其实，治理水患之所以能在两个月内奋战告捷，是因为百余名官员无一旷职，万余名役夫无一旷工，可谓多方通力协作的结果。

治水结余建大王庙

光绪十七年（1891），为纪念封堵永定河大堤决口成功，在永定河东岸不远处建起一座大王庙，由一座牌楼和三进院落组成。大王殿正中悬挂光绪帝御书的“金堤永固”匾，龙王殿中有慈禧太后亲赐的“永佑安澜”匾。庙内石碑刻有万培因撰写的《北上二号漫口合龙将军显著灵异记》。大王庙供奉水官大帝和镇水龙王。水官和龙王都是民间尊奉祭祀的神灵。人们认为水官能消灾解厄，龙王掌管行云施雨，祈求他们保佑永定河不再泛滥为害。

大王庙主要利用治河工程余款余料建造而成。地面甬路用河卵石铺

[1] 挑水坝：河防工程中用以分水势的堤坝。

就，庙墙用堵筑大堤决口所剩的木料、灰料、石料等砌成，耳房、配殿的柱基石用筑坝石夯代替。东西配殿可驻扎河兵、存放物资，并设有两个角门，方便人员出入和运送防汛材料。

冯玉祥部永定河抢险

大王庙内有一座冯检阅使德政碑，记录着民国期间任陆军检阅使的冯玉祥率部在永定河畔抢险救灾的事迹。

1924年夏天，京畿地区连遭暴雨，山洪频发，永定河水猛涨。南岸大堤先后决口4处，北岸大堤丰台黄土坡处被冲毁一百四十余丈。方圆百里成水乡泽国，农田房屋被淹，人畜在水中漂荡，可谓百年罕见之奇灾。永定河河务局迅速组织人力抢护，却未能消除险情，于是紧急向驻扎在南苑的检阅使冯玉祥求助，恳请速派部队支援。冯玉祥慨然应允，当即部署一个团加一个营整装待发，并联系交通总长吴毓麟准备列车。

8月7日一早，部队携带锹、镐、筐、箕等工具，乘车赶到黄土坡决口处。由于缺少沙袋，官兵只得砍伐附近的柳树，在决口处将柳树段层层垒积后，再填充沙石。这时，宛平县知事送来麻袋。他们火速将沙石装入麻袋制成沙袋，按照一层柳树、一层沙袋间隔压实，就着残余土坡筑就新堤。官兵们冒雨奋战、昼夜不停，团长、营长莫不身先士卒，担沙抬土。由于水势汹汹，新筑的堤防不时出现溃决。他们在堤上严阵以待，一旦柳树和沙袋被水卷走，就随时填补。危急时刻，有的士兵甚至冒着生命危险，跳入河水中用身体堵塞决口。

8月中旬，冯玉祥又加派两个团，紧急赶赴现场接替抢险。其间，他两次到黄土坡一带查看险情，送来饼干、罐头等慰问救灾官兵，探望受伤和患病人员。

大堤不远处有荷塘数亩，官兵们在抢险救灾时，尽管暑热难耐，汗流浃背，但他们只饮用河水，没有一人擅自采挖莲藕止渴。事后，因堵塞决口而砍伐的柳树中，凡属私人栽种的，都给予了适当补偿。

数月后，永定河河务局局长孔祥榕巡视河堤时，在丰台黄土坡见到一道百余丈的新堤，形如一弯新月，成为迎挡永定河水流的坚固屏障。当地人告诉他："这是冯公堤。倘若没有冯将军率部修筑这道堤防，数百村的生命财产都将淹没在夏天的那场大水中。"孔祥榕闻言不禁感叹，冯玉祥将军不但精于治兵而且善于治水，于是在大王庙竖碑，以示敬意与纪念。

2003年，大王庙被列为丰台区文物保护单位，并启动复建工程。竣工后，在庙内开设"永定河历代洪灾及治理"专题展览。庙门左右两侧，分别竖立刻有《中华人民共和国防洪法》的石钟和《中华人民共和国水法》的石鼓。大王庙成为见证北京地区防洪抗洪历史的一处文化印迹。

（执笔：纪筤）

“改变了永定河的性格”的官厅水库

官厅水库位于北京市延庆区和河北省张家口市怀来县的交界处，是新中国成立后兴建的第一座大型综合利用水库。它在建设过程中就成功抵御了永定河大洪水。

旧社会拦洪蓄水成泡影

为解决永定河水患，历史上曾多次有过在上游峡谷地段筑坝拦洪的计划和尝试。清乾隆七年（1742），直隶总督（兼管总河）高斌提出了治理永定河上游的主张，建议在怀来境内和合堡（今官厅附近）的两山夹峙之处，用巨石错落堆叠，形成玲珑水坝，“以勒其汹暴之势，则下游之患可以稍减”。这个设想得到朝廷认可。乾隆九年（1744），高斌在和合堡修筑了两道横长十四丈、纵深十七丈的石坝。但洪水从石缝穿流而过，只能减缓水势，而无法蓄水，仅过3年玲珑坝便被大水冲毁。

同治十二年（1873）闰六月，直隶怀安知县邹振岳对治理永定河提出建议。他认为，问题的根源在于上游来水过于迅猛，下游来不及泄洪，如果在上游修建水坝和蓄水库，将减慢洪水对下游的冲击，可保下游堤防无虞。他实地踏勘后，提出了适宜筑坝的位置。但前往复勘的官员以未有先例、花费太大且高斌修筑玲珑坝失败为由，否定了邹振岳的建议。

民国初期，顺直水利委员会专家在永定河上游考察，发现河流进入官厅山峡之前，流经一片广阔平坦的地带，名为怀来盆地。永定河发源于山西境内，上中游称桑干河。桑干河在怀来盆地与源出内蒙古的洋河汇合，又与另一条从东北方向来的妫水河汇合，在官厅附近泻入山峡。官厅以上是群山环抱的开阔盆地，以下是绵延百里的狭长山峡，形如漏斗，官厅正处在漏斗连接处，是建水坝修水库的理想之地。

1928年，顺直水利委员会改为华北水利委员会，提出修建官厅水库，计划筑一道高27米、长110米的拦水坝，并于次年拟定了《永定河治本计划大纲》。华北水利委员会专家为修建官厅水库进行了大量调查研究，绘制出官厅山峡地形图、纵剖面图等。1933年,《永定河治本计划》公布，准备在上游实施水土保持，中游修建石匣里、官厅和太子墓水库，下游整治堤防，疏浚河道和尾闾。这一计划因日本发动侵华战争而搁浅。日伪时期，华北建设总署为发电提出过修建官厅水库的方案，但也仅停留在规划阶段。

新中国变害为利建水库

自古以来，我国基本水情一直是夏汛冬枯、南丰北缺，水资源分布不均衡。新中国成立后，全国开展了大规模水利工程建设。北京作为首都，对防洪安全、生产生活用水和水电资源的需求更为迫切。1949年11月，水利部召开各解放区水利联席会议，审议了永定河流域整治开发计划，决定立即报请中央尽快考虑治理永定河和修建官厅水库。次年，获得政务院总理周恩来的批准。

1951年5月,《永定河官厅水库工程初步计划》由官厅水库工程处编制完成。整个施工程序由两个基本条件所决定：一是官厅山峡进口的底宽仅约80米，修筑拦河坝时不能半面导水、半面施工，必须先修泄洪隧洞导水。二是为安全度汛，必须在枯水季开挖拦河坝的坝基，并在6月底前将坝身填筑到475米高程（以大沽海平面为基点），以拦截施工中可能出现的洪水。这个预先设想后来得到了现实的检验。

1951年10月25日，官厅水库工程正式动工，打响新中国治理永定河的第一场战役。工程的第一步是开凿一条长495.5米、直径8米的马蹄形泄洪隧洞，以便导水筑坝。隧洞进口有进水塔，布设8条水道。每条水道上装有正方形闸门，最大泄量为560立方米每秒。1952年11月，泄洪隧洞完工，开始导流河水，为筑坝做好准备。

开挖坝基是一场艰巨的战斗。当时正值隆冬季节，气温在-17℃左右，工人们不顾严寒刨开河底半米厚的冰壳，挖至22米深见到岩石才能回填坝基。1953年6月29日，赶在伏汛前，坝身填筑到预先设计的475米拦洪高程，巍然矗立在官厅山峡入口，静待着第一次永定河洪水的考验。

8月下旬，由于连降暴雨，永定河上游区域河水猛涨，拦河坝和泄洪隧洞开始发挥作用。26日14时，汹涌澎湃的洪水流入官厅水库的最大流量达3700立方米每秒，总量约为4.5亿立方米。水库最高水位出现在27日晚，达到464米，此后逐渐回落。官厅水库经受住了这次洪水的考验，极大减轻了对下游两岸的灾害，京津铁路交通也未受到影响。单是防止这次水灾所避免的损失，就已超过水库本身的造价。9月底，一道高45米、长290米的拦河坝完工，从此斩断了洪水肆虐的去路。

为防备上游洪水过大，不能从泄洪隧洞及时宣泄出去，或泄洪隧洞进水塔闸门发生故障，还在拦河坝的东侧开凿了一条宽20米、长431米的溢洪道，洪水可从这里排出，以保障拦河坝的安全。

官厅水库在修建过程中得到了全国的支持，设备材料、技术人员从四面八方汇集于此。新中国的建设者怀着满腔热忱，积极投入到这场造福一方的建库劳动。老钻工柳万春凭借横打风钻的老手艺，开凿坚硬的老虎皮顽石，工作效率由每人每班打眼0.3米增加到1米。钻工卢永高研究出“打抬炮”爆炸法，既提高了爆炸效率，又节省了炸药用量。他们不惧严寒酷暑，夜以继日，用智慧和勤劳战胜了重重困难。最终，4万多人仅用两年半时间，就按设计要求建成了这座蓄水能力达22.7亿立方米的大型水库，比颐和园昆明湖的蓄水量大500多倍。

兴修水利、防旱防洪是治国安邦、泽被后世的大计。党和国家领导人对官厅水库建设给予高度重视。在修建过程中和竣工前后，毛泽东、朱德、陈云、邓小平、刘少奇、周恩来先后到现场视察。1954年5月5日，官厅水库工程整体告竣。在13日举行的竣工庆祝大会上，水利部部长傅作义把一面绣着毛泽东主席题字“庆祝官厅水库工程胜利完成”的锦旗授予水库的建设者。他在讲话中说：“官厅水库的落成，在全国水利建设中是一个重大的胜利，是一个变水害为水利的重要工程，是一个改变自然面貌的不朽的事业。它将永远为全国人民所记忆、所感激。”

1954年5月13日，官厅水库竣工庆祝大会召开，水利部部长傅作义（右一）向建设者授旗（图片来源：《北京志·水利志》）

永定河实现永定润京城

官厅水库控制了永定河流域面积约4.3万平方千米，占全流域面积的92.3%，使京津冀一带基本解除了来自永定河上游洪水的威胁，为引用河水创造了条件。1955年11月，国家计委批复同意实施永定河引水工程。

工程最初规划是从门头沟区三家店附近设置渠首枢纽，以海淀区昆明湖等三湖为终点，再利用长河输水进城。但后来工程人员在模式口以上渠段发现了第四纪冰川擦痕遗迹，经国务院同意，将渠线南移至较平坦地区，向东过西黄村后，利用南旱河下段，在五孔桥分为南北两支：南支在罗道庄与京密引水渠汇合后，流入玉渊潭，向东南流经西便门和西护城河相接，经南护城河在东便门入通惠河；北支也称双紫支渠，流入紫竹院湖，经白石桥与南长河汇合后，向东流入北护城河，经东便门入通惠河。

1956年1月，永定河引水渠工程开工。次年4月24日建成通水，全长25.13千米，最大引水流量30立方米每秒。当年即向首钢和石景山热电厂供水，后还为陆续建设的第一热电厂、造纸总厂等工厂供水。引水后，下游开辟了大型灌区，实际灌溉面积达到70多万亩，护城河的卫生状况也有明显改善。后经两次扩建，永定河引水渠的引水能力翻了一番，成为北京城市河湖水网的重要组成部分，对供应城市用水、调节水量发挥着不可替代的作用。

官厅水库是新中国水利史上浓墨重彩的一笔，实现了此前历朝历代要根治永定河水患的愿望。官厅水库改变了永定河狂暴不驯的性格，变水患为水利，使北京的母亲河真正成为造福一方的“永定河”。

（执笔：纪篦）

帝王遗踪
皇家苑囿

皇帝行猎理政的南海子

南海子，又名南苑，位于北京南郊永定河冲积扇前缘地带，历史上是北京地区最大的湿地。曾是辽金元明清五朝皇家猎场、元明清三朝皇家苑囿。清代，成为皇帝处理政务、举行大阅的重要场所。

跨越五朝　皇家苑囿

契丹族建立辽朝，燕京（今北京）升为陪都。燕京南郊大片湿地，因水草丰美、土壤肥沃、树木葱郁、飞禽走兽众多，遂成为皇帝躲寒避暑、纵鹰捕猎的场所。金灭辽后，迁都燕京，建中都城。中都南郊同样是皇家游幸狩猎的地方。海陵王完颜亮常常率近侍来此行猎，并在此修造行宫，成为中都最早的皇家苑囿雏形。

元朝建立后，改燕京为大都。大都南郊依然是皇室晾鹰捕猎的首选之地。这里因北邻京城、骑马即至，得名“下马飞放泊”。“飞放”是元代的一种狩猎制度，每至“冬春之交，天子或亲幸近郊，纵鹰隼搏击，谓之飞放”。为满足皇家射猎需求，在这里饲养了数量众多的飞禽走兽，鹤鸭雁雉朝飞夕落、獐鹿狐兔成群栖息。同时，还建有幄殿、晾鹰台。其中，晾鹰台是一座专门纵放海东青[1]捕捉天鹅、大雁的建筑。元代皇

[1] 海东青是分布在东北地区的一种名雕。

帝来此围猎，必有海东青辅助，每每携带“一万捕鹰匠和五百只大鹰”。至元十三年（1276），南宋宫廷琴师汪元量这样写道：“快鹰已落蓟水畔，猎马更在燕山前”，“海青渺然从此去，天鹅正坠阴崖巅”，生动描述了当时的春猎情景。

明成祖朱棣迁都北京后，于永乐十二年（1414）下旨扩建“下马飞放泊”，筑起约120里的围墙，开辟东西南北四红门，铺设园内外道路，修筑大小桥梁，新建行宫。为与紫禁城北的“海子”（今积水潭）相区别，故称该地为南海子。此时的南海子包括5个海子，且众泉竞涌、苇塘相连，总面积约210平方公里。朝廷在这里专门设置看守民户，称为“海户”。每到围猎时，海户驱赶动物，将包围圈缩小，供皇室驰骋射猎。

清军入关后，清代统治者尤其重视骑射传统，通过行围打猎训练武备，南海子因其优越的地理位置和湿地环境，成为行围活动的首选地。清代皇帝在南海子基础上，先后修建团河行宫、新衙门行宫、旧衙门行宫、南红门行宫4处行宫，并把南海子更名为南苑，二名并用。

康熙帝多次赞誉“南苑乃人君练武之地”。他在这里的活动多与行围、校阅有关，还曾射杀过一只老虎。他在《南苑十首》第五首写道：“三驱一面网，雉兔正堪肥。弦响无虚落，日暮即收围。”狩猎行围时须合围三面、放开一面，以彰显皇家的好生之德。在平定三藩叛乱期间，康熙帝一有时间就会来此。他在《南苑行围》中这样写道：“苑中闲教阵，无事静论边。不废时苗典，思周天下先。”身在南苑，他心中仍然时刻挂念时局。康熙帝在位期间先后41次到南苑行围，可见他对这里的喜爱。到乾隆年间，南苑行围狩猎已成为一种典制，名曰“春蒐[1]之典”。

南苑是清代建起的第一座大型皇家苑囿，不仅是皇家行围练兵的处所，也是清代第一个园林理政的场所。

---

[1] 蒐，音sōu，指春天打猎。

怀柔西南 建寺礼佛

顺治元年（1644）十月，顺治帝在北京正式即位。此时全国尚未统一，为安定西南边疆地区，顺治帝多次派遣使臣进藏，敦促达赖喇嘛来京。顺治九年（1652）三月，五世达赖及随员三千人从西藏哲蚌寺启程，朝觐顺治帝。起初，会面地点并未确定在北京。八月初一，五世达赖奏请顺治帝，“因内地疾疫甚多”，希望在归化（今呼和浩特）或代噶（今呼和浩特南部凉城县境内）觐见。于是，顺治帝打算前往代噶会见达赖。

出发前，大学士洪承畴等人借钦天监“太白星与日争光，流星入紫微宫”为由，谏言皇帝以国家安危为重，不要远行。十月十三日，顺治帝敕谕五世达赖：近来南方多地局势不稳，天灾不断，政务繁重，不能亲自前往边外，特派和硕承泽亲王迎请达赖入京。

十二月十六日，顺治帝于南苑的旧衙门提督官署迎接五世达赖。五世达赖曾这样回忆：进城后渐次行进，至隐约可见皇帝临幸地时，众人下马。从这里又前往至相距四箭之地后，我下马步行，皇帝由御座起身相迎十步，握住我的手通过通事[1]问安。之后，皇帝在齐腰高的御座上落座，令我在距他仅一尺远、稍低于御座的座位上落座。赐茶时，谕令我先饮，我奏称不敢造次，遂同饮，礼遇甚厚。顺治十年（1653）二月十八日，五世达赖辞行离京。在他归藏途中，清廷赐予金册金印，正式册封他为西藏地区最高宗教领袖。此后，历代达赖喇嘛继位都需要中央政府的册封，进一步加强了中央对西藏的统治。

顺治十五年（1658），顺治帝将旧衙门提督官署改建为行宫，并下

[1] 通事：旧时指翻译人员。

旨在他与达赖会面的地方建一座寺庙，以示纪念。两年后，皇家寺院德寿寺在旧衙门行宫东侧建成。顺治帝、康熙帝南苑行围时，常到德寿寺观礼。乾隆帝更是对德寿寺情有独钟，每次巡幸南苑，必到德寿寺礼佛。

乾隆二十年（1755），由于寺内僧人不慎，德寿寺失火被毁。次年，得到重建。出于安全考虑，乾隆帝下旨将僧人撤出寺庙，只留驻扎南苑的官兵看守。重建后的德寿寺宏伟庄严，有山门三间，大殿五间，东西配殿各三间，殿后随墙门内为御座房。主殿顶以锡为原料覆盖，别具一格。寺内殿宇多有乾隆帝题匾及对联。乾隆四十三年（1778），六世班禅主动请求进京朝觐，祝贺皇帝七十寿辰。乾隆帝非常重视这次会面，不但命人整修了五世达赖来京时居住的西黄寺，扩建了香山静宜园的昭庙，还将德寿寺油饰一新，并加盖御座房三间。

乾隆四十五年（1780）九月初十，乾隆帝拜谒东陵后，来到德寿寺会见六世班禅，这是双方在京城会面的第一站。想到120多年前顺治帝与五世达赖在此会见的场景，他不禁感慨：“后先辉映，实为国家盛事。”十一月初二，六世班禅因身染天花，不幸圆寂于北京。之后数年，乾隆帝多次来到德寿寺，作诗怀念班禅。民国时期，德寿寺毁于军阀混战，现仅存两座乾隆年间镌刻的汉白玉石碑。

南苑大阅　皇威赫赫

清代阅兵次数众多，但以南苑大阅规模最盛、次数最多。顺治十三年（1656），顺治帝在南苑举行了即位后的第一次大阅。康熙十二年（1673）正月，为表明坚决撤藩的态度，康熙帝在南苑晾鹰台举行了他登基后的第一次大阅。康熙帝对这次大阅甚为中意，并将此次大阅陈列、仪式和列阵作为典范，形成书面大阅规制。后经雍正、乾隆两朝补充完善，形成一套较为完整的制度。

乾隆四年（1739）十一月，乾隆帝在南苑举行即位后首次大阅，近两万名八旗精锐受阅。乾隆帝从阵列左翼开始，依次巡阅前锋营、护军营、骁骑营、火器营等。阅阵后，随着三声炮响，各阵擂鼓而进，鸣金而止，前进距离以十丈为一节。每进一节，伫立挥舞红旗，依次鸣放枪炮，如此反复九次。第十次枪炮连环齐发，直至鸣金三次方停。随后，各军收阵回营，皇帝赐酒，大阅结束。整个大阅严整有序、气势磅礴，彰显康乾盛世景象。七年后，乾隆帝对这次大阅仍念念不忘，遂命宫廷画师绘制《大阅图》，有《幸营》《列阵》《阅阵》《行阵》四卷，重现当年大阅的壮观场面。其中，《列阵》现存于北京故宫博物院，《阅阵》《行阵》

《乾隆大阅戎装骑马像》（中国画·［清］·郎世宁）

（图片来源：《北京志·美术志》）

在私人收藏家手中,《幸营》一直下落不明。

乾隆二十三年（1758），经过近四年的征讨，终于平定了新疆准噶尔部叛乱。乾隆帝闻听捷报，十分欣喜，当年秋天便邀请准噶尔部布鲁特诺起等使臣来京觐见，同时安排在南苑举行即位后的第二次大阅。十月初五，乾隆帝戎装裹身、跨马佩箭，亲自下场试射，连发五箭皆中。随后，八旗劲旅军容严整、列阵受阅。布鲁特诺起等使臣观礼后，个个“面带惊异，为之骇然”。宫廷画师郎世宁参加了这次大阅，绘制出《乾隆大阅戎装骑马像》。乾隆帝非常满意此画，命人将其挂在新衙门行宫后殿。

乾隆后期，国势渐衰，南苑大阅次数明显减少。嘉庆十七年（1812）三月，嘉庆帝在南苑举行他在位期间的唯一一次大阅，这也是清朝最后一次大阅。

光绪二十六年（1900），八国联军入侵北京，南苑惨遭破坏，围墙大半倾塌，建筑多被焚毁。由于当时国力衰微，无力修缮，南苑开始全面放垦，涌现出大批村落。宣统二年（1910），清政府在南苑修建简易机场，成为中国第一座机场。1949年北平和平解放，南苑机场回到人民手中。

（执笔：于冰）

南海子的异兽麋鹿

麋鹿是原产于我国的珍稀野生动物，相貌奇特、性格温驯，深受人们喜爱。清末，就在京郊南苑（今南海子）生活着最后一群野生麋鹿。后来，这里成为麋鹿的科学发现地、本土野外灭绝地和重引进地。

东方神鹿“四不像”

麋鹿是国家一级保护动物，属于哺乳纲偶蹄目鹿科麋鹿属。在我国传统文化中，鹿被视为一种祥瑞仁和之兽。周朝的青铜器、汉代的瓦当上都曾出现过麋鹿的形象。屈原在《九歌·湘夫人》中写道“麋何食兮庭中，蛟何为兮水裔”，将它与蛟龙并称。

麋鹿因犄角像鹿、面部像马、蹄子像牛、尾巴像驴，又称“四不像”。有人说《封神演义》中姜太公骑的就是麋鹿。但原著中的神兽“麟头豸尾体如龙”，名为“四不相”。“四不像”与“四不相”字异而义同，但若以此断定姜太公的坐骑就是麋鹿恐怕有些牵强，或是以其为原型的神话夸张。

麋鹿为适应生存环境，长期进化形成现在“四不像”的怪异模样。大多数鹿科动物栖息于山林，而麋鹿择水而居，是一种典型的湿地鹿类。当它们饮水或是进食水草时，眼睛需要时刻警惕潜在的危险。长着像马一样瘦长的脸，让它们的视野更广，能够清楚地观察周围的风吹草动。

麋鹿（郭耕　摄）

麋鹿的蹄子宽大，趾与地面夹角小，四趾之间能分开，踩踏在泥泞松软的沼泽滩涂上，产生的压强较小，可以避免深陷其中。前两趾之间还长有一层蹼状的皮腱膜，有助于加快其游泳的速度。

麋鹿的尾巴可达六七十厘米，是鹿类动物中最长的，它的拉丁学名就叫长尾鹿。灵活有力的尾巴挥动起来，能够赶走水边恼人的吸血昆虫。

麋鹿鹿角的分枝都朝向身后，行走在高高的芦苇荡中不会被缠绕困住。发育完整的麋鹿角可以倒置于地，平稳不倒，这能简单快速地将麋鹿角与其他鹿角区别开来。麋鹿是唯一在冬天脱角的鹿种，而梅花鹿、驼鹿、驯鹿等其他鹿科动物都是在夏天脱角的。李时珍《本草纲目》记载："鹿喜山而属阳，故夏至解角；麋喜泽而属阴，故冬至解角。"关于麋鹿何时脱角一事，曾让乾隆帝两度撰文，并给后世留下了一只珍贵的麋鹿角。

错把此鹿当彼鹿

乾隆帝在审阅钦天监编制的《时宪书》时，发现沿用了《礼记·月令》“仲夏鹿角解，仲冬麋角解”的说法，这引发了他的质疑。乾隆帝认为所有鹿都是在夏天脱角的，麋鹿也不例外。乾隆二十七年（1762）新春，他写下一篇《鹿角记》，阐述世上并不存在冬天脱角的鹿，木兰围场的鹿和吉林的麋都是在夏天脱角的。难道《礼记·月令》记述有误，或古代麋鹿与当下麋鹿不是同一物种？乾隆帝百思不得其解。

乾隆三十二年（1767）冬至刚过，乾隆帝忽然想起南苑那一群叫麈（zhǔ）的大鹿，联想到“仲冬麋角解”。于是他立刻派御前侍卫出宫，快马加鞭奔赴南苑。侍卫在南苑海子边看到，有的麈两只角都掉了，有的刚脱落一只，正时不时晃动着脑袋，想让另一只角尽快掉下来。侍卫收集了一些麈角后回宫复命。乾隆帝看着麈角，顿觉茫然无所适从，遂又写下一篇《麋角解说》。他感叹《礼记·月令》误把麈当作麋，而自己竟然不知道还有鹿类在冬天解角，天下万事万物精微奥妙，实在不易探究洞悉，并命人将这篇文章刻在鹿角的主干腹面。

其实,《礼记·月令》并未记错，反而是乾隆帝把南苑的麋鹿称作“麈”，把驼鹿或驯鹿等北方鹿种认作“麋”。如今，这只刻有《麋角解说》的鹿角陈列在北京南海子麋鹿苑博物馆内，下款署“乾隆三十二年岁在丁亥仲冬月上浣御制”。

特殊“游客”欧洲行

麋鹿在地球上已经生存了两三百万年的时间，曾广泛分布于我国中东部平原沼泽地带。根据《孟子·梁惠王上》的记载，麋鹿在周文王时期已被人工驯养。随着气候环境的变化和人类活动的影响，它们赖以生存的沼泽湿地越来越少，加之被过度猎杀，到清代时野生麋鹿已经较为少见。而南苑因为沼泽众多、水草丰茂，成为麋鹿种群在我国最后的栖身之所。

清同治四年（1865），法国传教士兼博物学家阿芒·大卫（Armand David）在北京南苑进行动植物考察，偶然发现一群奇特的鹿。南苑是皇家禁地，守卫森严，于是他买通看守，获得了一些鹿皮和鹿骨。次年，他将麋鹿标本带回法国巴黎。经自然历史博物馆馆长米勒·爱德华兹（Milne Edwards）鉴定，这不但是一个新种而且是一个新属，之前从未做过科学记述。由于阿芒·大卫的发现，人们将这种东方神鹿称为“大卫鹿”。后来陆续有人通过各种方式从南苑获得麋鹿运往欧洲。

1900年，阿芒·大卫去世。同年，他当初科学发现的麋鹿遭受了灭顶之灾。八国联军攻入北京，南苑被列强洗劫，麋鹿有的被捕杀，有的逃出禁苑不知所终。自此，这种我国特有的珍稀动物在故土消失。

流落海外被欧洲一些动物园和收藏家圈养的麋鹿，因为颠沛流离，水土不服，大多客死异乡。这时一位喜爱鹿科动物的英国公爵贝福特十一世为岌岌可危的麋鹿种群保留了一线生机。1898年起，他花重金将巴黎、柏林、科隆、安特卫普等地的18头麋鹿悉数买下，以半野生的方式集中放养在伦敦以北45英里的乌邦寺庄园内。这座庄园水源丰沛、草木葱郁，环境很像麋鹿远在中国的家乡，再加上贝福特公爵派人悉心照料，这18头麋鹿就此定居下来。第二次世界大战期间，子承父业的小贝福特担心这群仅存于世的麋鹿再次毁于战火，便将部分麋鹿向各大动物园出售或交换出去。到1983年底，全世界的麋鹿已达1000余头，均为当初18头麋鹿的后代。

回归故土传佳话

20世纪50年代和70年代，英国曾两次向中国赠送麋鹿，但由于数量较少且饲养在动物园中，远远达不到发展和复壮麋鹿种群的条件。

改革开放后，动物学家谭邦杰在《光明日报》《大自然》等报刊上发表文章，呼吁引回流落海外的麋鹿种群，为它们重建家园。1984年，贝福特公爵的曾孙塔维斯托克侯爵（Lord Tavistock）委托英国牛津大学动物学家玛娅·博伊德（Maja Boyd）来华，和我国有关方面专家一起论证适宜的放归地点，最终选择了北京南海子。这里是麋鹿种群在中国最后消失之地，且5个海子中还有一个海子基本保留了原来的自然风貌。从文化历史意义和自然生态角度综合考虑，南海子都是将麋鹿放归的适宜地点。

1985年2月27日，由北京市政府、城乡建设环境保护部、中国动物学会等组成的麋鹿引进小组，与乌邦寺庄园代表在北京自然博物馆签订了麋鹿引返中国的协议。同时在伦敦，塔维斯托克与中国驻英使馆代表也在协议书上签字。随后，北京南海子麋鹿苑在农场苗圃的基础上开始改造。因为麋鹿不是林栖动物，苑内大部分苗木被移出，改种苜蓿等它们喜食的草类，并整修湖泊池塘，以适宜麋鹿生存。

8月24日，22头麋鹿（其中2头给了上海动物园）搭乘专机从英国乌邦寺庄园运抵北京，当晚被运至南海子麋鹿苑，回到了它们祖先在故土最后生活的地方。时任英国首相的撒切尔夫人将麋鹿回家与香港回归并称为中英外交史上的两件大事。

南海子拥有丰美的苇草、泥泞的湿地，为麋鹿寻食栖息、繁衍后代创造了良好环境。它们很快适应了新的家园，1987年3月，第一批10头幼鹿平安降生。后来，湖北省石首市和江苏省大丰县等地也相继建立麋鹿自然保护区。从圈养与半散放种群，到保护区野化训练种群，再逐步恢复到自然种群，麋鹿的种群回归成为野生动物迁地保护和回归自然的典范。

（执笔：纪锟）

金章宗与“西山八院”

金章宗完颜璟是金朝第六位皇帝。他崇尚汉学，善诗文，精绘画，喜书法，通音律，尤爱游山玩水，在中都郊外兴建了许多行宫园林，其中“西山八院”最负盛名。

多才多艺尚文辞

金章宗天资聪慧，自幼学习文史典籍、诗词歌赋，在金朝历代皇帝中汉文化造诣最深。他创作的诗词婉约绮丽，金代《归潜志》评价他“诗词多有可称者”，清《词苑丛谈》将他视为“南唐李氏父子之流”。他的七言绝句《宫中》被时人赞誉为“真帝王诗也”：

五云金碧拱朝霞，楼阁峥嵘帝子家。
三十六宫帘尽卷，东风无处不扬花。

他的《蝶恋花·聚骨扇》一词被后人誉为“一时绝唱”：

几股湘江龙骨瘦，巧样翻腾，叠作湘波皱。
金缕小钿花草斗，翠条更结同心扣。
金殿珠帘闲永昼。一握清风，暂喜怀中透。

忽听传宣须急奏，轻轻褪入香罗袖。

章宗喜好收藏字画古玩，每每为宫中所藏名画以及父亲完颜允恭的画作做题签。他还效仿宋徽宗，以泥金纸为名画做题签。为此，他刻有七枚专用印章：一曰内府；二曰群玉秘府；三曰明昌珍玩；四曰明昌御览；五曰御府宝绘；六曰明昌中秘；七曰御府。

章宗酷爱书法，尤其擅长模仿宋徽宗瘦金体。现藏大英博物馆的顾恺之《女史箴图》古摹本，图卷左端书有《女史箴》一则，明清以来均认定为宋徽宗手书，后经学者仔细辨识比对，认为它实出金章宗之手[1]。

章宗通晓音律。元代《南村辍耕录》列举了知音律的5位帝王，金章宗与唐玄宗李隆基、后唐庄宗李存勖、南唐后主李煜、宋徽宗赵佶并列其中。金章宗处处效仿宋徽宗，以致南宋民间对他与宋徽宗的关系有诸多猜想，宋末元初周密《癸辛杂识》甚至记载：章宗的母亲是宋徽宗公主的女儿。

因为“好尚文辞”，章宗对文人特别优待。他扩大科举，恢复经童科，增设宏词科，一时名士辈出，形成了文治灿然、文人鼎盛的局面。

乐 山乐水游兴浓

章宗喜山乐水，他曾说“春水秋山，无日不往也”，每有闲暇，经常出宫四处游玩。他将城南行宫命名为建春宫，春季到此驻跸游猎；夏秋季节，到中都城东北郊外的万宁宫避暑。

[1] 文中“恭”字缺笔，学者认为系避章宗父允恭之讳。

香山、玉泉山的秀美风景深受章宗青睐。仅《金史》就记载他在这两处游玩打猎10余次。香山自古以来林泉幽美，有“小清凉”的美誉。相传有一日，章宗梦见自己弯弓搭箭，射中的地方有泉水汩汩涌出。醒后，他赶忙派人去挖，果真挖出一股清泉，故此泉得名梦感泉。山上还曾有弘光寺，大殿前就是章宗仰望夜空的祭星台。由弘光寺去往西南的路上有护驾道，章宗曾在道旁松树下歇脚纳凉，这棵松树由此被称为护驾松。香山不远处是玉泉山，章宗也常到此避暑，他的行宫芙蓉殿就建在玉泉山上。

昌平州西南二十五里，有一座驻跸山（今凤凰岭），山势险要，怪石林立。此山最初不知何名，章宗到此后镌刻“驻跸”二字，驻跸山由此得名。京西七十里的仰山，也是章宗经常巡幸的地方，曾留下“金色界中兜率景，碧莲花里梵王宫。鹤惊清露三更月，虎啸疏林万壑风”的诗句。中都西南的大房山、蓟州名胜盘山等都是章宗避暑围猎常去的地方。

除了游历山水，章宗还有垂钓的闲情雅兴。在中都西北郊外的花园村附近，有一处钓鱼台（今钓鱼台国宾馆）。这里环境清幽，章宗将其列为“春月钓鱼之地”。

章宗走遍了中都郊外的名山胜水，也开辟了不少著名景观。相传“燕山八景”就是由他钦定的，包括太液秋风、琼岛春阴、金台夕照、蓟门飞雨、西山积雪、玉泉垂虹、卢沟晓月、居庸叠翠。后世的“燕台八景”“燕京十景”“燕京八景”，都与“燕山八景”一脉相承。

章宗时期，中都城内外的皇家御苑已成规模。宫城内有琼林苑，皇城内有西苑（同乐园）、东苑、芳苑，中都城南有熙春园（广乐园），东北郊万宁宫内有北苑，等等。为满足随时亲山近水的需要，章宗又在中都郊外大兴土木，先后在大房山、驻跸山等处修建多处行宫。

钟爱西山建八院

中都西郊的西山一带，在辽金时期就是著名的游览胜地。这里风景优美、山泉众多。自辽以后，帝王贵胄不断在西山修建园林。金代以前，西山已有不少寺庙，香火旺盛。自金世宗始，一些寺院被逐渐开辟为行宫别苑。章宗尤其青睐西山景致，在此修建了八处行宫，称“西山八院”。

“西山八院”的具体位置迄今尚无定论，比较明确的有四处：清水院、香水院、潭水院、灵水院。

清水院（大觉寺）位于阳台山麓，始建于辽代，因清泉甘洌闻名，是西山最早的一处别苑园林。寺院依山而建，殿宇依契丹“朝日”习俗坐西朝东。章宗将其改建为清水院。明代改称大觉寺。此后，经明清两代扩建，形成今日规模。

香水院（法云寺）位于海淀妙高峰下（阳台山东麓），唐代称法云寺。这一带景致极佳，“断岸连苍山，寒岩多积雪。中有万古泉，淙淙声不绝”。院内有东西两股泉水，称香水泉。金世宗时即建有行宫。《帝京景物略》称：“金章宗设六院（应为八院）游览，此其一院。”明代复称法云寺。清同治年间为醇亲王墓，俗称七王坟。

潭水院（香山寺）位于香山香炉峰下，始建于唐代。金大定二十六年（1186）重建，世宗赐名大永安寺，后被章宗列入西山八院。清代为静宜园“松坞山庄”，园内摩崖上镌刻清乾隆帝手书“双清”二字。民国时期改称双清别墅。

灵水院（栖隐寺）位于仰山之上，原是金大定二十年（1180）世宗所建栖隐寺，又称大定寺。栖隐寺有五峰八亭，竞相争秀，章宗多次来此游玩。名山胜水，又有祖父建造的梵宇琳宫，自然成为章宗建行宫的理想之地，“灵水院”应运而生。

经后人考证，可能属于“西山八院”的还有：金水院、双水院、泉水院、圣水院。金水院原为金海陵王金山行宫，后为金山寺，清末称金仙庵（一说明代为好山园，清代为清漪园、颐和园）；双水院位于石景山区双泉村北，明代称香盘寺，清代称香盘禅院、双泉寺；泉水院位于玉泉山麓，原为玉泉山行宫，元代为昭化寺，明代称上、下华严寺，清代称澄心园、静明园；圣水院位于西山车耳营西北凤凰岭，后称黄普寺。

这些院落在金章宗朝之前多为寺庙或皇家行宫，在章宗时期扩建后，正式成为皇家“游宴之所”，从而被列为“西山八院”。因它们都以水闻名，今人亦称之为“八大水院”。

金章宗时期的园林建设，拉开了元、明、清大规模营建西山园林的序幕。金、元接连修建玉泉山行宫、香山行宫。明中后期在山前平原辟建张园、清华园、勺园。清康雍乾时期，仿“西山八院”营建了“三山五园”，达到中国古代皇家园林建设的巅峰。

（执笔：林玉琳）

从郕王墓到景泰陵

海淀区玉泉山北麓金山口，有一座介于“帝与王之间”规制的陵寝，人称景泰陵。这里埋葬着明朝第七位皇帝朱祁钰。“土木之变”后，他临危受命，从郕王荣登帝位，是为景泰帝。“夺门之变”后，他失去帝位，死后又惨遭贬斥，以亲王礼葬于金山陵园，成为明朝迁都北京后唯一没有葬入明十三陵的皇帝。

临危受命登大位

明正统十四年（1449），蒙古瓦剌部大举入侵明朝边境，英宗朱祁镇在宦官王振的怂恿下，不听群臣劝谏，执意率数十万精兵良将御驾亲征，并命其弟郕王朱祁钰镇守京师。征战过程中，明军一路溃败，狼狈逃至土木堡（今河北怀来县西南）。八月十五日朱祁镇被俘，史称“土木之变”。

消息传回京师，朝野震动，人心惶惶。此时，明朝精锐部队在土木堡几乎全军覆没，只剩不到10万老弱残兵守卫京师。瓦剌首领也先一路攻城略地，并挟持朱祁镇向明朝索要银钱。皇太后孙氏筹集大量金银财宝送往瓦剌军营，但也先并未将朱祁镇放还。

国家危难之际，孙太后颁发懿旨，立朱祁镇两岁的长子朱见深为皇太子，朱祁钰为监国，召集朝臣商议战守大计。翰林院侍讲徐珵（后改名徐有贞）等一派主张迁都南京避敌锋芒，另一派以兵部左侍郎于谦为首，认为京师为天下根本，一旦变动则大势将去，应速召天下勤王之兵死守京师，迎回皇帝。

朱祁钰虽为监国，但缺少威权，掣肘颇多，政令难以畅通。八月二十三日，他在午门左门议事，右都御史陈镒联合朝臣，弹劾王振及其党羽独断专行，败坏朝纲，迫害忠臣良将。虽然王振已在“土木之变”中身亡，但其罪行还要清算，党羽也要惩办。群臣义愤填膺，与王振的党羽展开激烈争斗，当朝联手打死了三名党羽。朱祁钰面对这种混乱局面，一时不知所措。在于谦等人的协助下，他当众宣告王振党羽作恶多端，其罪当死，参与打斗的大臣无罪。朱祁钰通过这次事件树立了威信，显示出掌控朝局的能力。

瓦剌挟持朱祁镇步步紧逼，在这种形势下，明朝群龙无首，难以挽回颓势。八月二十九日，文武百官奏请孙太后，皇太子年幼，国势危殆，应早立新君，以安社稷。孙太后眼见赎回朱祁镇无望，终于决定立朱祁钰为帝。群臣将孙太后的懿旨告知朱祁钰时，他非常吃惊，再三推辞，甚至躲到王府中不肯露面。群臣力劝其接下重任以安宗社、以慰人心。此时，出使瓦剌的使臣归来，口传朱祁镇圣旨：郕王排序在长，且贤明，应继统以奉祭祀。朱祁钰这才于九月六日即皇帝位，年号景泰，遥尊被俘的朱祁镇为太上皇。

景泰帝登基后，任命于谦为兵部尚书，提督各营军马拱卫京师。于谦率兵击退瓦剌数次进攻，最终取得北京保卫战的胜利，使明朝转危为安。景泰帝在位期间，平定湖广、贵州等地叛乱，治理黄河水患，减免灾区赋税徭役，在政治、经济、军事等方面进行整顿改革，短短数年明朝渐现中兴之象。

夺门之变遭贬废

景泰元年（1450），也先退至塞外，见朱祁镇已失去利用价值，便将其放回，并借机挑起明朝宫廷内乱。此时，朱祁钰面临是否让位的问题，虽然他是在不得已的情势下被推举即位的，但内心并不情愿走下权力的巅峰。他接回朱祁镇后，仍尊为太上皇，幽禁在南宫[1]。禁錮措施非常严酷，不但将宫门上锁，还在锁孔内灌铅，致宫门无法开启，食物仅能由小洞递送。随后不顾朝臣反对，废皇太子朱见深为沂王，改立自己的儿子朱见济为皇太子。不久朱见济夭折，他又拒绝了大臣重立朱见深为太子的建议。

景泰七年（1456）底，朱祁钰病重，因没有储君，朝中人心不稳。武清侯石亨入宫探视，朱祁钰与他密谈良久。石亨见其病势危重，遂起了拥立太上皇朱祁镇重登帝位的念头，以邀不世之功。他退出寝殿后，立即与前府右都督张軏和宦官曹吉祥商议复辟一事。曹吉祥面见孙太后，取得其支持。石亨和张軏则连夜找到都察院左副都御史徐有贞，详细谋划，决定在次年正月十六日晚动手。

景泰八年（1457）正月十六日，兵部尚书于谦与群臣商议，决定联合奏请复立沂王朱见深为皇太子。奏疏起草完已是傍晚时分，来不及上奏。于是群臣决定次日再将奏疏呈给皇帝。但出人意料的是，政变就在当天晚上发生了。

当晚，张軏借口瓦剌骚扰边境，要护卫京城安全，调兵进城。徐有贞、石亨、曹吉祥与张軏率领的官兵一起向皇城进发。因石亨受景泰帝重托掌管皇城钥匙，使大队人马得以顺利进入，直奔南宫。南宫宫门异

[1] 明朝北京的南宫即洪庆宫。位于故宫东南方向，即南池子大街缎库胡同内，又名崇质殿，俗称小南城。

常坚固，石亨派人用巨木悬于绳上，数十人一齐举木撞门。门未撞开，右边的墙反倒先被震坍，众人便从墙上的破洞一拥而入。

此时，朱祁镇还未就寝，突然看见一群人闯进来，还以为是朱祁钰派人来杀自己。谁料众人一齐伏地高呼万岁，随后簇拥着朱祁镇直奔皇宫大内。一行人来到东华门，守门的士兵见人群中有太上皇，不敢阻拦。众人兵不血刃进入皇宫后，径直将朱祁镇扶上奉天殿宝座。石亨敲响钟鼓，召集群臣。群臣见宝座上居然不是景泰帝，而是太上皇朱祁镇，不禁面面相觑。朱祁镇宣称复位，百官仍担任原职。众臣见状，只好跪地参拜。此次政变史称“夺门之变”。

朱祁镇重登帝位后，改年号为天顺，传旨逮捕兵部尚书于谦、大学士王文等人。天顺元年（1457）正月二十二，朱祁镇下旨以谋逆罪名将于谦、王文杀害，对复辟有功的石亨、张軏、徐有贞等人加官晋爵。

二月初一，朱祁镇废景泰帝朱祁钰仍为郕王，迁于永安宫。二月十九日，朱祁钰去世，死因不明，时年三十岁。朱祁镇废其帝号，赐谥号“戾”，称“郕戾王”。这个恶谥明显不符合朱祁钰生前作为，更像泄愤之举。

似 帝似王景泰陵

朱祁钰去世后，朱祁镇下令将其葬于金山陵园，与其他亲王世子坟园共处。天顺元年（1457）五月，朱祁镇派五千官兵将朱祁钰生前在天寿山（今明十三陵所在地）为自己营建的寿陵捣毁，留下“景泰洼”的地名。直至一百多年后，在“景泰洼”为光宗朱常洛修建庆陵。至此，朱祁钰在天寿山的痕迹彻底消失。

朱祁钰虽以亲王礼下葬，但实际上他的陵寝规格低于明代其他亲王。陵寝北面呈弧形，紧贴金山主峰，受地形限制，空间不够深广，没有几间建筑，也无神道石刻。在丧礼、祭祀等礼制上更是贬上加贬。

朱祁钰身后凄凉，但他毕竟有再造社稷、中兴国家之功，公论不容泯灭，朝野上下对其寄予同情的也大有人在，平反昭雪之声不断。宪宗朱见深继位后顺应众意，于成化十一年（1475）十二月十三日下诏恢复景泰帝号，上尊谥“恭仁康定景皇帝”，并下令按帝陵规格修缮陵寝，在金山郕王墓原有基础上扩建增建享殿、神厨、神库等。

然而景泰帝并未完全享有皇帝的祭葬赠谥之礼，既没有迁葬天寿山陵园，金山景泰陵的建筑也未按帝陵级别改覆黄瓦，陵碑仍按亲王陵墓规制立于陵宫门外偏东位置，徒具帝陵之名，实际上仍是亲王坟墓。谥号仅有五字，与明朝皇帝普遍的十七字谥号相差很多，且一直没有庙号。

嘉靖十五年（1536）三月，世宗朱厚熜拜谒天寿山皇陵后，途经金山口，特地前往景泰陵。他是第一个亲自到景泰帝陵前祭奠的明朝皇帝。他认为景泰陵全然不符合帝陵规制，下令将陵寝建筑群的屋面琉璃瓦由绿色改易为帝陵级别的明黄色。在陵宫门与祾恩门之间的正中位置建陵寝碑亭，移陵碑于亭中，使之略具帝陵之制。由于陵寝基础较差，所处之地过于狭窄，这次改建景泰陵亦很难完全达到明朝帝陵规制。

直至明朝末年，景泰陵再无改建增饰，最终成为规制介于“帝与王之间”的陵寝，是明朝帝陵中的一个特例。

（执笔：于冰）

康熙帝理政怡情畅春园

畅春园是清朝在北京西郊修建的第一座大型皇家园林，位于今北京大学西侧、圆明园遗址以南。康熙帝在明代清华园的基础上修建此园，常年在这里避喧听政、颐养身心、蒙养教子，使其逐渐成为仅次于紫禁城的重要场所。

从清华园到畅春园

元明时期，京城西郊海淀一带层峦叠嶂、水草丰美，玉泉等西山诸泉和南来的万泉河水汇聚于此，形成大片湖泊。明代著名书画家文征明用“十里青山行画里，双飞白鸟似江南”的诗句来吟颂西郊山水。明神宗朱翊钧外祖父武清侯李伟，在这一带修建了“京师第一名园”——清华园。

康熙十八年（1679）入秋之后，因忙于政务而积劳成疾的康熙帝来到西郊游览颐养，感慨这里“酌泉水而甘，顾而赏焉。清风徐引，烦疴乍除”[1]。清华园更是树木葱郁，环境清幽，令他心情舒畅。康熙帝遂决定在清华园基础上修建一座适合园居理政、宁神怡性的御园。清华园此时的主人显亲王得知皇上有意建造新御园，便将该园献了出来。新御园

[1] 出自清康熙帝:《畅春园记》。

建成后，康熙帝赐名“畅春园”。康熙二十六年（1687）二月二十二日，他第一次驻跸畅春园，此后36年间，他来此256次，累计居住3870多天，平均每年108天。

畅春园整体呈长方形布局，南北长、东西短，四周围墙超过一千零六十丈，占地约900亩。园门五座，有大宫门、大东门、小东门、大西门、西北门。御园布局分中、东、西三路。中路以畅春园南墙东侧的五间正门“大宫门”为轴线，门内为理政和居住区，自南往北主要有九经三事殿、春晖堂、寿萱春永殿、云涯馆、瑞景轩、延爽楼、鸢飞鱼跃亭等。亭北有丁香堤、兰芝堤、桃花堤，以及位于园中部的前湖和后湖。东路主要有澹宁居、龙王庙、渊鉴斋、清溪书屋、恩慕寺、恩佑寺等。西路主要有买卖街、无逸斋、关帝庙、娘娘庙、凝春堂、蕊珠院、集凤轩等。大西门外还建有附属园林西花园，是皇太子和诸皇子居住读书的地方，主要有讨源书屋、观德处、承露轩等建筑。园内还有积芳亭、苍然亭、韵松轩、闲邪存诚、林香山翠等多处建筑或景致。

畅春园的建筑多为小式卷棚瓦顶建筑，不施彩绘，古朴典雅。沿袭旧园水面大于陆地的整体布局，将万泉河水引入园中，同时为防水患在园西面修建了西堤（今颐和园东堤）。园内河湖可以泛舟，亭台楼阁依水而建。园中堆砌了五十余座土山，还用江南山石叠砌了十几座假山。景观建筑与自然山水相互依托、交相辉映，一年四季景色尽显。

从理政务到阅武举

康熙二十六年（1687），康熙帝驻跸畅春园期间，九天内三次在九经三事殿上朝理政，园居而不废政事。自次年开始，康熙帝在畅春园内的听政地点固定为澹宁居，并传旨大学士“如有条陈，令至畅春园面奏”[1]。为保证朝臣及时奏事，京城各门也调整开放时间，康熙三十一年（1692）规定：“凡遇行幸驻跸畅春园，城内各衙门按日前往奏事。传知西直门、德胜门、西便门……均酌量早启迟闭，其平常行人仍于黎明时放行。”[2]康熙三十三年（1694），南书房官员按照惯例也随从入园轮值。随着康熙帝常年居住于此，畅春园逐渐成为紫禁城外另一个听政理事的重要场所。

驻跸期间，康熙帝几乎每天都要在澹宁居处理各类政务。康熙三十年（1691）至三十六年（1697）前后，亲征准噶尔的诸多军事政务都是在畅春园议定的。此外，一些按照典制本应在紫禁城举行的活动，也改到畅春园，如上元节赐外藩宴、接见外国使节等。康熙四十四年（1705）十一月十六日，康熙帝在畅春园接见罗马教廷特使多罗。

自康熙四十五年（1706）起，每逢大举之年，康熙帝便于十月或十一月在畅春园大西门内的西厂阅试武举人骑射、技勇。有时也在园内举行传胪典礼，颁布武状元等进士及第。康熙五十四年（1715）十一月十三日，康熙帝为阅殿试武举又来到西厂。武举徐绶等170人分为11班，接受骑射功夫考校。阅试完毕，康熙帝令诸皇子骑射。第二天，继续阅试，主要内容为步射、挽硬弓、舞大刀、掇石。第三天，从武举中选出15名最优者复试，划分等次，确定一甲3人、二甲12人，未参加复试者均为三甲。阅试武举对场地有一定要求，畅春园因有广阔的空地又与京城距离较近，成为最佳场所。

从育皇子到学科学

康熙帝非常重视皇子的培养教育。畅春园无逸斋是皇太子的居室和

[1] 出自《圣祖仁皇帝圣训》卷24。

[2] 出自《钦定大清会典则例》卷179。

书斋，也是其他皇子的读书处。康熙二十六年（1687）六月初七，康熙帝在畅春园召见达哈塔、汤斌、耿介3位师傅，命他们悉心教导皇子。关于学习科目，康熙帝也有明确要求，既学习诗书，也练习骑射，做到文武兼修。

自六月初九起，皇子们便跟随3位师傅，在无逸斋开始紧张繁重的学习。康熙帝经常到无逸斋过问皇子们的学习情况，还会亲自拉弓搭箭，带领诸皇子练习骑射。之后，西花园建成，皇太子便迁去居住和读书，其他皇子也迁往西花园南部的荷池四所。

康熙帝在教导皇子的同时，也非常注重自身的学习。他在园内的学习场所渊鉴斋和佩文斋，收藏了大量的书籍和字画。除了传统典籍，他还对欧洲传教士带来的西方科技产生浓厚兴趣。康熙二十八年（1689）三月初八，康熙帝召法国传教士张诚教授几何学。此后，他多次召张诚、白晋等传教士至畅春园讲授欧洲算学、天文学、测绘学、医学等。据传教士回忆："他们早晨四时离开北京，到夜幕初降时才回来。一回来马上就又要工作，经常为准备次日的讲课忙到深夜。来回奔波与熬夜使他们极度疲惫"，"当他们回去后，皇帝并没有闲着，他自己复习上课内容，很看重那些图解，经常叫来几个皇子亲自给他们解说。他对自己想学的东西若还没有完全搞清楚的话，就不肯罢休。"康熙帝还亲自测量圆球直径、立方体比例，用几何方法测量距离、高度、宽度等。

为让更多人学习了解西方科技，康熙五十二年（1713）六月初二，康熙帝在畅春园蒙养斋设立算学馆，被法国传教士称为"皇家科学院"。算学馆翻译了《几何原本》《比例规解》《测量高远仪器用法》《勾股相求之法》等十几部书，还编撰了《律历渊源》等著作。这些书对全国的地理测绘、历书编制起到促进作用。他对西方科技的推广，让清朝获益匪浅，传教士制造的火炮、编制的《皇舆全览图》等，为康乾时期的开疆拓土提供了一定帮助。

从万寿节到千叟宴

康熙五十二年（1713）三月，正值康熙帝60万寿大庆，他认为："屈指春秋，年届六旬矣。览自秦汉以下，称帝者一百九十有三，享祚绵长，无如朕之久者。"于是，决定筹办隆重的万寿庆典。从三月初一开始，自紫禁城北门神武门到畅春园，沿街30余里的御道整修一新，平坦的路面上铺满细软的黄沙。道路两旁搭建龙棚、经棚、彩坊、戏台等，彩幡高竖，一派繁盛欢庆景象。畅春园大宫门前，搭建一座五色丝绸彩墙，上结"万寿无疆"四字。彩墙左右各建一座大彩坊，准备举办千叟宴[1]。

三月十八日万寿节当天，康熙帝在紫禁城太和殿接受文武百官和致仕官员的庆贺礼，同时颁诏：二十五日在畅春园宴会天下耆老，年65岁以上者，官民不论，均可参加。是日，礼部官员引领直隶省2000余位老人，到畅春园参加宴会，分列东西落座，自北而南，敷席设几。15～20岁的皇子皇孙和宗室子弟都出来为老人们执爵敬酒。康熙帝身穿绣绘万寿字龙袍，从御幄中走出，向大家问好。80岁以上的老人则被扶到皇帝面前亲视饮酒，以示恩宠。三月二十七日，在畅春园正门前重设酒筵招待八旗老人，礼部等衙门官员引领八旗满洲、蒙古、汉军65岁以上2000余位老人参加宴会，礼遇如前。次日，康熙帝和皇太后在园内太后宫门前，宴请70岁以上的八旗老妇人，并赐衣物和银两。此次万寿庆典参加"千叟宴"的满汉耆老不下7000人，可谓盛况空前。

康熙六十一年（1722），已届69岁高龄的康熙帝，为预庆自己70岁万寿，于三月二十三日和二十四日，在畅春园举办第二次千叟宴。参与

---

[1] 清代康熙、乾隆年间，国力强盛，先后举办4次"千叟宴"。分别在康熙五十二年（1713）、康熙六十一年（1722）、乾隆五十年（1785）和嘉庆元年（1796），其中康熙年间的两次"千叟宴"都是在畅春园举办的。

宴会的朝臣官员、八旗满洲、蒙古、汉族大臣官员等有6000余人。宴会之后，康熙帝心满意得，在《千叟宴》一诗中写道："万里山川积素妍，古稀白发会琼筵。还须尚龄勿尊爵，且向长眉拜瑞年。"他一生中有24次是在畅春园度过万寿节的，其中举办两次"千叟宴"。

康熙六十一年（1722）十一月十三日，康熙帝病逝于畅春园清溪书屋，享年69岁。雍正帝即位后，畅春园的政治功能被圆明园取代。乾隆年间，畅春园成为奉养太后的"皇太后园"，并成为定制。咸丰十年（1860），英法联军火烧圆明园的同时，也将畅春园几乎焚毁殆尽。风雨百年，如今的畅春园只残存部分建筑遗迹基址和恩佑寺、恩慕寺的两座山门，成为一个王朝由兴盛走向衰亡历史的无声述说者。

（执笔：于冰）

“万园之园”的诞生与劫难

圆明园始建于清康熙晚期，集中国南北园林艺术、欧洲园林建筑风格于一身，被誉为“万园之园”。从雍正帝到咸丰帝，五位皇帝在此避喧听政。第二次鸦片战争期间，英法联军火烧圆明园，恢宏壮丽的“万园之园”被洗劫一空、毁于一旦，成为中华儿女永远抹不去的沉痛记忆。

从皇子赐园到皇家御园

康熙四十六年（1707）三月，皇四子胤禛奏请康熙帝赐地建园，8个月后，一座新的园林在畅春园北面建成。两年后，康熙帝为其题写“圆明”匾额，正式赐名。“圆明”也是胤禛的佛教法号，“圆”意为做事要以通为本，“明”意为巨细周知、表里洞彻。

初建时的圆明园虽然规模不大，但林木茂密、回溪潺潺，景色宜人。胤禛曾写下园景十二咏，牡丹台的“国色谁堪并，仙裳锦作霞”，竹子院的“深院溪流转，回廊竹径通”，梧桐院的“吟风过翠屋，待月坐桐轩”，用这些诗句赞叹园内美景。胤禛即位后是为雍正帝，圆明园随之成为皇家御园。雍正帝按照畅春园理政与园居功能并置的模式，添建“外朝”宫廷区，还将圆明园向北、东、西三面扩展，面积达到3000多亩。颇负盛名的圆明园四十景中有三十一景是在雍正年间建成或部分建成的，其中不乏西洋风格的建筑、装饰。

乾隆帝登基后，征调能工巧匠，新建亭台楼阁，搜集奇珍异宝，充实原有景观，形成圆明园四十景。他在圆明园以东新建长春园，并在园内修建西洋楼区；还收回赐给大学士傅恒的春和园，与相邻的许多小园合并，改名为绮春园。长春园和绮春园附属于圆明园。嘉庆、道光、咸丰时期，又对圆明园进行了不同程度的添建、修缮。历经150余年的持续经营，圆明园形成了圆明园、长春园和绮春园三园一体的规模，呈品字形排列，以园中最大的湖——福海为中心，总占地面积约5200亩。圆明园兼收并蓄中外风格、南北景色，既有北方皇家园林的雍容华贵、磅礴气势，又有江南园林的婉约多姿、小巧雅致，还有观水法等欧洲园林特点的西洋景观。

享誉中外的“万园之园”

乾隆帝在《圆明园后记》中，曾赞叹圆明园规模宏敞，丘壑幽深，风土草木清佳，亭台楼阁俱全，令人叹为观止，实在是天宝地灵之地，再没有比这更好的帝王游乐之地。

园中许多景物都是仿照各地名胜建造的，尤以江南水乡盛景突出。乾隆帝六下江南，非常喜爱南京瞻园、杭州小有天园、海宁隅园和苏州狮子林，还将隅园改名为“安澜园”，并在园内仿建这四大名园。他在长春园宫门东侧仿照瞻园修建了如园，在长春园西南部岛上仿照小有天园修建了“小有天园”，将圆明园福海西北岸的“四宜书屋”改建为“安澜园”。乾隆三十六年（1771），他决定将苏州狮子林“搬进”长春园。这年四月，苏州织造舒文奉旨将狮子林全图及烫样送京呈览后，长春园内东北角开始“狮子林”修建工程，次年建成。“狮子林”中林木错落多姿，建筑精美别致，奇石相间其中，好似雄狮百态。乾隆帝高兴地写下《狮子林八景》：“最忆倪家狮子林，涉园黄氏幻为今。”

圆明园内还有一些景观取材于前人的诗情画意。“武陵春色”再现《桃花源记》的意境，“夹镜鸣琴”体现李白“两水夹明镜”的诗意，“上下天光”则得名于范仲淹的《岳阳楼记》。此外，还有源于古代神话传说的“海岳开襟”“仙人台”“方壶胜境”等景观。

圆明园的神工美景不仅展示了中国古典园林的意境美，还开创性地、大规模地吸收了西方园林的优长。长春园最北部建有欧式园林，俗称“西洋楼”，由西向东依次布置了谐奇趣、海晏堂、大水法、远瀛观等10余个建筑景观。海晏堂是西洋楼区中规模最大的一所欧式建筑。上下两层的楼房，石柱和窗口采用精雕汉白玉，外墙镶嵌五色琉璃番花，楼顶覆盖孔雀绿色琉璃瓦。二层中门外平台两侧各有弧形叠落石阶，环抱楼前喷池。池中央有一个大喷泉，两边呈八字形排列着十二座石台，其上分列十二座人身兽首的青铜雕像，这些兽首分别对应十二生肖，代表十二时辰。十二兽首每天按各自所对应的时辰依次喷水，午时同时喷水，妙趣横生、蔚为壮观。

圆明园中还收藏着许多珍贵的历史文物，上至先秦时代的青铜礼器，下至唐宋元明历代名人书画，当时全国四大皇家藏书楼之一的文源阁就坐落在园中，内藏《四库全书》《古今图书集成》等。各殿堂楼阁内安置着雕刻精美的槅扇、围屏、罩、碧纱橱和宝贝格子等，槅扇、围屏等多用紫檀木制作，再以金银、宝石、珍珠、珊瑚、水晶、玛瑙、玳瑁、象牙等刻磨嵌成山水、楼阁、人物、花鸟等图形。园内陈设着巨大珍贵的珐琅瓶，官窑瓷器精品，牙雕玉雕摆件，还有钟表、银箱、射光镜、洋磁嵌玻璃方盒诸多琳琅满目的西洋珍品。圆明园是当时世界上最大的博物馆、艺术馆。

参与设计建设西洋楼区的欧洲传教士郎世宁、王致诚等人，将圆明园的美轮美奂、多姿多彩传到欧洲各国，在18世纪的欧洲兴起了一股东方园林热。王致诚在给法国友人的信中，称圆明园为“万园之园”“无上之园”。这封信被英法两国报刊书籍争相刊登收录，广为流传。

法国文豪维克多·雨果曾激动地写道："在世界的一隅，存在着人类的一大奇迹，这个奇迹就是圆明园。""人们一向把希腊的帕特农神庙、埃及的金字塔、罗马的竞技场、巴黎的圣母院和东方的圆明园相提并论。""它仿佛在遥远的苍茫暮色中隐约眺见的一种前所未知的惊人杰作，宛如是在欧洲文明的地平线上呈现出来的亚洲文明的倩影。"

五位皇帝园居理政

圆明园宫廷区内，有大宫门、金水桥、二宫门（出入贤良门）、正大光明殿、勤政亲贤殿及各部院衙门和朝房等。从雍正帝到咸丰帝，五位皇帝每年最多有2/3的时间在圆明园避喧听政，该园成为紫禁城外皇帝处理政务的重要场所。

雍正帝御园听政始于雍正三年（1725）八月二十七日。他下旨内阁、部院各官："朕在圆明园与宫中无异也，凡应办之事照常办理，尔等应奏者不可迟误"，从而开辟了皇帝驻跸圆明园处理政务的先例，此后沿为常规。不过在初期，朝廷官员并没有领会雍正帝御园听政的意图，为了不打扰他游园休养，在园内奏事的官员不多。次年正月二十日，更是出现无事可奏的情况。对此，雍正帝屡降谕旨，令朝臣照常奏事。他还规定了圆明园的轮奏制度，每天要保证有一旗、一部奏事，其他不当值奏事的衙门即便无事可奏，也要安排官员到大宫门内外各自朝房值班，以备临时召见。如有紧要事务，可以随时报告，不必遵守已经排定的班次。朝臣们逐渐适应了在圆明园奏事办事，雍正帝在圆明园的时间也越来越多。雍正十三年（1735），雍正帝病逝于圆明园。他在园内累计居住2314天，平均每年约210天。

乾隆帝也经常居住在圆明园，召见王公大臣、决定官员奖惩、部署指挥战事、安排救灾免赋等等。乾隆六十年（1795）九月初三，乾隆帝

建于雍正三年（1725）的圆明园正大光明殿（北京市公园管理中心提供）

为恪守不超过康熙帝在位之数的誓言，在圆明园勤政殿当众宣布立嘉亲王永琰（后改名为颙琰）为皇太子，定于冬至即位。嘉庆、道光和咸丰时期，圆明园的政治地位依然如故。

以弱抗强的圆明园保卫战

圆明园护卫营最初主要由八旗精锐担任，人数最多时高达7000人。到咸丰年间，由于国力疲敝、内忧外患，咸丰帝裁撤了圆明园守军。此后，圆明园的护卫任务就落在了保护皇室安全的技勇太监身上。

咸丰十年（1860），英法联军侵略者攻占大沽、天津，镶蓝旗满洲都统僧格林沁兵败退驻通州。英法联军从天津向通州方向发动进攻，一直打到北京城下，清军一路败退。八月初八傍晚，咸丰帝连夜逃往热河避暑山庄。八月二十二日，英法联军绕经北京城东北郊时，僧格林沁残部稍事抵抗，一触即溃。英军通知法军，清军已经逃往圆明园，打算乘胜追击。由于天色将晚，英军决定驻扎在德胜门外。这时，法军已绕过英军，穿过海淀镇，于19时抵达圆明园。

法军在大宫门外点燃火把，要求进园，遭到管园大臣文丰的拒绝。法军不明虚实，没有马上硬闯，暂时原地待命。文丰回到园内试图联系园外的京城禁军，但禁军早已逃散，最后只能依靠技勇八品首领任亮带领的20多名技勇太监。

法军趁着文丰找援军之际，闯入大宫门，来到出入贤良门前。此时任亮接到报告后，在不清楚入侵者身份和实力的情况下，立即带领技勇太监们埋伏在出入贤良门附近，准备伏击。法军撞开门后，遭到突然袭击，陷入短暂混乱。带队指挥官认定里面聚集了大量清军，赶忙组织力量反击。

任亮带领技勇太监们，冒着法军猛烈密集的枪弹顽强抵抗。他们手中的鸟枪子弹很快就打光了，只能改用弓箭射击。抵御了两轮攻击后，他们在外无援军的情况下，没有一个人退缩逃跑，凭借血肉之躯与法军殊死搏斗。任亮眼见部下一个个倒下，悲愤异常，带领仅剩的几人，拿着刀剑大喊着冲向法军。还没等冲到法军跟前，又是一阵枪响，他们全部倒在了血泊之中。

枪烟散去，出入贤良门内顿时安静下来，法军见再无抵抗后上前搜查，这时才发现与他们对阵的仅仅是20多个年轻的太监。当夜，文丰得知任亮等人全部战死的消息，深感无力保护圆明园，于是投福海自尽。这次顽强且惨烈的抵抗，给法军留下了深刻印象。法军军官蒙托邦在给上司的报告中写道：法军有数人包括两名军官受伤，其先头部队的军曹长比挪，胸部受剑创极深，左手中矢，另一名军官则中弹。

法军进入圆明园后就开始疯狂劫掠。次日，英军也加入了掠夺的队伍。随后几日，英法联军数次对圆明园大肆洗劫，甚至为了抢夺财物发生械斗，被掠夺的珍宝文物数量粗略统计有150万件之多。更加恶劣的是，他们将带不走的奇珍异宝、建筑景观等尽数砸毁，最后丧心病狂地纵火焚烧圆明园，大火数日不灭。圆明园和附近的清漪园、静明园、静宜园、畅春园及海淀镇均被烧成一片废墟，酿成人类文明史上的罕见暴行。

咸丰十一年（1861），维克多·雨果严厉地谴责了英法联军在圆明园犯下的罪行："有一天，两个强盗闯入了圆明园，一个动手抢劫，一个把它付诸一炬。原来胜利就是进行一场掠夺，胜利者盗窃了圆明园的全部财富，然后彼此分赃。……我相信，总有这样的一天——这一天，解放了的而且把身上的污浊洗刷干净了的法兰西，将会把自己的赃物交还给被劫夺的中国。"

同治、光绪年间，清政府对圆明园进行了部分重修，一些景观得到初步恢复，但绝大部分建筑已经不复存在。光绪二十六年（1900），圆明园再遭劫难，残存建筑和古树名木被八国联军彻底毁坏，曾经的"万园之园"只剩断壁残垣。如今的圆明园遗址已成为爱国主义教育基地。

（执笔：于冰）

静明园中的甘泉宝塔

静明园在西山东麓、颐和园西侧的玉泉山上，是清康熙年间建成的一座山水离宫。乾隆年间，经大规模扩建，形成玉泉趵突、芙蓉晴照、玉峰塔影等静明园十六景，其中的泉水和宝塔最负盛名。

静明园内步步景

早在金代，玉泉山就是北京西郊最早的皇家园林所在地。金章宗完颜璟曾多次来玉泉山游赏，在山顶建有芙蓉殿，还将玉泉景观命名为“玉泉垂虹”，作为燕山八景之一。明正统年间，英宗朱祁镇在玉泉山南坡修建了上华严寺和下华严寺。

康熙二十一年（1682），玉泉山行宫建成，被康熙帝命名“澄心园”，后更名为“静明园”。康熙帝修建此园，主要是为休憩避暑，并不是常年居住的御园。这一时期园林建筑较少，主要有清音斋、心远阁、赏遇楼等，分布在玉泉山南坡和玉泉湖、裂帛湖一带。清音斋依山面水、翠竹成林，有殿堂三间，是园内最早的建筑。康熙帝常在清音斋读书品茶，窗外泉声风声隐隐传来，衬得此处清爽静谧。

乾隆十五年（1750），静明园开始大规模扩建工程，三年后基本完工，占地面积约65公顷。这次扩建充分利用玉泉山山形水系，特别突出园内的山水景观与宗教建筑。乾隆帝认为玉泉山真可谓灵境，虽有亭台点缀，晦明变化，然而山水吐纳，岚霭朝暮，浑然天成。他还亲自命名静明园十六景，包括玉泉趵突、芙蓉晴照、溪田课耕、清凉禅窟、玉峰塔影等。静明园内移步异景，乾隆帝觉得四字十六景不能全部囊括，随即又补充“三字静明园十六景”，主要有清音斋、观音洞、写琴廊、迸珠泉等，每一景都是一个单体建筑或独立的自然景点。

静明园在乾隆中期仍陆续有多处添建，逐渐达到全盛规模，包括涵漪斋风景建筑群，东岳庙和圣缘寺形成的园内最大寺庙建筑群，妙高寺、妙高塔及周围的楞伽洞等佛教景观。

钦定“天下第一泉”

玉泉山“沙痕石隙随地皆泉”，有玉泉、迸珠泉、裂帛泉、宝珠泉等，最为著名的当数位于东南山麓的玉泉，泉水喷涌而出，淙淙有声。早在元大都兴建之初，玉泉山泉水就已为皇室专用。明清两代，宫廷用水皆取自玉泉。清代宫廷饮用玉泉水由尚膳房负责，备有服役人员百余名，每日有专人从玉泉山起程，驾着插有宫中小黄旗的水车，经西直门将玉泉水运至宫内。西直门因此也被称为“水门”。皇帝皇后每日按“分例”享用“玉泉水十二罐”。

赋予玉泉“天下第一泉”称号的是乾隆帝。他提出了判断泉水优劣的标准，认为“水之德在养人，其味贵甘，其质贵轻”。质轻则味道甘甜，饮用可治病去疴、延年益寿，因此以分量轻重来分辨水质优劣是常用的方法。他命人特制银斗，每出巡一地即令内侍用银斗精量当地名泉轻重，先后测量了济南珍珠泉、无锡惠山泉和杭州虎跑泉等十一处名泉。结果，京师玉泉水最轻。据说雪水较玉泉水每斗还轻三厘，但雪水不常有，又非地下所出，因此他在《御制玉泉山天下第一泉记》中得出结论：“凡出于山下而有冽者，诚无过京师之玉泉。”

乾隆帝每日必饮玉泉水，即使外出巡幸围猎，也要载玉泉水以备饮用。为防止时间过久，水污浊变质，先将玉泉水放入有刻度的大容器内，记下水位，再注入驻跸当地的水，搅动后让水沉淀，污浊沉于下，清水浮于上，此法号称“以水洗水”。乾隆帝认为玉泉水轻，其他水重，按轻浮重沉之理，玉泉水必在上层。使用时按照玉泉水的容量倒出上一层的水，即“如数完整”的玉泉水。

玉泉水除供皇室饮用外，还被用于酿酒。每年春秋两季立杆大祭（清宫萨满祭祀）所用清酒，即为玉泉水酿造。宫内还用玉泉水酿造玉泉酒，醇厚清香，乾隆帝经常饮用。乾隆五十年（1785）和嘉庆元年（1796），在乾清宫举办了两次千叟宴，每次皆用玉泉酒400斤。此外，凡皇帝诞辰忌辰、清明节、端午节、重阳节等，均需供玉泉酒于奉先殿。

“天下第一泉”除了质轻味甘，还是京畿多条河流的总源头。玉泉水流出静明园后，分两支入城。一支经北长河汇入昆明湖，再经南长河入城；另一支汇入高水湖、养水湖，再经金河注入南长河。南长河流入城内，注入积水潭、什刹海、西苑三海、护城河以及通惠河。汇合了西山诸泉的玉泉水是明清北京城主要的地表水源，对西山园林建设、稻田灌溉乃至整个城市建设和市民生活都发挥了重要作用。

玉泉山峰建宝塔

乾隆时期，静明园内修建了多座占地广阔、建筑雄伟的寺庙。寺庙群中耸立着四座造型不同、材质各异、高低错落的宝塔。它们分别是坐落在玉泉山主峰的玉峰塔、北峰的妙高塔、西南侧岭的华藏海塔、西麓山腰的琉璃塔。其中，玉峰塔和妙高塔最具特色。

乾隆十八年（1753）六月，乾隆帝写成《静明园十六景》组诗，其中有一首《玉峰塔影》，诗前小序：“浮屠九层，仿金山妙高峰为之”，但此时玉峰塔尚未建成。乾隆二十四年（1759），仿照镇江金山妙高峰江天寺慈寿塔，在玉泉山主峰上建成一座七层宝塔——玉峰塔。塔高约30米，底径近12米，与最初“浮屠九层”的设计略有不同。

玉峰塔为八面密檐式塔身，中部为石质塔心，外层为青砖垒砌。八面外层都有拱券式镂花漏窗，可以瞭望八方。每层之间设置有砖雕仿木式斗拱，以承托塔檐，每个檐角悬有铜铃。塔身涂成杏黄色，淡雅而亮丽。塔内旋转式条石阶梯，可以层层上攀到最高层，共150余磴。每层塔内都设有佛龛，供奉铜佛像，佛龛都有御题额联石刻。玉峰塔的塔顶上有八条垂脊，垂脊交会的中央，耸立起葫芦形铜塔刹[1]，顶尖为一金色宝珠。建塔第二年春，乾隆帝登上玉峰塔最高层眺望，远处是绿树葱茏中的北海白塔，脚下是波光粼粼的昆明湖，西侧是香山黄栌叶中闪现的碧云寺金刚宝座塔，北边是金山丛岭中依稀显露的景泰陵。

玉峰塔以其优越的地势和精美的造型，成为园内标志性建筑，同时它还是清漪园等数座御苑最巧妙的“借景”。春夏之际，站在昆明湖东堤西望，眼前是平整如镜的湖水，水面上是矗立在翠绿玉泉山顶的玉峰塔倒影，水的尽头是桃红柳绿的西堤。

乾隆三十六年（1771），在玉泉山北峰峰顶建起一座佛寺——妙高寺。寺院正中修建了一座缅甸式金刚宝座佛塔，名为妙高塔。该塔是乾隆帝为纪念征战缅甸的胜利，按缅甸木邦塔形制所建。妙高塔底部是高约二米的方形砖石基座，基座上的台面四周均有砖雕护栏，台面上建有五座缅式佛塔。中间主塔的塔座呈八角形，八面有护栏，四正方向辟四个券门，门上有短檐遮护。塔座中间是圆球形的覆钵和层层缩小的八层相轮以及铜质镀金塔刹。四座小塔为圆柱形单层亭阁式塔。塔身顶部是一圆形罩顶，顶的中央部分立有十三层相轮和铜质镀金塔刹。这五座塔

[1] 塔刹位于塔的最高处，是塔上最为显著的标记。“刹”来源于梵文，意思为“土田”和“国”，佛教的引申义为“佛国”。各种式样的塔都有塔刹，所谓“无塔不刹”。印度的窣堵波（源于印度的塔的一种形式）传入后，与中国传统建筑的结合演化中，塔刹成为塔顶攒尖收尾的重要部分。

清末被毁坏的妙高塔（北京市公园管理中心提供）

的顶部均为圆锥形，细长而上尖，被人们称为“锥子塔”。妙高塔与玉峰塔屹立玉泉山巅，南北遥相呼应，相映成趣。

咸丰十年（1860），静明园与圆明园等京西皇家园林，被英法联军劫掠焚毁。此后虽有零星修缮，但光绪二十六年（1900），静明园又遭八国联军侵占和破坏，文物珍宝被掠夺，变成一座废园。民国年间曾一度作为公园对外开放。2006年，静明园被国务院列为全国重点文物保护单位。

（执笔：于冰）

香山静宜青未了

香山静宜园建于清乾隆年间，充分利用香山特有的山水林泉地貌优势，是一座独具特色的皇家园林。这里佳木葱茏、宁静清幽，乾隆帝赐名“静宜园”，并常来游园赏景。

静宜翠色四时赏

早在唐代，香山上即建有香山、吉安两寺。金代重修香山寺，皇帝多来此游猎。明代又增建不少新寺庙，嘉靖帝曾夸赞：“香山独有翠色。”清康熙十六年（1677），开始修建香山行宫，作为皇帝游山观景休憩之地。

乾隆帝登基后第一次来到香山，便非常喜欢这里的景色，赞叹道“为境清且幽”“佳趣无不有”，徘徊良久，乐而忘返。乾隆十一年（1746）三月，在前朝古迹、原有行宫和自然山水的基础上，构造二十八景，建成新园，乾隆帝赐名“静宜园”。此后，静宜园不断新建续建，到乾隆四十五年（1780）宗镜大昭之庙建成，静宜园规模达到鼎盛。

静宜园四时常绿、景色佳致。春天，山桃花和野杏花漫布山野，“绯桃与绛杏，依岩秀不媚”。夏季，登高远眺苍翠群峰，尽收眼底。秋天，桂花飘香，红叶流丹，黄菊争艳，相映成趣。冬季，白雪皑皑，绿竹摇曳，松柏苍翠，生机盎然。二十八景之一的青未了殿建于山巅，殿堂外檐上悬乾隆帝御书“青未了”匾额，名字取自杜甫《望岳》诗句“岱宗夫如何，齐鲁青未了”。乾隆帝常来此避暑、听泉、赏景。乾隆十一年（1746），乾隆帝遵循九月初九登高赏秋的古礼，初次奉母来香山赏菊饮宴，此后又多次前往香山过重阳节。

静宜园内立有西山晴雪碑。“西山晴雪”作为燕山八景之一，久负盛名，始于金章宗明昌年间，当时称“西山积雪”，元代改称“西山晴雪”，明代又称“西山霁雪”，泛指西山一带雪景，无固定地点。乾隆十六年（1751），钦定燕京八景，沿用“西山晴雪”，定标于香山，立碑于园内。乾隆二十二年（1757）十一月，雪后初晴，乾隆帝在西山晴雪碑前凭高临远，但见近山远林，积雪凝素，不禁感慨：“西山晴雪坊立于香山，今冬始遇真面目也。”

盛世三班九老会

唐会昌五年（845），白居易等9位文人墨客在洛阳香山聚会宴游，被称为“香山九老”。白居易为纪念此次集会，请画师绘制了《香山九老图》。

乾隆二十六年（1761）秋，恰逢崇庆皇太后七旬大寿，祝寿人群中有不少老人。乾隆帝效仿白居易“香山九老”的风雅韵事，在祝寿的人中，分出在朝王公大臣、武职大臣及辞官退休的致仕大臣三班，每班各选9位70岁以上的老人，赐游香山静宜园，举办香山三班九老会。三班九老都是朝廷重臣，乾隆帝为每班赋诗一首，予以褒奖。

三班九老游园后，乾隆帝写成《命九老等游香山再题以句用白居易诗韵》：“九老作朋总廿七，隳颠华发映髭须。庙堂未免拘仪度，泉石特教咨燕娱。……一例香山南让北，千秋群彦画成图。如今拟问白居易，似尔当年少欠无？”为留作纪念，他还命画院将三班九老盛会绘制成图，

“三班九老”宴游活动（北京市公园管理中心提供）

永存内府。

乾隆三十六年（1771），按照乾隆帝“十年一举盛会”的谕旨，举办了盛大的崇庆皇太后八旬万寿庆祝活动，依例再次举行香山三班九老会。乾隆四十二年（1777），崇庆皇太后去世，此后香山三班九老会再未举办。

迎接班禅建昭庙

乾隆四十二年（1777），乾隆帝决定在静宜园内鹿园的位置，按照藏区传统建筑风格修建宗镜大昭之庙（简称昭庙），以示对藏传佛教的礼敬，“且以示我中华之兴黄教也”。“昭庙”藏文音译为“觉卧拉康”，意为“尊者神殿”。

这一时期，英国殖民势力多次试图干涉西藏事务。六世班禅明确表示“西藏属于中国皇帝所管辖”，坚定维护国家统一。乾隆四十三年（1778），六世班禅决定趁乾隆帝七十大寿的机会，赴京城朝觐。乾隆帝获悉后非常高兴，当即允准，并将会见地点定于祝寿之期“外藩毕集”的热河。他亲自安排各项接待工作，决定在热河修建“须弥福寿之庙”作为班禅居住、诵经之所，还整修了120多年前五世达赖来北京居住过的西黄寺供班禅驻锡。考虑到班禅难以适应北京暑热，又决定将南苑的德寿寺和香山静宜园内正在兴建的昭庙，进一步扩建完善，以备班禅夏季居住。

建成后的昭庙坐西朝东，整体建筑风格以藏式为主，汉式为辅。主体呈方形碉式，白色石基，红色墙身，高厚坚固。墙体设藏式梯形壁窗，上部饰以汉式遮檐，形成“平顶碉房藏汉结合式”建筑风格。主殿都罡殿高悬御书“宗镜大昭之庙”匾额。

乾隆四十四年（1779）六月十七日，六世班禅从扎什伦布寺启程，率领甘丹、哲蚌、色拉三大寺的高僧以及随从两千多人，东渡通天河、黄河，翻越大雪山，横穿戈壁沙漠，经万里艰辛跋涉，于乾隆四十五年（1780）七月二十一日抵达热河，在避暑山庄受到乾隆帝隆重接见。鉴于六世班禅在英国殖民势力威胁西藏的关键时刻表现出来的爱国立场，乾隆帝特赐给他一颗用满、汉、藏、蒙4种文字镌刻的“敕封班禅额尔德尼之宝”银印，这是清朝颁给历辈班禅的印信中唯一称“宝”的敕印。

乾隆四十五年（1780）九月初二,六世班禅在皇六子永瑢的陪同下抵达北京。十七日，他来到昭庙，在主殿释迦牟尼佛像前登上狮子宝座，与章嘉呼图克图、敏珠尔呼图克图等大喇嘛一起诵经，为佛殿塔像的开光仪式做准备。十九日，昭庙落成开光。当天，乾隆帝拜谒西陵后，在返京途中驾临昭庙，六世班禅迎驾献哈达两条，乾隆帝回赠哈达三条，两人一起参加开光大典。开光仪式上，班禅率众诵吉祥词，并散花祝福。此时，原本晴空万里的天空开始降下绵绵细雨，宛似天花坠落，见此情景，乾隆帝特赋诗《昭庙六韵》。昭庙开光以后，乾隆帝每至香山，必到昭庙上香。

六世班禅于九月十九日至二十一日在昭庙率众喇嘛念开光经3日。十月十七日、十八日又到昭庙、碧云寺、香山佛堂等处上香。因长途跋涉、劳累过度，且水土不服，六世班禅身染天花，病势日渐沉重。他弥留之际，乾隆帝特为其作诗祈寿。十一月初二戌时，六世班禅圆寂于西黄寺。乾隆帝十分悲痛，在送其舍利回藏时，令人将他为班禅所作的诗句用黄绢抄写，悬挂于昭庙东楼下北券门墙上。

咸丰十年（1860）九月，静宜园的珍宝、文物被英法联军洗劫一空，园内的昭庙等建筑几乎全被焚毁。复经光绪二十六年（1900）八国联军的又一次浩劫，园内已是遍布瓦砾，凌乱不堪。1956年5月1日，经过整修，静宜园更名为“香山公园”，以崭新的面貌迎接四面八方的游人。

（执笔：于冰）

从清漪园到颐和园

颐和园是我国现存规模最大、保存最完整的皇家园林，以其秀美清丽的自然风光、巧夺天工的人文景观、富集厚重的历史内涵享誉中外。颐和园的前身叫清漪园，建成于乾隆年间，是清代“三山五园”的收官之作。咸丰年间，清漪园被英法联军焚毁，光绪年间重建后改名颐和园。

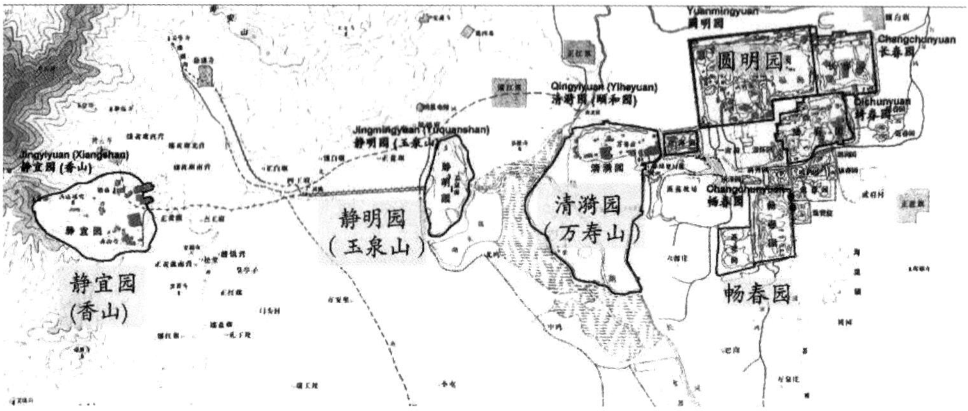

整个“三山五园”中的五园位置图（北京市公园管理中心提供）

扩湖堆山　兴造新园

北京城西北二十里，玉泉山东侧有一座山丘，古代称瓮山，山南汇集西山诸泉形成天然湖泊，被称为瓮山泊。这里水波荡漾、莲荷摇曳、禽鸟嬉戏、长堤围岸，神似杭州西湖，因此瓮山泊又被称作西湖。湖北岸有建于元代的大承天护圣寺、明代修建的圆静寺。

清乾隆帝非常喜欢这里的景色，恰逢国力强盛，遂产生在此修建新园的想法。但他曾于乾隆九年（1744）在《圆明园后记》中告诫后世子孙不要再劳民伤财另建他园，因此建园想法暂时搁置。随着皇家苑囿和私家园林的发展，耗水量与日俱增，加之城内用水、灌溉用水日趋紧张，乾隆帝决定以瓮山泊为中心治理西山水系，扩充水源，这也为修建新园找到借口。乾隆十四年（1749），他下旨疏通西山诸泉汇入瓮山泊，并将瓮山泊向东挖大挖深，扩大湖面。同时，将湖中挖出的泥土堆放到瓮山东侧，使山体大体均匀对称。

经过这次水系治理，形成瓮山、西湖的大山水格局，乾隆帝感慨："既具湖山之胜概，能无亭台之点缀乎？"于是，他于乾隆十五年（1750）下旨，在圆静寺旧址兴建"大报恩延寿寺"，并赐名瓮山为"万寿山"，为生母皇太后祝寿。同时，他借用汉武帝为讨伐西南昆明国在上林苑挖昆明池操练水军的典故，赐名瓮山泊为"昆明湖"，表明训练水军之意，使自己的造园行为更加名正言顺。

兴建大报恩延寿寺的同时，万寿山南麓一带的厅、堂、亭、榭、廊、桥等园林建筑也陆续破土动工。乾隆十六年（1751）七月，乾隆帝将这一带的新建园林定名为清漪园。至乾隆二十九年（1764），造园工程全部竣工，历时15年。清漪园以万寿山、昆明湖为主体，东、南、西三面不设围墙，以昆明湖岸为界，总面积295公顷，其中湖面约占3/4。

清漪园既有自然湖山之美，又有人工雕琢之巧，深得乾隆帝喜爱。他经常流连于此，题词歌咏。为表明自己不会因留恋山水而废弃政务，他曾写下："园虽成，过辰而往，逮午而返，未尝度宵。"

清漪胜景　赛过江南

清漪园大宫门又称东宫门，位于万寿山东南麓、昆明湖东北方，面阔五间，歇山式琉璃瓦顶，厚重庄严，气势恢宏。大宫门面朝东方是清代御苑中唯一特例，主要是为了正对直通圆明园的御道，方便乾隆帝往来游幸。

清漪园内以万寿山的山脊为界，可大致分为宫廷区、前山区、前湖区以及后山后河区四部分。宫廷区建在万寿山东南麓、大宫门内的平坦地带，包括以勤政殿为中心的外朝部分和玉澜堂、宜芸馆、乐寿堂等组成的内寝部分，占地0.96公顷，仅为全园面积的0.33%。

前山区是指万寿山的南坡部分，清漪园中最核心的景观建筑群大报恩延寿寺就位于前山中央。寺内建筑由南至北随山势逐层抬升，形成一条法度严谨的中轴线，包括山门（天王殿）、大雄宝殿、多宝殿、佛香阁，直至山顶的智慧海等。佛香阁东侧有藏经楼“转轮藏”和“万寿山昆明湖”御制石碑，西侧有五方阁、铜亭宝云阁。这组建筑气势雄伟、巍峨壮观。其中，位于中轴线建筑群中心的佛香阁最为突出。

佛香阁建在21米高的方形石造台基上，阁体高41米，八面三层四重檐，阁内有8根巨大铁力木擎天柱。乾隆帝原计划是要仿照明成祖朱棣为母建大报恩寺塔的做法，依杭州六和塔形制修建一座九层延寿塔。乾隆十五年（1750）开始建塔，至乾隆二十二年（1757），延寿塔建到第八层时，突然坍塌。乾隆帝遂下旨，拆除剩余塔身，在原址上重建一座大型楼阁，即佛香阁。

前湖区指昆明湖一带，是清代皇家园林中最大的一处水面。湖北岸有一条长廊，以东部乐寿堂邀月门为起点，向西一直延伸到西部石丈亭，全长728米共273间，是中国园林中最长的游廊。廊上的每根枋梁上都有彩绘，共有图画14000余幅，描绘的大多是民间传说、神话故事、历史人物、山水风光、花鸟鱼虫等。湖中模仿杭州苏堤的西堤和与它相连的支堤，把昆明湖分为大湖、西南湖、西北湖三部分。每块湖面中心位置堆筑一座岛屿，分别为南湖岛、藻鉴堂和治镜阁，象征着传说中的蓬莱、方丈、瀛洲三座仙山，体现中国传统皇家园林“一池三山”的仙境模式。

著名的十七孔桥就建在南湖岛东侧，与昆明湖东堤相连。该桥长150米、宽8米，共有17个拱洞，用汉白玉砌成。桥上石雕极其精美，桥头两端和桥栏每个望柱上都雕有威风凛凛、神态各异的石狮，大小共540余个。桥东建有一座八角重檐的廓如亭，用3圈共40根柱子支撑，是园内也是全国最大的亭式建筑。桥东头北侧还有一只为镇压水患而铸造的铜牛，与湖西岸的《耕织图》石刻遥遥相对。

昆明湖西北端收束为河道，绕经万寿山西麓向后山形成一条狭长的后溪河，把整个山峰环抱其中。后山后河区就是指万寿山的北坡以及紧邻的后溪河。这一带沿着山坡、河岸建造了寺院、河街和一些小园林，景色深幽，与前山的宏伟和前湖的壮阔形成鲜明对比。后山中部从山脚到山顶，仿西藏摩耶寺，修建了须弥灵境阁、香岩宗印之阁、四大部洲等，排列有序，飞金流丹。

后溪河中段建有买卖街，又叫“苏州街”，全长270米，超过整个后河河道的1/4。这条水街弯曲别致，恍如江南水乡。街上开设模仿典型北方商业建筑样式的店面200多间，有卖古玩的帖古斋、卖文房四宝的云翰斋、卖祭祀用品的妙化斋、卖鞋子的履祥泰、卖香烛的细香铺、卖衣布绸缎的经纬号以及酒楼芳雅斋、茶馆品泉斋等。太监充当店铺的伙计和顾客，皇帝、太后的游船一到，两岸立刻吆喝开来，人流熙熙攘攘，一派民间市井气象。

借练海军　劫后复建

咸丰十年（1860），存在109年的清漪园被英法联军焚毁，园内奇珍异宝被劫掠一空，亭台楼阁等大量建筑变为一片废墟。同治十二年（1873），在慈禧太后的授意下，同治帝以“奉养两宫”为名颁旨重修圆明园，将清漪园内残存的部分建筑拆卸木料充作修圆明园之用。同治十三年（1874），该工程因国库空虚和众多大臣的反对而被迫停止。

光绪十年（1884），清政府设立海军衙门，由光绪帝的生父醇亲王奕譞总理海军事务。奕譞等人以建海军学堂名义，踏勘清漪园地基，意欲进行重修。光绪十二年（1886）八月，奕譞等奏请“修治清漪园工备操海军”“创办昆明湖水师学堂”[1]，修复清漪园的工程由此秘密开始。十二月十五日，作为培训海军人才的昆明湖水操学堂开学，主持水操学堂开学典礼的官员，当天又亲自主持了清漪园主要建筑排云殿的上梁仪式。

重修清漪园，未按照清代宫廷工程的正常程序交由内务府和工部督修，每一项工程的承包、验收，都由海军衙门负责。重修费用主要从海军经费中拨付，来源是各省督抚的筹款、各省关解交的洋药、土药（鸦片）税厘和新设的海防捐[2]。工程开始后，每年按例由海军经费中腾挪三十万两白银拨给园工使用。海军衙门不仅是筹款机构，而且还是后勤供给和服务机构，因此被称为“新内务府”。

至光绪十三年（1887），园内已完工的建筑达24处。重建清漪园在朝野上下引起很多猜想。为弥合众议、安定民心，光绪十四年（1888）二月初一，慈禧太后以光绪帝的名义发布一道上谕，将修园工程公开，并取“颐养冲和”之意将清漪园更名为颐和园，作为她颐养天年的夏宫。十二月十五日，紫禁城贞度门失火，二十六日光绪帝谕旨：“所有颐和园工程，除佛宇及正路殿座外，其余一律停止”[3]，但实际并未停工。

光绪十六年（1890），京畿遭灾，御史吴兆泰冒死上奏，请节省颐和园工程。慈禧太后大怒，又以光绪帝的名义传谕内阁，对吴兆泰大加斥责，并严加惩处。光绪十七年（1891）四月二十八日，慈禧太后首次入住颐和园，此后，她每年来此居住数日。直到光绪二十一年（1895）

---

［1］出自清朝档案，奕譞等：《请复昆明湖水操折》。

［2］海防捐：出自筹措海防经费而实行的捐官措施。

［3］出自《东华续录》光绪卷92。

四月，颐和园的工程还未完全竣工，但这一年海军衙门被裁撤，工程因财力不支而被迫停止。

颐和园修建工程，原打算全面复原清漪园时期的规模。由于经费筹措困难，材料供应不足，不得不一再收缩，最后完全放弃了后山后湖和昆明湖西岸景观建筑的修复，而集中营建万寿山前山和南湖岛一带。园林格局虽大体沿袭清漪园时期的规划，但一些建筑名称及使用功能与清漪园时已有所不同。园中的寺庙比清漪园时减少许多，增加了一些辅助建筑，从游览为主的御苑转变为具有办公、居住、游览等多种功能的行宫。光绪二十六年（1900），颐和园再次遭到八国联军严重破坏。光绪二十八年（1902），重修后即成今日园林的规模。民国时期，颐和园被南京国民政府内政部接收管理，成为国家公园。

新中国成立后，党和政府为满足人民群众的文化生活需求，对颐和园进行了整修，并对公众开放。1998年，颐和园被联合国教科文组织列入《世界遗产名录》。历经270余年的岁月沧桑，这座举世瞩目的皇家园林几度兴衰，成为真实反映近代中国社会发展变革的一个缩影。

（执笔：于冰）

“三山五园”稻花香

京西稻由清代皇家主导选育，并在“三山五园”及其周边广泛种植，形成北京西北郊独特的稻田景观。其中，京西稻主要栽种品种——御稻米，经康熙帝亲自选种培育，是北京地区最早的早稻品种。

康熙大帝育良种

海淀区的水稻种植历史悠久，不晚于三国时期，但京西稻的培育则是从清康熙年间开始的。玉泉山地区泉水丰沛，水质优良，尤其适合水稻生长。康熙十四年（1675），康熙帝亲赴玉泉山观禾。在南方能亩产三四百斤的稻米，在玉泉山稻田亩产不超过一百斤。康熙帝不断改进栽种和灌溉方法，提高稻田产量。

康熙二十年（1681），康熙帝在丰泽园[1]（今中南海内）旁边开了几畦稻田，试种水稻。六月的一天，他在巡视稻田时，发现有一株稻子比别的都高，他捏了捏，颗粒已经饱满成熟，立刻命人将这株早熟的稻穗摘下来，作为种子精心保管。第二年，他把种子种下去，果然又于六月早熟。他对这个发现既重视又谨慎，经过多年试种，最终证明这是适于北方播种的早熟优良品种。

[1] 丰泽园位于紫禁城西苑之内，是清帝亲临劝课农桑之所，不仅满足观赏和休憩的需要，还具备农业生产、举行典仪等功能。

康熙帝见时机成熟，决定在京西玉泉山一带推广种植这种新稻品种，作为宫廷御用稻米的主要来源。因为是皇帝在皇宫内亲自发现和培育出来的，所以称其为御稻米。御稻米色微红而粒长，气香而味腴，也叫胭脂稻。英国生物学家达尔文将御稻米编入《动物和植物在家养下的变异》:“御稻米是昔日康熙帝在一块田里注意到，并在禁苑内保存培育出的唯一能够在长城以北生长的有价值的稻种。”

据传，康熙三十二年（1693），康熙帝南巡期间看到湖中船上满载着猪毛、鸡毛，询问后得知福建农户用它们给稻田保暖，能使受寒凉泉水灌溉的禾苗茂盛且早熟。康熙帝从中受到启发，回京后依照此法为玉泉山泉水灌溉的稻田覆上猪毛、鸡毛等，果然效果显著。通过选育新品种、改良栽培方法，京西稻的亩产量逐年提高。

历经康熙、雍正、乾隆祖孙三代130多年的经营，京西稻渐成规模。雍正年间，京西稻的种植扩大到万寿山、六郎庄、北坞一带，总面积达到5200多亩。乾隆帝在一次南巡时，把南方稻种“紫金箍”和13户江南种稻高手带回北京，圈出六郎庄、巴沟一带的部分稻田种植新品种，产出的稻米专供宫廷御用。此后“御稻米”“紫金箍”成为京西稻的两个主要栽培品种。至乾隆后期，京西稻的种植已达到万余亩。

稻花香里说丰年

京西稻广泛种植在西山一带，清代皇帝建设“三山五园”时，在园内开辟稻田，使其成为“三山五园”不可分割的一部分。康熙年间，畅春园内从无逸斋北角门，到园西北的大西门，有上百亩御稻田，“御稻流香”成为园内一景。康熙三十九年（1700）七月，康熙帝察看园内稻田，有感而发:“七月紫芒五里香，近园遗种祝祯祥。炎方塞北皆称瑞，稼穑天工岁乐穰。”

雍正帝沿袭康熙帝在御苑中开辟稻田的做法。圆明园内有农田多处，四十景中的“澹泊宁静”“北远山村”都是以稻田为主的田园风光，“西峰秀色”“水木明瑟”也有水田数顷。稻田弥望，河水环绕，更有多稼轩、观稼轩、稻香亭等多种景观建筑。

乾隆帝在清漪园中开辟“耕织图”景区，由玉河斋、澄鲜堂、染织局等组成，以造园艺术手法营造农耕文化美景，体现皇帝重农兴穑的思想。他曾为“耕织图”题诗：“润含植稻连农舍，响讶缫丝答客桡”“驱马稻秧布，育蚕桑叶肥”。他还将昆明湖东堤之外至畅春园西墙之间的废弃地辟为稻田。

作为京西稻发源地，玉泉山静明园的稻田面积在乾隆年间进一步扩展。园内自垂虹桥以西沿河皆为水田，形成静明园十六景之一的“溪田课耕”。静明园与清漪园之间的青龙桥、功德寺、北坞一带也遍布稻田。乾隆帝闲暇时间，常到此观看稻田景色，他在《青龙桥晓行》诗中写道：“十里稻畦秋早熟，分明画里小江南”，生动描绘水乡风光。

京西稻在“三山五园”内外大面积种植，将皇家园林用稻田连接起来。山林湿地、泉水稻田、黄瓦红墙，相互映衬，构成一幅不是江南胜似江南的画卷。

玉泉浇灌京西稻

京西一带稻田灌溉、园林建设和漕运用水等主要依靠西湖（瓮山泊）。但随着稻田面积不断增加、“三山五园”陆续兴建，西湖已无法满足需要。于是，乾隆帝对京城西北郊一带水系进行治理，重点是疏浚西湖“以资灌溉稻田之用”。工程始于乾隆十四年（1749）冬，至乾隆十五年（1750）初完成，并改西湖为昆明湖。

扩建后的昆明湖，周长30余里，面积是原来的两三倍，成为一个名副其实的大水库。除满足各御苑用水和灌田外，湖水经东南角绣漪桥流入长河，还是京城内河湖系统的主要给水来源。因湖面东扩，水位有所降低，为灌溉湖西岸地势较高的稻田，乾隆帝下旨在昆明湖西侧先后开养水湖和高水湖，作为昆明湖的两座附属水库，用于灌溉稻田、调节水量。高水湖水源主要来自玉泉山泉水，入湖水量约占玉泉山各泉总出水量的一半。乾隆二十二年（1757），对十方普觉寺和香山碧云寺的两处泉源进行开发引导，通过修筑水渠、设置石槽等方法，使其汇入玉泉山水系，再注入昆明湖，增加蓄水量。

终年不竭的玉泉水，辅之以水闸、涵洞等设施，形成一套完善的水利灌溉系统。依据农时规律，启闭相应闸门，滋润着玉泉山一带的稻田。

玉泉山下的大片稻田（北京市公园管理中心提供）

昆明湖东侧的巴沟、万泉庄和六郎庄一带，原是无法耕种的湖泊沼泽。乾隆二十九年（1764），乾隆帝下令疏浚万泉庄水系，引巴沟低地积水北流，在这一带开辟大量稻田。干旱时节水源不足时，他命人在长河东堤设置了几道出水闸，引水东流，浇灌六郎庄村南、巴沟村西的稻田。

当园林用水与稻田需求产生矛盾时，乾隆帝主张首先保证农田用水。一年，京城大旱，管理河湖水道的官员怕昆明湖水位降低，影响御苑用水，不愿放水灌溉长河堤东的稻田。乾隆帝见稻田干旱，问清缘由后，斥责道：疏治昆明湖的本意就是蓄水灌溉稻田。春夏之交雨水少，灌田后湖水水位下降是很正常的事。一味维持湖水水量，置稻田于不顾，乃是本末倒置的行为，要严厉禁止。京西稻拥有较完备的灌溉系统，加之皇帝优先保证农田用水，几乎连年丰收。

历史上的京西稻田与皇家园林浑然一体、相得益彰，成为亮丽的农业生态景观。2015年，北京京西稻作文化系统（海淀京西稻保护区）被农业部列入第三批中国重要农业文化遗产名录。现在，玉泉山下和圆明园内恢复了部分京西稻稻田，重现了昔日“疑是山村是水乡，禾苗低亚稻苗黄”的景象。

（执笔：于冰）

清代特种部队健锐营

清乾隆十四年（1749），经过特训的云梯兵开赴大金川，得胜回京后被乾隆帝改编为健锐营，驻扎在香山脚下，成为清朝禁卫军中的“特种部队”。此后，健锐营东征西讨，屡立奇功，多次受到皇帝检阅和褒奖。

大破金川云梯兵

雍正时期，清廷为巩固对西南地区少数民族的统治，授予四川西北部大金川土司莎罗奔安抚使的官职。但莎罗奔并未替朝廷维护一方平安，而是以强压弱，攻打邻近土司，不断扩大自己的势力。周边土司纷纷向四川地方官员申诉，要求朝廷做主。乾隆十二年（1747），莎罗奔又发兵进攻邻近的明正和革布什咱两土司。清廷派兵阻止，莎罗奔举兵反叛，回击清军。乾隆帝遂调云贵总督张广泗为川陕总督，率军征讨。

大金川地区山高崖峭，地势险峻。金川人善用天然石块垒建碉楼，形成当地特有的建筑群。碉楼大多三四层楼高，有专门储存粮食弹药的地方，墙体四周有内大外小的空洞，用于瞭望和射击。征战中，这些建在陡峭高山上异常坚固的碉楼使清军累累受挫，屡攻不下。张广泗在给乾隆帝的奏疏中写道:“击中碉墙腰腹，仍屹立不动，惟击中碉顶，则可去石数块”。

乾隆十三年（1748），乾隆帝又以大学士讷亲为经略，增兵督剿，结果大败。开战经年，耗费颇多，死伤惨重，张广泗与讷亲二人互相推诿责任，致使军队陷入混乱，士气萎靡不振。

战讯传回京师，乾隆帝大怒，下旨将张广泗、讷亲斩杀。他从《太宗实录》关于清朝开国之初使用云梯攻城势如破竹的记录中受到启发，认为若用此法进攻，何愁碉楼不破。随即下令在香山脚下仿造金川式碉楼，并从京城前锋营和护军营内，挑选少壮勇健者组建云梯队，演习攻打高山碉楼的战术战法。

云梯兵经过不到一个月的专项训练，已熟练掌握利用云梯登碉楼的战术，他们随即由乾隆帝亲封的经略将军兼四川总督傅恒带领，前往大金川征讨。云梯队锐不可当，连克碉楼，直抵莎罗奔大本营。傅恒密令提督岳钟琪宣谕招降。在恩威并施下，莎罗奔归降，并送还所侵夺的土地人口。乾隆十四年（1749）正月，大金川平定，乾隆帝降旨班师还朝。

能征善战健锐营

云梯兵得胜回京，乾隆帝颁布诏书："夫已习之艺不可废，已奏之绩不可忘，于是合成功之旅，立为健锐营。"云梯队正式改编为健锐营，以云梯兵为主，兼有鸟枪兵、骑兵和水兵。

健锐营实行八旗兵制，入则为民，出则为兵。全营分为左右两翼，每翼各四旗。左翼四旗为：镶黄、正白、镶白和正蓝旗；右翼四旗为：正黄、正红、镶红、镶蓝旗。兵额初建时1000人左右，经几度增加达3000多人。到光绪年间，官兵增至4000余人，连同家属全营共约1.5万人。营中聚集着满、蒙、藏、索伦[1]等民族，是一个多民族组成的军事

[1] 今达斡尔、鄂温克、鄂伦春、锡伯等民族。

单位。

全营设掌印总统大臣一员，由皇帝从王公大臣中选派。掌印总统大臣下设左右翼长2名，翼长下设各旗参领8名。旗内设副前锋参领、委署前锋参领及类似现代军队排级的前锋校。健锐营士兵称前锋，还有属二等兵的委前锋。在正规军之外，旗内少年组成养育兵，成年后可应考委前锋，成为健锐营的正式士兵。

健锐营建立后，作为清军的精锐部队，多次参与重要征战。乾隆年间平定叛乱的“十全武功”[1]中，均有健锐营官兵英勇杀敌的身影。乾隆二十二年（1757），新疆爆发大、小和卓之乱，清军前往镇压，屡攻不克。次年七月，乾隆帝令定边将军兆惠率健锐营前往天山南北，征讨叛军，用一年时间平定了大、小和卓之乱，巩固了西北边疆。这是健锐营成立以来首次大规模远程机动作战。

乾隆三十六年（1771），四川大小金川土司反叛，清廷派兵平定未果。次年，以健锐营委署前锋参领舒亮为裨将，率健锐营出征。乾隆三十八年（1773），又派头等侍卫富德为领队大臣，率健锐营与火器营共2000名士兵驰援。此时前线清军已达7万，接近大小金川全部人口的4倍。至乾隆四十一年（1776）二月初四，平定大小金川全境。乾隆帝对出征有功的50名将领封赏有加，还给予在紫光阁悬挂画像的荣誉，舒亮就在其中。

乾隆五十六年（1791）十一月，廓尔喀（今尼泊尔）入侵西藏，兵至日喀则，大肆抢掠扎什伦布寺。乾隆帝命两广总督福康安为大将军，健锐营翼长德楞泰率领全营随大将军昼夜疾行，由青海进入西藏，反击廓尔喀侵略军。清军克服高原缺氧的困难，六战六捷，收复失地。此外，健锐营还先后参加了反击缅王犯滇、平定台湾天地会举事之战等。

[1] 清乾隆年间，为了加强国家统一，清政府10次派兵平定边疆叛乱。乾隆五十七年（1792），82岁的乾隆帝撰写了《十全记》，记述一生的“十全武功”，史称《御制十全记》。乾隆帝因此被称“十全老人”。

健锐营最后一次执行战斗任务是在光绪二十六年（1900）。八国联军攻进北京，健锐营奉命进城增援守军，由德胜门入城后，列阵于地安门前，与从朝阳门攻入城内的日军展开激战。虽然伤亡惨重，但也打击了日军的嚣张气焰，并为慈禧太后和光绪帝的西逃争取了时间。

演武阅兵扬军威

健锐营营址位于香山脚下，营区布局犹如鸟之两翼，由静宜园宫门向左右两侧延展。营房由工部负责修建，于乾隆十三年（1748）、十九年（1754）、二十九年（1764）、五十六年（1791），分4次建成。

健锐营八旗有各自的营区，每个营区设有碉楼、演武场、学堂、门楼、围墙、水井、排水沟等，既是军事训练场所又是日常生活场所。香山脚下至今仍然矗立着若干座高大的石砌碉楼，都是为训练云梯兵而特别修建的。乾隆帝还下令在香山南麓（今香山公园东南2公里处）修建

团城演武厅全景（北京大觉寺与团城管理处　王松　摄）

以团城、演武厅为主体的校场，供健锐营定期合练及皇帝阅兵之用。

团城以青色大城砖砌筑而成，南北各有券洞供人出入，门洞上方有乾隆帝御书汉白玉石匾，南城匾额曰“威宣壁垒”，北城匾额曰“志喻金汤”。城上的门楼，又称阅武楼，是皇帝阅兵时大臣观看军队演练的地方。南门外是演武厅，皇帝阅兵时就坐在厅中央的宝座上。东南约20米处有一座半圆形小城——马城，是跑马、射箭的起点。西南有一座10米高的梯子楼，全营云梯兵用其演习攻城。

健锐营平时训练的主要内容是演习云梯，操练攻碉本领，同时练步射、骑射、鸟枪、水操等。除按规定时间在本旗或校场操练外，各旗每半月合练一次，逢初一、十五由本旗参领主持，全营每季会操一次，由翼长主持。掌印总统大臣每年来健锐营检阅一次。

清代皇帝对健锐营的训练都很重视，不仅定期过问训练情况，还亲自到香山检阅。乾隆十三年（1748）至道光二十七年（1847）的100年间，乾隆、嘉庆、道光三位皇帝曾22次到香山检阅健锐营将士。乾隆帝作为该营的创建人更是对健锐营倍加关注，曾写下多首阅武诗，赞誉健锐营。乾隆三十七年（1772），他登楼阅兵后题诗：

八旗子弟兵，健锐此居营。
聚处无他诱，勤操自致精。
一时看斫阵，异日待干城。
亦已收明效，西师颇著名。

1912年2月清帝逊位，健锐营作为军事单位彻底退出历史舞台。健锐营从成立到解体的160多年间，多次参加各类战事，鲜有败绩，为清朝维护统一、巩固政权立下赫赫战功。

（执笔：于冰）

古刹云集
钟灵毓秀

潭柘古寺冠京华

潭柘寺位于京西潭柘山麓，因寺后有龙潭、山上有柘树而得名，是北京地区历史最为悠久、规模最为宏大的佛教寺院，民间素有“先有潭柘寺，后有北京城”的谚语。潭柘寺占地面积2.5公顷，有房舍943间；寺外占地面积11.2公顷，连同周围由该寺管辖的森林和林场，总面积达121公顷，是北京地区最大的一处寺庙古建筑群。

华严和尚开山建寺

潭柘寺始建于西晋时期，初名嘉福寺，规模和影响都不大。自西晋至隋代，幽州地区战乱频仍，政权不断更迭，加之北周武帝曾下令“灭佛”，致使佛教发展缓慢，嘉福寺逐渐破败。

唐代，幽州地区佛教得到较快发展。清《潭柘山岫云寺志》(以下简称《寺志》）记载，唐武则天时期，佛教华严宗有一位高僧居住在幽州城北，人称华严和尚，“持《华严经》以为净业”。传说他诵经时全城人都听得真切，“如在庭庑之下”。万岁通天年间，韩国公张仁愿任幽州都督。一天夜里，听到华严和尚的念经声，仿佛就在耳边。张仁愿敬佩华严和尚佛法高深，次日派人将他请来，并提出为他捐资建寺。

华严和尚遂决定在嘉福寺的基础上修缮殿宇、扩建寺院。相传，嘉福寺后青龙潭中的青龙听说华严和尚要开山建寺、弘扬佛法，便趁风雨骤降，飞腾离去，青龙潭随之变为平地。华严和尚因此改寺名为龙泉寺。龙泉寺逐渐兴盛起来，后人尊华严和尚为该寺“开山第一代祖师”。

唐会昌年间，武宗崇信道教，下令在全国罢斥佛教，驱散僧尼、焚毁佛经，龙泉寺再次荒废。直到五代后唐时期，禅宗高僧从实禅师重修潭柘寺，使其“宗风大振”，重新繁盛起来。

历朝皇帝斥资修缮

金熙宗笃信佛教，曾到潭柘寺进香，并下旨重修潭柘寺，赐额“大万寿寺”，开了潭柘寺由朝廷出资整修和皇帝赐名的先例，后代皇帝争相效仿。金大定十三年（1173），世宗皇帝拨款，大规模扩建寺院，潭柘寺香火更加繁盛。

潭柘寺僧尼中不乏皇家贵胄和达官显贵。《帝京景物略》记载：元世祖忽必烈的女儿妙严公主曾在潭柘寺出家。她终日在观音殿诵经礼佛，额头、双手和双足叩拜的痕迹深深印入青砖。年深日久，青砖破损，只留下两个足印。明万历年间，孝定太后将此砖装进花梨木匣，迎入大内。此砖后来又被送回，成为寺中珍宝，如今陈列在观音殿内，称“公主拜砖”。

明代皇帝及后妃多信奉佛教，纷纷到潭柘寺进香礼佛、游山赏景。永乐、宣德、弘治年间，朝廷曾多次出资修葺潭柘寺。宣德二年（1427），宣宗赐寺名“龙泉寺”。天顺元年（1457），英宗改名复称“嘉福寺”。善男信女多到此修习佛法，有的甚至终老于此。

清代，康熙、雍正、乾隆、嘉庆4位皇帝多次到潭柘寺进香礼佛。康熙帝将潭柘寺定为“敕建”，赐名“岫云禅寺”。至此，该寺先后多次更名，唯有“潭柘寺”这个俗称经久不衰。有清一代，潭柘寺增购土地、扩展林区、广置庙产，寺院规模达到顶峰。

寺院建筑古朴雄奇

潭柘寺殿宇庄严，庭院清幽，红墙碧瓦、古树名木、清泉秀石相映成趣，殿、堂、坛、室、楼、阁、亭、斋各具特色。整个建筑群坐北朝南，一条中轴线纵贯其中，分中、东、西3路，依山势而建，主次分明、错落有致。

中路是全寺的主体建筑，有天王殿、大雄宝殿、毗卢阁等。山门正上方镶有一块汉白玉雕龙横匾，上书康熙帝御题“敕建岫云禅寺”6个大字。山门内第一重殿宇是天王殿，单檐歇山顶，面阔三间。殿内正中供奉着弥勒佛，背面有韦驮像，两侧侍立四大天王。大殿天花板绘有“金龙和玺”图案，是我国古建筑彩绘图案中等级最高的一种。

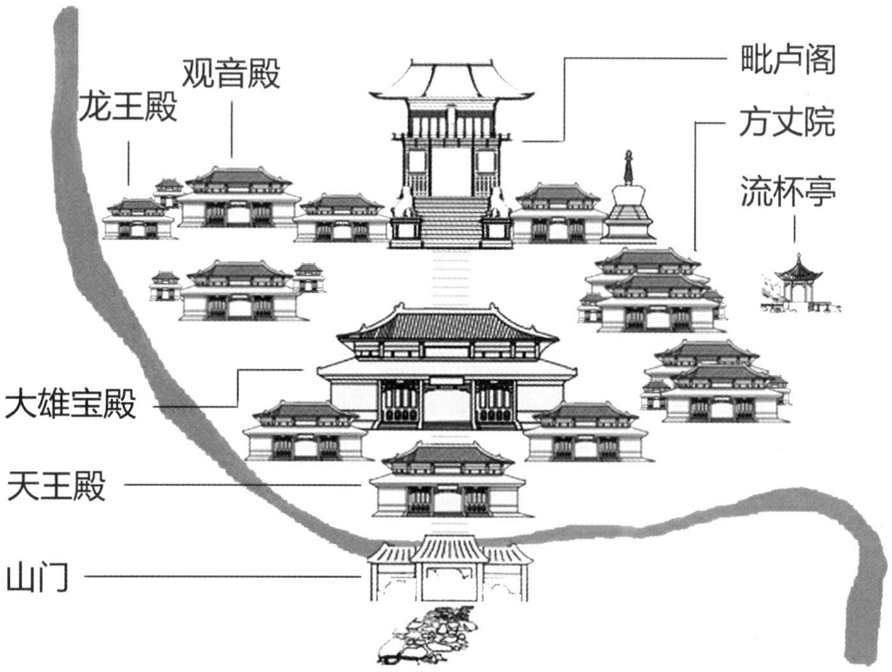

潭柘寺部分建筑布局示意图

大雄宝殿位于天王殿后，面阔五间，月台高七尺。采用古建筑中最高等级的重檐庑殿顶，殿顶覆以黄色琉璃瓦。下层檐采用绿琉璃瓦剪边，以区别于皇家宫殿。正脊两端有一对碧绿琉璃鸱吻，高达2.9米，气势轩昂。殿顶戗兽7只，规格同亲王府。殿内梁、栋、天花板上均绘有"金龙和玺"图案，大顶上是皇宫正殿内才可使用的"井口天花"。殿内正中端坐着释迦牟尼佛，左右分立阿难、迦叶两位侍者。整座大殿宏伟壮丽,《寺志》称其为"寺中之冠"。

中轴线最北端是寺中最高大的建筑——毗卢阁，为双层楼阁式建筑，硬山顶，面阔七间。站在毗卢阁上纵目远眺，寺庙及远山尽收眼底。这里原来珍藏着历代皇帝所赐佛经，俗称藏经楼，因而是寺内最威严肃穆的地方，只允许方丈和少数大执事和尚进入。

东路以庭院式建筑为主，有金刚延寿塔、圆通殿、地藏殿、方丈院、清代行宫院、延清阁、财神殿等建筑。金刚延寿塔俗称舍利塔，明代越靖王朱瞻墉为皇太后祈福，于正统二年（1437）所建。金刚延寿塔南面是方丈院。方丈院东侧是清代行宫院，内有万岁宫、太后宫、御书房等。

西路建筑主要有观音殿、戒坛、药师殿、大悲殿、楞严坛、龙王殿等。观音殿位于最北端，是全寺地势最高的建筑。观音殿西侧为祖师堂，是明代以前历代住持居住的地方，唐代华严祖师、五代后唐从实禅师均圆寂于此，后改作供奉历代祖师的场所。龙王殿位于祖师坛西侧，因殿前檐下挂有一条石鱼，又称石鱼殿，盛传石鱼可求雨消灾，信奉者极多。戒坛位于原三圣殿西侧，建于明正统年间，明英宗赐名"广善戒坛"。

寺外有上下塔院、东西观音洞、龙潭等环绕。寺前塔林内完好地保存了历代佛塔70余座，其中最高大的是金代广慧理通禅师塔。埋葬僧人最多的是建于明代的十方普同塔，又称万人塔。西观音洞院内东南角有"老虎洞"，洞内有活佛"疯魔和尚"因亮法师像，右侧塑有一只俯首帖耳的卧虎。相传这只老虎受因亮法师教化而改吃素斋，每日伏在他身边，听其讲经。因亮法师圆寂后，此虎不吃不喝，最后殉主而死。

潭柘胜景别有洞天

潭柘寺风光秀丽、景色宜人，其景致被归纳为“潭柘十景”，即九龙戏珠、雄峰捧日、千峰拱翠、平原红叶、锦屏雪浪、层峦架月、御亭流杯、殿阁南薰、万壑堆云、飞泉夜雨。

寺院背倚宝珠峰，太行山余脉9座高峰呈马蹄状环绕周围，形成“一峰当心，九峰环立”的“九龙戏珠”景致。清晨由观音殿前远眺捧日峰，可观赏到令人陶醉的“雄峰捧日”景致。春季的宝珠峰松柏苍翠，周边层峦叠嶂、满目青绿，谓之“千峰拱翠”。秋季潭柘寺旁的平原村漫山红遍、层林尽染，宛如丹桂涂朱，这就是“平原红叶”。冬季潭柘山的景色别具一格，南面锦屏山尤其秀美，山峦起伏，宛如海上银波，被誉为“锦屏雪浪”。夜登延清阁，遥望天际，可见一轮明月悬浮于高低错落的峰峦之上，似“层峦架月”，令人心驰神往。

毗卢阁上殿宇巍峨、烟云氤氲、钟声悠扬、幡幢微荡，故名“殿阁南薰”。夏日，山区天气变化无常，凉风骤起、乌云翻卷之时，毗卢阁上有“万壑堆云”之感。入夜，闲步北侧山谷，断崖下飞瀑流泉，“岩峦幛开豁耳目，岚雾翠低濡衣襟”，是为“飞泉夜雨”。

“御亭流杯”是潭柘寺最吸引游人的景致之一。行宫院内有一座流杯亭，方形四角攒尖顶木结构，上覆绿色琉璃瓦，名为“猗玕亭”[1]，是乾隆帝得“曲水流觞”之趣而建。亭内汉白玉石铺就地面，玉石上凿刻出弯弯曲曲的水道，深约三寸。龙潭泉水由亭子北侧引入水道，注满水后再从西侧流出。乾隆皇帝在游寺期间，经常与王公大臣围坐亭边，将一只双耳竹制酒杯盛上酒，让酒杯随水漂流，酒杯在谁面前倾倒或停住，

[1] 猗，音yī；玕，音gān。

就罚酒一杯或赋诗一首。流杯亭这种建筑，仅在中南海、故宫乾隆花园等皇家御园以及恭王府才可见到，潭柘寺的流杯亭可算是在民间稀有的一个建筑了。

寺中古树名木众多。毗卢阁前有两棵巨大的千年古银杏，被乾隆帝御封为“帝王树”。民国《西山名胜记》载:“言在清代，每一皇帝即位，即自根间生一新干，久之与老干渐合。至宣统时复生一小干，至今仍不发达。言者极为神奇。”此外，还有佛门圣树娑罗树、柘树、紫玉兰，以及唤作“金镶玉”“玉镶金”的御竹等，都是驰名京城的奇花异木。

“气慑太行半，地辟幽州先。”潭柘古刹历经1700多年风云变幻，至今依然香火繁盛，游人如织。

（执笔：林玉琳）

遗迹尚存的景教十字寺

景教源自遥远的波斯，曾于唐代、元代两度兴盛于古老的中华大地。为纪念著名景教教士拉班扫马（Rabban Sauma），元代景教徒在大都（今北京）西南郊外的三盆山修建了一座十字寺。这是全国现存的唯一一座既有遗址和十字石刻，又有历史文献记载的景教寺院。

来自波斯的神秘教派

景教是基督旧教的聂斯脱利派，创立于波斯。唐贞观九年（635），聂斯脱利派宣教师团跟随波斯使节来到长安，受到唐太宗李世民的礼遇。贞观十二年（638），朝廷出资在长安建造了一座礼拜堂，收纳僧徒21人，此后该教派在中国逐渐传播开来。

传到中国的景教最初称波斯经教（亦有人误称作波斯教、拜火教），寺院称波斯寺，僧侣称波斯僧。唐天宝四年（745），正式定教名为景教。“景”意为光明正大。同时，波斯寺改称大秦[1]寺，波斯僧改称大秦僧。十字架是景教的重要标志，各地出土的景教碑文上大多刻有十字架。

前来中国传教的景教僧人多为叙利亚人或波斯人，他们有的擅长经商，有的精通医术，这些技能使他们具备了非常便利的传教条件。他们

[1] 大秦：古代中国对罗马帝国及近东地区的称呼。

向朝廷献上“奇器异巧”，以迎合统治者的猎奇心理。这些传教士入乡随俗，推行祖先崇拜、为死者求冥福，与中国民间传统习俗相适应。因此，景教受到唐朝自太宗至德宗6位皇帝的重视，太宗甚至允许传教士在宫中的藏书楼翻译《圣经》，并在皇宫内讲经传教。皇帝的支持使景教发展迅速，唐朝时全国行政区划为十道，几乎每道都有景教寺院，一时“法流十道，寺满百城”。不少景教徒还担任朝廷和军队中的重要职务。

唐武宗时期“灭佛”的同时，也废止了景教。根据《旧唐书》记载，当时景教僧及火祆教僧等共3000余人被勒令还俗，外国信众被遣送回国。在唐朝延续200余年的景教传播戛然而止。

扫马和马克西行记

虽然景教在中国内地被禁绝，但在边疆地区一直存在。到了13世纪，随着成吉思汗及其后裔入主中原，蒙古贵族中流行的景教在内地再度兴起。

元代有一位著名的景教徒，名叫扫马，维吾尔族人，约蒙古太祖二十年（1225）出生在燕京（后改为元大都）。他的祖父早年归降成吉思汗，父亲常年跟随忽必烈。与许多蒙古贵族一样，扫马的父母也是景教徒。扫马23岁受洗，因深受信众推崇，被尊称为拉班扫马，意为扫马教士。

科尚城（今呼和浩特）有一位年轻人叫马克（Markus，约1245年生），慕名前来投奔扫马，拜他为师，后受洗成为景教徒。虔诚的师徒二人相约到圣城耶路撒冷参谒耶稣墓。他们沿河西走廊一路西行，辗转到达了伊尔汗国统治下的巴格达，拜见景教主教马天哈（Mar Denha）。

当时，马天哈正在想方设法得到蒙古统治者的认可和庇护，见扫马和马克来自元大都，就向他们求助。扫马和马克面见了伊尔汗国大汗，替马天哈求得任命诏书后，便启程继续前往耶路撒冷。到格鲁吉亚时，他们被告知，去往耶路撒冷的道路因战乱中断。师徒二人朝圣的梦想破灭，不得已又返回巴格达，投奔马天哈。

马天哈见马克对蒙古大汗的爱好了如指掌，决定任命马克为契丹、汪古（马克出生的部落）两大教区主教，任命扫马为“巡察总监”，令他们返回中国传道。元至元十七年（1280），马克和扫马接受任命，但还未及出发，马天哈就去世了。众人一致推举马克为新任主教，并尊他为马·雅巴拉哈三世。扫马和马克就此留在了波斯。

元至元二十四年（1287），伊尔汗国大汗阿鲁浑意图征服巴勒斯坦和叙利亚。因涉及圣城耶路撒冷，他便想结交欧洲的基督教王国，以得到它们支持。扫马因通晓欧洲语言，所以被任命为此番出访的特使。他带着阿鲁浑的亲笔信，从黑海海口出发，经君士坦丁堡、那不勒斯港到达罗马，又由罗马前往法国、英国，觐见各国国王。扫马向他们介绍了伊尔汗国的主张、景教的理念，受到各国的欢迎和优待。之后，他由英国返回罗马，受到罗马教皇的款待。返回巴格达之前，扫马被教皇任命为“所有基督徒之巡察总监”。在他的游说之下，罗马教廷、英国、法国都与伊尔汗国建立了友好关系。

扫马结束欧洲之旅几年后，意大利旅行家马可·波罗也结束了他的中国之旅，准备动身回国。马可·波罗从意大利出发，自西向东来到元大都，而扫马和马克恰恰逆向而行。不同的是，扫马和马克再也没能回到故土，永远长眠在遥远的波斯。后来，有人将他们的西行见闻写成游记，在中亚乃至欧洲流传开来。

元大都“十字寺”

景教徒在元代被称为“也里可温”，蒙古语意为“有福之人”。至元二十六年（1289），元朝设置专门机构——崇福司来掌管“也里可温”事务。元成宗时期（1295—1307），“也里可温”享有不服兵役、不纳税赋的特权。今北京、宁夏、扬州、泉州等地在当时都设有景教寺院。

为纪念先贤拉班扫马，大都景教徒在延祐七年（1320）至至顺元年（1330），重修大都西南郊外的三盆山崇圣院（位于今房山区周口店镇三盆山南）。该寺院原是佛寺，始建于东晋建武元年（317），唐贞观十二年（638）曾改为景教寺院，称崇圣院，辽应历二年（952）至八年（958）恢复为佛寺，称三盆山崇圣院。相传这里曾是扫马隐修时居住的地方。至正十八年（1358），元顺帝给这座寺院赐名“十字寺”，恢复为景教寺院。

由于元代信奉景教的多半是蒙古人或迁居中国的西亚人，随着元朝灭亡，景教在中国再度销声匿迹。明代，十字寺又改为佛寺。民国时期，该寺逐渐衰落。如今遗址尚有坐北朝南寺庙地基5间，年代久远的古银杏树一棵。寺院内有汉白玉石碑两块，一为刻于辽应历十年（960）的崇圣院碑，正面上方横书“三盆山崇圣院碑记”；一为刻于元至正二十五年（1365）的十字寺碑，正中刻有“敕赐十字寺碑记”。

寺内正殿东南角和西北角原有两块汉白玉抱柱基石，上端均呈凹字形。其中一块正面上方刻有十字架，十字架两侧刻有叙利亚文，大意是“仰望他，寄希望于他”；右侧面刻一束菊花，左侧面刻一束冬青草。另一块正面有十字架，并刻有两颗相对的心形。1931年，这两方石刻由北平历史博物馆收藏陈列。1936年，北平文物因战乱“南迁”，两方石刻被转运到南京博物院，并一直保存至今。

（执笔：林玉琳）

北魏太和造像历劫记

北魏太和造像是首都博物馆的一件镇馆之宝。主尊为释迦牟尼佛，身着袒右肩袈裟和僧裙，法相庄严、神情恬静，赤足站立、气势雄阔。如若仔细察看，还会发现佛像身上有5处裂痕。原来，这件造像的背后还有一段曲折传奇的经历……

人佛合一　雕造石像

冯太后是北魏孝文帝的祖母。北魏太和造像与她有着密切关联。

冯太后出身北燕王室，年幼时因受父亲冯朗株连，罚入魏宫充为奴婢。正平二年（452），她被选为文成帝的贵人，4年后被册封为皇后。文成帝驾崩后，其子拓跋弘即位，是为献文帝，尊冯皇后为皇太后。拓跋弘即位时年仅12岁，丞相乙浑趁机谋反。冯太后密定大计，诛杀乙浑，临朝听政，后归政于献文帝。延兴元年（471），献文帝年幼的儿子拓跋宏即位，是为孝文帝。冯太后被尊为太皇太后，二度临朝听政。

冯太后笃信佛教，以举国之力弘扬佛法，广建寺庙寺塔，大力支持译经活动，开凿方山石窟，扩建云冈石窟，促进了北魏佛教的发展。她主张将观音菩萨像由男性变为女性，今天的女性观音菩萨形象很可能是从这时开始出现的。这一时期还出现了人佛合一、帝佛合一的造像，首次将统治者与佛像结合起来。

北魏太和造像（首都博物馆邢鹏提供）

冯太后对孝文帝躬亲抚养，悉心培育，使其成长为一位颇有作为的政治家。孝文帝感念冯太后对他的抚育之恩，于太和十三年（489）令能工巧匠以冯太后为原型雕造释迦牟尼佛像。一年后，冯太后逝世，享年四十九岁，谥号文明太皇太后。孝文帝悲痛欲绝，并令群臣为冯太后服丧。

以冯太后为原型的北魏太和造像，造型纯朴自然，刀法圆润流畅，表面涂有天然颜料，是北京地区年代最久、文物价值最高的彩绘石佛像，1957年10月被列为北京市文物保护单位。经文物专家鉴定，佛像所用的材料来自山西大同，与云冈石窟石材一致。至于佛像为何出现在千里之外的北京，至今未有确切说法。有专家推测，北魏时期佛事大兴，处处建庙礼佛，香火旺盛。蓟城（今北京广安门一带）是连接北魏都城平城（今山西省大同市）和塞外的重要枢纽，故孝文帝下令将佛像迁于此地。

光绪《顺天府志》中记载“光绪六年，通州张云翼访得之”，随后光绪帝下旨将佛像运往西山。后来人们在海淀车耳营村建石佛殿供奉佛像。

1998年3月22日，北京电视台对北魏太和造像做了报道，使得佛像声名大噪，然而这也拉开了一场劫难的序幕。

国宝失窃　震动京城

1998年3月26日，天刚蒙蒙亮，负责看护佛像的张宝英像往常一样拿着扫帚簸箕准备打扫石佛殿。她刚走近，就发现昨夜锁好的殿门竟然敞开着。更令她震惊的是，两米多高的北魏太和造像也不见了踪影。她赶忙跑回家，把国宝丢失的消息告诉了爱人姚志明。姚志明让张宝英保护好现场，自己立刻打电话报警。

佛像被盗的消息震动了整个京城，引发多方关注，成为当年北京市公安局的头号专案。

警方勘查现场时，发现了窃贼遗留的撬棍、2个佛像残块、5种可疑足迹、独轮车痕迹等。东耳营村的一位黄姓村民提供了一条重要线索，他在当日凌晨1点开车回村时见到石佛殿不远处停着一辆浅色的客货两用车，司机是一名男子，40多岁，身高1.70米左右。他曾与该男子短暂交谈，听口音不像是本地人。

警方根据现场痕迹和村民提供的线索，推断这起特大盗窃文物案为团伙作案，窃贼可能为6人以上，使用的运输工具应该是一辆客货两用车。继续深入调查后发现，车耳营村附近有多个采石场，采石工大多来自“石雕之乡”河北省曲阳县。又联想到当时破获的一起房山石佛被盗案，作案人是河北曲阳“打石活儿”的农民，其作案手法与此案如出一辙。于是，警方将侦破方向锁定在了河北曲阳县。

寻迹觅踪　失而复得

北京市公安局发出协查通报，又层层设防阻止文物非法出境。同时，专案组进入曲阳县侦查，先是大造声势，打草惊蛇，以震慑嫌疑人。接着，办案人员有的扮成古董商寻找石佛踪迹，有的深入到古旧石雕大户摸排可疑人员，又对案发当日曲阳地区所有客货双排座汽车的去向全面调查。但是，警方在曲阳工作了3个月，走访数千人，调查可疑人员近百人、客货两用车几百辆，仍未取得突破性进展。

于是，专案组改变策略，将工作由明转暗，营造出北京警察要撤走的舆论，以麻痹文物盗窃犯。这一招儿很快奏效了。9月27日，侦查员得到线索：曲阳县羊平镇南固张村村委会干部刘学如和同村村民陈孟星、王立强，想卖一件“旧活儿”。他们提出若有收购意向，可先辨真伪后交易，但查验前要交10万元定金。

侦查员调查得知，上述3人在案发第二天曾往刘学如家院子里抬石块。当夜，警方搜查了他们的住处，最终在刘学如家的南墙根下挖出了破损的北魏太和造像，3人被悉数抓获归案。据他们交代，参与作案的还有同村的刘轻民、刘献民、刘文轻和刘进来4人。

1998年9月29日，北京市公安局刑侦人员带着流落在外半年多的北魏太和造像返回北京。令人痛心的是，佛像被摔成5块又被埋在地下数月，已失去了往日鲜艳的色彩——这件国宝级文物遭受了不可弥补的严重损害。

这起案件跟北京市公安局分析的完全一样。在海淀采石场打工的河北曲阳人刘轻民看了电视报道后，悄悄联络同乡刘学如、陈孟星、王立强、刘献民、刘文轻和刘进来6人，欲合谋盗走佛像。1998年3月25日，他们从定州市租了一辆双排座客货车，带上几把撬棍和一辆独轮车直奔北京。到车耳营村的时候天已经黑了，他们在附近踩点，安排好客货车等候位置。当日深夜，7人推着独轮车摸到石佛殿，然后用撬棍撬动佛像。佛像被撬离底座后失去重心，倒地摔成了几块，顿时引来一阵狗叫声。几人吓得魂飞魄散，却不愿罢手，手忙脚乱地将摔碎的佛像用独轮车推到殿外，沿北坡滑下，装入路边等候已久的客货车逃之夭夭。回到曲阳县后，他们把佛像碎块转移到拖拉机上，覆上渣土运进村内，埋到了刘学如家的南墙根下。

法网恢恢，疏而不漏。1999年4月，主犯陈孟星被北京市第一中级人民法院判处死刑。其他6名罪犯也受到了法律的严惩。

北魏太和造像经过文物专家的细致修复后，暂时入藏北京石刻艺术馆，2005年被送入首都博物馆保护起来。历经劫难的千年佛像有了新的归宿，重新呈现在人们面前。

（执笔：王羚）

寺以经贵的云居寺

京西白带山下的云居寺，始建于隋末唐初，随石经镌刻几度兴衰。这里的石经镌刻，始于隋而终于明，绵延千年不绝。云居寺藏经丰富、种类齐全，堪称佛经宝库，并因此声名远播。

发愿刻经的静琬法师

佛教自东汉传入中国后，逐渐盛行。北周武帝时期，发生大规模灭佛运动，佛教由盛转衰。隋统一天下后，佛教再度复兴。

隋大业年间，涿郡（唐代称幽州，今北京）智泉寺静琬法师为弘扬佛法，立志刻造石经，留传后世。由于白带山中盛产材质优良的艾叶青石和汉白玉，他决定在此取石刻经。他在峭壁上开凿石室，打磨石板，并在石室四壁和石板上镌刻佛经。刻好的经版堆满石室后，用石头塞住室门，再以铁水浇铸，以防不测。

静琬刻经、藏经的第一个石室叫华严堂，又称雷音洞。雷音洞宽广如殿，四面竖立着高约十尺的八角石柱，支架洞顶。石柱各面均刻有两列小佛龛，共1000余尊佛像，故称“千佛柱”。洞中四壁镶嵌146块经石，刻有《法华经》《无量义经》《金刚般若经》《弥勒上生经》《华严经净行品》《十方佛》等经文。洞的门楣上有静琬于唐贞观二年（628）和八年（634）的两次刻经题记，记载着他主持刻经的过程，其中《华严经》

和《大涅槃经》由他亲手镌刻。

静琬的刻经事业得到了皇亲国戚的大力支持。大业七年（611）二月，隋炀帝杨广为东征高丽，与皇后萧氏驾临涿郡。萧后的弟弟萧瑀是虔诚的佛教徒，官居内史侍郎。他跟随隋炀帝到涿郡，听闻静琬在刻经，遂将其事迹详细奏报萧后。萧后与萧瑀赐绢千余匹并白银两千两予以资助，为即将开始的战争祈福。会聚涿郡的文武大臣和白带山附近的居民也纷纷捐资。

至大业十年（614），隋炀帝三次讨伐高丽，均以失败告终。由于连年征战，百姓苦不堪言，各地动乱频发，导致刻经事业难以为继。隋朝灭亡后，萧瑀又得到唐高祖和唐太宗器重。萧氏一族一直大力提倡推广佛教，为静琬刻经持续提供援助和保障。

静琬常年刻经不辍，藏满一洞就再凿一洞。唐贞观十三年（639），静琬圆寂。他主持镌刻石经持续30余年，共刻27部134卷344片经版，分别存放于5个藏经洞中。

几经劫难的云居寺

因为刻经需要，静琬早有建寺打算，但由于缺乏木材一直未能如愿。唐贞观五年（631）六月的一天，一场大雨引起山洪暴发，数千株松柏顺流漂至白带山下。他喜出望外，立即招来工匠，在当地百姓的帮助下，利用这些木材在海拔450米的白带山上建造佛堂、僧舍，因周围常常云雾缭绕而得名云居寺。之后，又在山下增建寺院，称为云居寺下寺，山上的寺院则称为云居寺上寺。

云居寺建成后的第一次大修是在唐开元十八年（730）。虔诚信佛的金仙公主奏请唐玄宗将寺旁大片果园、田庄、麦田及环山林麓赐给云居寺，“永充供给山门所用”，并重新扩建、修缮云居寺。会昌三年至五年

（843—845），唐武宗发起灭佛运动，云居寺遭大面积毁废，刻造石经一度停止。后在幽州节度使等地方官的施助下，云居寺得到一定程度修复。唐末至五代战乱频仍，云居寺屡遭破坏，石经刊刻也陷入停顿。

辽金时期，当权者大力提倡佛教，云居寺几经修缮和扩建，逐渐形成中云居寺（原云居寺上寺）、东云居寺、西云居寺（原云居寺下寺）的格局，后又因朝代更迭几经损毁，至清代后期，只剩下西云居寺香火繁盛，此后的云居寺其实就是当时的西云居寺。寺院依山而建，坐西朝东，佛塔林立，碑廊满目，南、中、北三路建筑浑然一体，五层院落错落有致，天王殿、毗卢殿、释迦殿、药师殿、弥陀殿、大悲殿六进殿宇气势恢宏。康熙帝、乾隆帝等多位清代皇帝曾为云居寺御书题匾。

1937年七七事变后，侵华日军多次派飞机轰炸云居寺，并在“扫荡”抗日根据地时，将云居寺焚毁，寺中文物也被洗劫。千年古刹化为一片废墟，只剩下一对石狮、一座北塔和一处残破的山门，遗址被辟为农田，雷音洞成为人们避风遮雨的场所。

新中国成立后，云居寺的保护和修复一直受到党和政府的重视。1985年，云居寺修复工程全面启动。经过15年的艰辛努力，到1999年，云居寺修复面积达8353.44 平方米，清末民初时三路建筑、五层院落、六进殿宇的古刹风貌得以重现。

压经塔下的经藏宝库

佛教兴盛的辽代，皇帝曾多次资助云居寺刻经，官吏、商人和百姓也纷纷捐资。辽太平七年至保大元年（1027—1121），云居寺经历近一个世纪的刻经，成为大乘经、律、论三藏，小乘经、律、论三藏俱全的佛经宝库。

辽天庆七年（1117），善锐法师与主持刻经的通慧圆照大师见藏经洞存经已满，置于山下的石经“经碑未藏，或有残坏”，决定挖凿地宫藏经。他们在寺内西南面穿地为穴，埋藏经版，将辽道宗所办石经大碑180片和通理大师所办石经小碑4000余块藏入地宫。同年，南塔在地宫旁建起，为八角十三重密檐式砖塔，高20余米。塔铭有“此塔前相去一步，在地宫有石经碑四千五百条”的记载，标记地宫位置和藏经碑数量。

第二年，云居寺僧人又在地宫上砌砖筑台，台上建一座八角十一层密檐汉白玉石塔，名为续秘藏石经塔，俗称“压经塔”。塔通高5米，八角形须弥基座，须弥座束腰每面均雕刻门形浅龛，每龛中浮雕一歌舞伎，有的手持乐器弹唱，有的长袖起舞，姿态各异。基座下方每面雕刻一对狮子，或争抢绣球，或追逐嬉戏，或打斗玩耍，妙趣横生。基座上方塔台为四层仰莲花瓣组成的莲花座，座中央矗立八角形经幢式塔身，竖刻《大辽涿州涿鹿山云居寺续秘藏石经塔记》，记录辽圣宗、辽兴宗、辽道宗赐钱刻经，以及通理大师组织刻经、在地宫藏经的过程。塔顶为汉白玉雕刻叠成的七层塔檐，檐顶置有两层卷云头式刹托，上托塔刹。石塔整体造型层次分明，挺拔清秀。

除南塔、压经塔外，寺内还有唐开元九年（721）建起的金仙公主塔、通理大师于辽大安九年（1093）为静琬法师所立的舍利石塔，以及辽代重建的集多种塔形于一身的北塔等多座唐塔和辽塔，成为研究佛学及建筑艺术的珍贵实物。

金天眷三年（1140），为埋藏辽天庆八年（1118）之后所刻石经，将压经塔移至云居寺南塔西北角，打开藏经地宫。但因石经较多，容纳不下，于是在地宫南端又开一穴。金大定、明昌年间，再次打开地宫，埋入金代刻造的大小乘石经。至此，地宫封闭，辽金时期所刻石经大部分藏于其中，共藏经版10082块，约占云居寺全部石经的70%。

1958年，中国佛教协会打开地宫，发掘整理石经，压经塔又被移置他处。1999年，在发掘辽金石经的遗址上建成石经地宫，原地宫出土的辽金石经全部回藏新建地宫中加以保护，又将压经塔移至藏经地宫顶部。这样一来，压经塔又变成了名副其实的“压经塔”。

颇负盛名的官刻木经

元明时期，刻经活动几度兴衰，但从未间断。明代正式续造石经是在万历至崇祯年间。当时，在北京做官的部分南方籍官僚、居士，如诗人葛一龙、书画家董其昌等集资在北京石灯庵镌造《四十华严》《四十二章经》等几十部经的小经版，后运至云居寺贮藏。此时，8个藏经洞已满，于是他们在雷音洞左侧新开一洞，董其昌在洞口上方题刻“宝藏”二字[1]，至此，云居寺刻经锢藏事业停止。石经镌刻历经千年，共刻佛经1122部3572卷，形成石经版14278块，分别藏于9个藏经洞与地宫中。白带山也因藏有石经，被称为石经山。

董其昌题刻“宝藏”（图片来源：《北京志·云居寺志》）

云居寺除石经外，特别值得一提的还有木经。清雍正年间，雍正帝认为明永乐年间刊行的《北藏经》没有经过精密校订，不能作为传经依

[1] 明崇祯四年（1631）三月四日题。

据，遂起了重刻《大藏经》的念头。雍正十一年（1733），他下令在北京贤良寺设“藏经馆”，命和硕亲王允禄负责刻经事宜。不久，雍正帝去世，乾隆帝继其遗愿，继续木刻佛经。乾隆三年（1738）十二月十五日，木经刻造完成，共刻经版近万块。经版均选用上等梨木，无一拼接或有结节，雕刻字体工整俊秀，佛像生动传神。木经版阳刻反字，专供印刷纸经，是我国古代最后一部官刻《大藏经》，又称《龙藏》，现为国家馆藏一级文物。

遗憾的是，由于种种原因，这套经版中有1/3遭到不同程度的损毁。乾隆三十年（1765），乾隆帝下令撤去钱谦益所撰《大佛顶首楞严经蒙抄》，毁经版660块。因为清军南下时，钱谦益起初声言要做明之“孤臣”，可是清军一到，他却率先出降。乾隆帝认为他“大节有失，不足齿于人类”，便命人撤其书、毁其版。

为弥补经版缺失，中国文物出版社曾派专人遍访全国名山大寺数十家，终于配齐了一套全本《乾隆版大藏经》，使《龙藏》再成完璧。现在这部木经版《龙藏》分别由北京市文物局昌平库房和云居寺保管，是中国保存最为完整的木刻经版。继静琬石刻《大藏经》之后，云居寺又以珍藏木版《大藏经》而闻名遐迩。

1956—1958年，中国佛教协会对石经山9个藏经洞和云居寺地宫的石经进行发掘与整理。拓印后，石经全部放归原处。1961年，云居寺塔及石经被国务院列为第一批全国重点文物保护单位。

（执笔：于冰）

灵光寺浩劫幸存的佛牙舍利

在石景山区翠微山东麓的八大处第二处，耸立着一座灵光寺，寺内佛牙舍利塔供奉的佛家至宝，就是世界仅存的两颗释迦牟尼佛牙舍利之一。悠悠千载，它几经周折，历尽磨难，述说着饱经沧桑的岁月。

法献西行获佛宝

“舍利”一词是梵文音译，最初意为米粒。相传释迦牟尼佛涅槃荼毗[1]后，结成的珠状物形似米粒，故称为舍利，后来也泛指大德高僧的遗骨。

释迦牟尼佛的舍利非常稀少，而佛牙舍利在世间仅存两颗。一颗在师子国（今斯里兰卡，亦作狮子国）古都康提的佛牙寺供养；另一颗被迎至乌苌国（今巴基斯坦境内）供养，后传到于阗（今新疆和田地区于田县）。

南朝宋文帝元嘉十六年（439），16岁的法献和尚初到建康（今南京）上定林寺，遇到曾去天竺取经20多年的高僧智猛。法献听闻智猛在西方见到诸多佛教胜迹，对天竺心驰神往，发誓此生一定要西行求法，瞻仰佛祖圣迹。多年后，法献成为建康知名高僧，“博通经律，志业强悍”。

[1] 涅槃，佛教用语，意译为“灭”“圆寂”“灭度”“寂灭”“安乐”“解脱”“不生”“无为”等。荼毗，梵文音译，佛教用语，指僧人死后的火葬。

此时，佛教5部律经已有4部传来东土，唯缺一部《迦叶维律》。精研戒律的法献深感不足，西行取经的愿望更加强烈。

南朝宋元徽三年（475），法献从建康出发西行。一路上，他风餐露宿，越过荒原，横穿沙漠，经由蜀道行至吐谷浑[1]，后进入芮芮[2]，抵达于阗。

佛教传入西域时，于阗最早出现寺院。东西方高僧往来于此，弘扬佛法。众多佛教典籍、造像和舍利圣物等，也由此传布西域、远播中原，于阗也成了中原地区僧徒心中的佛教圣地。

法献到达于阗后，想跨越葱岭（今帕米尔高原）去往天竺。但葱岭上的悬绳和梯道都毁于战火，交通断绝，阻挡了他继续西行的脚步。

此时，乌苌国监护佛牙的胡僧通过非常渠道，将佛牙舍利带到了于阗。乌苌国丢失佛牙，举国震惊，四处追查。消息传到于阗后，胡僧不敢继续藏匿佛牙，便将其托付给了正在于阗的法献。法献获得佛牙后，大喜过望，深感不虚此行。他将其带回建康，秘藏15年，临终时才将佛牙献出，供奉于上定林寺舍利阁，广受四方佛徒朝拜。

几 经辗转入燕京

南朝梁武帝普通三年（522）正月的一天夜里，有几人手持棍棒来到上定林寺，称临川王萧宏的一个家奴逃跑，可能躲在上定林寺的舍利阁里。寺僧打开舍利阁让他们搜查，领头的人立即打开盒子，取出佛牙，礼拜三下，包起来便走，佛牙舍利自此下落不明。

[1] 3世纪末至7世纪中叶，以柴达木盆地为中心建立的政权，立国约380年，势力达到黄河上游、青海湖以西塔里木盆地东部地区，青海、甘南、四川西北属之。吐谷浑信奉佛教，长期与周边国家保持和平相处，特别是与南朝交好。

[2] 也作茹茹、蠕蠕、蝚蠕等，指柔然汗国，4世纪末崛起的以蒙古为中心的游牧民族政权，5世纪六七十年代征服西域广大地区，与北魏为敌，与南朝交好。

35年后，陈朝取代梁朝。永定元年（557），陈武帝宣布找到了这颗佛牙，并举行无遮大会（佛教布施僧俗的大斋会）。

隋朝统一全国后，佛牙舍利被迎请到大兴城（今陕西西安），献给隋文帝杨坚。隋文帝选派一位高僧专门看护佛牙。这颗被陈武帝和隋文帝供养过的佛牙，受到历代帝王重视。五代时期，朝代更替频繁，战乱不止，佛牙舍利经巴蜀（今四川）、洛阳、汴京（今河南开封）辗转来到真定（今河北正定）[1]，落入北汉僧人善慧手中。

北汉天会七年（963），鉴于北宋多次讨伐北汉，善慧携佛牙舍利至燕京（今北京）。在兵荒马乱的情况下，他找到一个沉香木匣安放佛牙舍利。盒上墨字题记“释迦佛灵牙舍利”“天会七年四月廿三日”“善慧书”和梵文经咒等数言。

辽咸雍七年（1071），宰相耶律仁先的母亲郑氏特地在燕京西山龙泉寺（今灵光寺）建造了一座招仙塔，为八角十三层密檐塔，并将这颗在历史上忽隐忽现、几经波折来到燕京的佛牙舍利封入塔基，秘密供奉起来。

历经战火得幸存

龙泉寺始建于唐大历年间，历经金代重修和明宣德三年（1428）的整修，至明成化十五年（1479）由皇家扩建并改名为灵光寺。

清光绪二十六年（1900），为抗击外国侵略者，义和团在灵光寺建起一个坛口，附近的青壮村民常来习拳练武。五月十五日，义和团烧毁西山多处外国人的避暑庄园。七月二十日，八国联军攻进北京，遭到义和团的顽强抵抗。由于八大处一带的义和团势力较强，八国联军先后派

[1] 后晋开运三年（946），契丹人攻入汴京，将舍利劫至真定（今河北正定）。

出部队前往“清剿”，但却收效甚微。八月二十四日，他们发现灵光寺与模式口三家店一带义和团人员聚集，立即派兵围攻，在翠微山下将炮口指向灵光寺，朝着坚守在寺内的义和团疯狂轰击。灵光寺千百年的建筑及辽代招仙塔，都在这次战火中化为一片瓦砾。

八国联军撤走后，灵光寺僧人回到已成废墟的寺院，在清理残毁的招仙塔时，从塔基下挖出一个石函，石函内置一沉香木盒，里面安放的正是善慧迎回的那颗佛牙舍利。这颗佛宝因深藏在塔基之下，才得以躲过炮火，安然无恙。从辽咸雍七年到清光绪二十六年（1071—1900），这颗在招仙塔中度过830年的佛牙舍利重现人间。

新建宝塔供佛牙

灵光寺住持海山立志重建毁于战火的灵光寺与招仙塔，但因年老体衰，便托付承恩寺僧人圣安主持。圣安从光绪二十七年（1901）起，历经20余年募得白银3.6万余两，共修建灵光寺殿宇廊舍70多间。遗憾的是，招仙塔没能重建成功。民国时期，社会动荡，佛牙舍利一直被灵光寺僧人深藏秘护。

1955年春，佛牙舍利由中国佛教协会迎到西四的广济寺，供奉在一座由故宫博物院调来的清乾隆时期所铸的七宝金塔内。此塔为纯金铸造，重153千克，上嵌珍珠和宝石数百颗，工艺精湛。

1957年，由中国佛教协会提议，经周恩来总理批准，以佛教的仪轨在灵光寺内原招仙塔的北面新建一座佛牙舍利塔，作为供奉佛宝的永久场所。

佛牙舍利塔于1958年6月2日奠基，历经6年建成。塔高51.32米，八角十三层密檐式塔身。佛牙舍利塔底层为暗室，周墙镶嵌石刻碑记和经文。室外绕以石梯，上达二层佛牙舍利堂，堂上还有六层空心塔室，分别供奉着全国各地佛教徒敬献的佛经、佛像和法器。塔顶之内供奉着尼泊尔国王赠送给我国的12颗释迦牟尼佛肉身舍利。

1964年6月24日，以七宝金塔供奉的佛牙舍利被迎请入塔，安置在佛牙舍利堂内的大理石金刚宝座上。四周环列小金塔八座。七宝金塔前的供桌上摆放着“乾隆五彩”瓷五供及八宝[1]。

灵光寺的佛牙舍利吸引了大量国内外佛教信众来此朝拜。为加强佛教文化交流，佛牙舍利曾多次赴缅甸、泰国、斯里兰卡等国，供当地信众瞻礼。1983年，佛牙舍利塔被国务院列为汉族地区佛教全国重点寺院。

（执笔：于冰）

[1] 五供：佛前供器，由双耳鼎炉、一对筒觚（gū）及一对蜡扦组成。八宝：法器，由圆框镂雕的轮、螺、伞、盖、花、罐、鱼、盘长组成，饰以粉彩，下连以莲花式托座。

玉兰飘香大觉寺

海淀区西北部的阳台山[1]麓，有一座佛教寺院。辽代始有记载，称清水院，明代改称大觉寺。这里殿宇雄奇，楼阁耸峙，林茂泉涌，寺内有一棵古玉兰，暮春时节，繁花竞放，如冰似雪，香气四溢，名冠京华。

千年续建成名寺

因寺南十五里有黑龙潭，并有清泉绕寺，故名清水院。寺内有一辽代古碑，刻有《阳台山清水院创造藏经记》，记载着辽咸雍四年（1068）捐资修葺僧舍和印刷《大藏经》的始末。“清水院者，幽都之胜概。跨燕然而独颖，侔东林而秀出。”整座寺院坐西朝东，山奇、林秀、泉清，不仅体现辽代契丹族崇拜太阳、以东为尊的朝日习俗，且在辽南京（今北京）众多佛寺中颇负盛名。

金明昌年间，章宗完颜璟在西山一带修建八座行宫，史称西山八院。清水院仍袭前朝旧名，为八院之一。金章宗在寺内修建龙潭，汇集寺外山泉。元代，受战乱破坏的清水院经修复后，改名灵泉佛寺。

明宣德初年，宣宗朱瞻基奉生母张太后的旨意，重修凋敝多年的前朝灵泉佛寺。此次大修将原有寺院建筑全部拆除重建，同时还修造了世

[1] 辽代前后一直写作“阳台山”，而“旸台山”的“旸”字写法，则始见于明宣德三年（1428）的《御制大觉寺碑》一文中。

尊、诸天等诸多佛像。宣德三年（1428）四月，寺院落成。重建后的寺院，殿堂门庑焕然一新，佛教造像庄严齐整，犹如西天仙境，宣宗赐名“大觉寺”。

正统十一年（1446），英宗朱祁镇命工部右侍郎督工修缮大觉寺。成化十四年（1478），宪宗朱见深秉承生母周太后的旨意，修缮寺内殿宇、廊庑、楼阁、僧舍、山门等。竣工后，周太后堂弟周吉祥被任命为僧录司右阐教[1]兼大觉寺住持。明代三次大修，奠定了大觉寺的殿宇格局和规模。

清康熙五十九年（1720），雍亲王胤禛大规模扩修大觉寺，增建四宜堂院，并亲题匾额。同时，他力荐迦陵禅师任大觉寺住持，开堂演法，刊印佛教典籍。胤禛自幼信佛，经常与迦陵禅师探讨佛法。胤禛即位后，迦陵忽然辞去大觉寺住持，悄然南行，于雍正四年（1726）秋在江西庐山归宗寺圆寂。雍正六年（1728），雍正帝赐其“圆通妙智大觉禅师”谥号，追封大清国师，在大觉寺南塔院敕建灵塔安放其灵骨。乾隆十二年（1747），乾隆帝出内帑翻修大觉寺，新建憩云轩和香积厨等建筑。他多次驾临此寺，留下许多御制诗文和匾额。

此后直至清末，清朝国力日渐衰微，无力大规模修葺西山寺庙，大觉寺也逐渐失去皇家寺院地位，成为文人雅士的游览胜地。

殿宇雄阔气势宏

大觉寺院落呈长方形，东西长约400米，南北宽约100米，占地近4万平方米。全寺大体呈中路、北路和南路布局。中路殿堂为寺院主体建筑，共五进院落，从山脚至山腰，依山势布列在自东向西的轴线上，

[1] 右阐教：官名，明洪武十五年（1382）在僧录司设左、右阐教二人，从六品。

依次为山门、钟鼓楼、天王殿、大雄宝殿、无量寿佛殿、大悲坛、龙王堂等。其中，天王殿、大雄宝殿、无量寿佛殿为明代木结构建筑。北路跨院为明清僧舍，主要包括方丈院、北玉兰院、香积厨等。南路跨院主要为清代皇帝行宫，是由四宜堂院、憩云轩及山石、泉瀑等组成的园林式建筑。

中路第一进院落主要有御碑亭、功德池、钟鼓楼和天王殿。钟楼内，明宣德五年（1430）铸造的大铜钟格外醒目。钟口直径1.3米，钟身铸满经文并雕有四大天王像，钟声浑厚纯美，可达数里之外。天王殿面阔三间，进深二间，灰筒瓦歇山顶，檐下饰有斗拱。殿内原供奉的弥勒佛坐像和四大天王像均已无存，现为新塑。

第二进院落的大雄宝殿是寺中最大佛殿，面阔五间，进深三间，琉璃瓦单檐歇山顶。屋顶四个檐角翘起，呈展翅欲飞之势；殿内顶部为井口式天花，中有盘龙藻井；殿堂斗拱装饰精美，青绿色彩绘依稀可见；大殿门额上悬复制的乾隆御笔“无去来处”九龙漆金匾，原匾相传于民国时期毁于军阀之手。殿内供奉明代阿弥陀佛、释迦牟尼佛、药师佛横三世佛像[1]；佛前香案各供有一组明代木制漆金八宝；三世佛南北两侧为二十诸天立像，或身着华美服饰，或手持法器，或多头多臂，雕造精美，神采各异。

第三进院落的无量寿佛殿，面阔五间，灰筒瓦歇山顶，殿内门窗菱花均为古钱式，做工精美。殿堂外檐正中悬挂乾隆帝御笔“动静等观”九龙漆金匾。殿内正中供奉一佛二菩萨，中间坐像为无量寿佛，两侧立像为观音和大势至菩萨，塑像均为木制漆金，身后带有背光，背光后墙有一组大型海岛观音壁塑。

第四进院落的大悲坛是一座二层建筑，为明清时寺庙的藏经处，也称藏经楼。院落北侧，有一块记载寺庙早期历史的辽代石碑。从大悲坛

[1] 横三世佛：中央释迦牟尼佛，东方药师佛，西方阿弥陀佛。纵三世佛：过去佛燃灯佛，现在佛释迦牟尼佛，未来佛弥勒佛。

北侧拾级而上，进入第五进院落，映入眼帘的是白塔、龙潭、龙王堂、领要亭等建筑。

白塔是一座与北海永安寺白塔外观相近的覆钵式藏传佛教建筑。塔高约15米，砖石结构，四方形塔基，八角形须弥塔座，上宽下窄圆形塔身，塔身四周雕有20条五爪龙。塔身上面为细长十三层相轮，塔顶饰有宝盖。此塔的建造年代及功用，目前尚无定论。

白塔南侧有一座六角攒尖的领要亭，伫立亭中，便可一览全寺风光。乾隆帝曾游览赋诗："山水之趣此领要，付与山僧阅小年。"亭外不远处，有一尊造型朴拙的辽代石狮，与辽碑一起见证着这座寺庙千年来的兴衰更替。

古树不计独玉兰

历史上，大觉寺不仅以佛教圣地声名远播，更以古树清泉、幽雅寂静的环境享誉京师。明清多位皇帝曾来此祈福赏景，题联赋诗。明英宗盛赞："其地灵泉涌溢，无间冬夏。"清雍正帝赋诗："翠微城外境，峰壑画图成。寺向云边出，人从树梢行。香台喧鸟语，禅室绕泉鸣。日午松荫转，钟传说偈声。"

清澈的山泉从龙潭流出，沿南北两条水路缓缓而下。北路出香积厨前的碧韵清池，汇入功德池；南路出憩云轩，顺山势呈三叠飞瀑状，经四宜堂院注入功德池。登高俯瞰，两道清泉蜿蜒曲折，犹如二龙戏珠。

寺内上百棵郁郁葱葱、姿态各异的参天古树与庄重古朴、风格独具的殿宇楼阁相互映衬，自然与人文景观浑然一体。古树以松柏为主，有老藤寄柏、鼠李寄柏等寄生奇观，还有500余年树龄的七叶树、楸树等珍贵树种。无量寿佛殿前有一株高30多米的银杏树，远超大殿顶部，浓荫可遮半院，六七人才能合围。据说此树建寺时就在，已逾千年，人称“白果王”。乾隆帝曾赋诗感慨这株银杏的雄壮：“古柯不计数人围，叶茂孙枝绿阴肥。”

四宜堂院内的一棵树龄已逾300年的古玉兰更是久负盛名，姿、色、香俱佳。相传这棵玉兰是迦陵禅师亲手种植，或是随他的灵柩从江西庐山移植而来。每年清明前后，花苞绽放、润泽如玉、满树晶莹，吸引着络绎不绝的游人流连忘返，文人墨客为之吟诗作赋。

清末诗画家溥心畬在古玉兰北侧的廊壁上，题有“山连三晋雨，花接九边春”“满天微雨湿朝云，木兰花发破愁新”等诗句。朱自清曾偕夫人与陈寅恪、俞平伯一同到大觉寺赏花，盛开的玉兰让他遐想无限，作诗盛赞像冲霄宝塔、森罗星斗、万支明烛。

著名学者季羡林曾多次到大觉寺赏花看景。1999年，他发表在《光明日报》上的《大觉寺》一文这样写道：“那一棵玉兰之王开得更是邪乎，满树繁花，累累垂垂，把树干树枝完全盖满，只见白花，不见青枝，全树几千朵花仿佛开成了一朵硕大无朋的白色大花。”不吝笔墨描写大觉寺玉兰的人还有很多，写古树名木的文人雅士亦有不少。这些古树漫长的树龄和它们背后的故事，为大觉寺增添了深厚的历史底蕴。

新中国成立后，大觉寺经过多次修缮，基本恢复明清时的建筑风貌。1992年4月10日，大觉寺正式对外开放。2006年，被列为全国重点文物保护单位。历经千年沧桑，大觉寺已从皇家专属寺院变为人民群众的游览胜地。

（执笔：于冰）

媲美敦煌的法海寺壁画

石景山区模式口翠微山南麓有一座法海寺，以彩绘壁画闻名于世。壁画出自明代宫廷画师之手，因其丰富的艺术题材和精湛的绘制技艺，被誉为“明代壁画之最”，在中国壁画史上占有重要地位。

明英宗钦赐“法海禅寺”

法海寺始建于明正统四年（1439）二月，由英宗朱祁镇身边的宠宦李童集资，工部修缮所的能工巧匠设计修建而成。

李童一生历经永乐至景泰五帝，任职御用监。明代御用监为宦官二十四衙门之一，主要职掌御用器物造办，管理武英殿书画，是较为重要的宦官机构。史书对李童其人记述甚少。根据明英宗时期礼部尚书胡濙撰写的《敕赐法海禅寺碑记》记载，李童自觉累蒙圣恩无以为报，所以建了这座佛寺，“愿藉佛力，少酬答焉”。他或许还有另一个不可言说的原因。宦官没有子嗣养老送终，死后被禁止葬入祖坟，他们便将寺庙作为年老出宫后的归宿，希冀光明无虞的来世。因此明代不少宦官热衷重修旧刹或兴建新寺，同时在附近预置墓地。李童死后就葬在法海寺一侧。

当时藏族僧人也参与了法海寺的修建。明成祖迁都北京后，对藏传佛教格鲁派（即黄教）比较重视。宣德年间，格鲁派主要人物宗喀巴的大弟子释迦也失进京，被封为大慈法王。释迦也失返回西藏后，他的大弟子等在京的藏族僧众参与营建了法海寺。因此，该寺的佛造像和壁画呈现出汉藏风格相融合的特点。

正统八年（1443）十月，工程竣工。寺院坐北朝南，沿中线依次是护法金刚殿、天王殿、大雄宝殿、药师殿、藏经阁，两侧对称还建有钟鼓楼等其他建筑。整座庙宇布局严谨、殿宇轩敞、装饰绚丽。明英宗钦赐“法海禅寺”匾额。

精妙绝伦的古刹壁画

法海寺最负盛名的是明代壁画，堪称镇寺之宝。与敦煌壁画、永乐宫壁画多出自民间艺人之手不同，法海寺壁画由宫廷画师创作而成。宛福清、王恕两名画士官和其他13名画士的名字，至今仍镌刻在寺门前的楞严经幢上。

壁画均藏于大雄宝殿内，前壁有《云气图》，东西两壁有《赴会图》，扇面墙后壁有《三大士图》，北壁有《帝释梵天礼佛护法图》。在这总面积236.7平方米的墙壁上，绘有佛祖、菩萨、天王、天女、信士、鬼怪、幼童等77个人物形象。这些壁画继承了唐代绘画、辽金壁画和南宋院体绘画的风格。

大殿北壁左右两侧的《帝释梵天礼佛护法图》，描绘了二十诸天（即护法神）参加佛会的生动场景。东侧由大梵天领衔的10位护法神加侍者共19身，西侧由帝释天领衔的10位护法神加侍者共17身。他们手持法器，体态各异，栩栩如生，井然有序。其中，南方增长天王手执宝剑，宝剑寓意为风；东方持国天王怀抱琵琶，琵琶寓意为调；北方多闻天王手擎雨幢，幢形如伞，寓意为雨；西方广目天王手中握蜃[1]，蜃与“顺”

[1] 蜃：据《本草纲目》记载，蛟之属，其状似蛇，有像龙一样的角。

《帝释梵天礼佛护法图》中的帝释天
（图片来源:《北京志・美术志》）

《帝释梵天礼佛护法图》中的大梵天
（图片来源:《北京志・美术志》）

发音接近。4种法器连在一起，即“风调雨顺”。壁画中还绘有狮子、豹子、狐狸等动物形象，纤毫毕见、惟妙惟肖、憨态可掬。

《三大士图》绘有观音菩萨、文殊菩萨和普贤菩萨。居中的观音菩萨是水月观音像，高达3米多。观音面容宁静慈祥，超凡出世，半跏趺坐[1]于礁岩之上，一手抵岩石山，一手自然地搁于右膝上，赤着双足，呈自然休息状态，温润丰腴的肌肤似有弹性。观音头戴宝冠，冠上有阿弥陀佛像，全身瓔珞珠串装饰有1400多个，身着透明薄纱。薄纱由云母材料绘制而成，散发着珍珠光泽，给人以朦胧灵动之感。纱上点缀六瓣小花，每朵由40余根金线勾画而成。面积不足0.7平方米的薄纱用了近2万笔绘制，线条细如蛛丝，质感薄如蝉翼，令人叹为观止。

法海寺壁画历经近600年的岁月洗礼，至今色彩如新，在国内现存的古壁画中并不多见。其主要原因，一方面是在颜料中使用了朱砂、石

[1] 半跏趺坐：佛教术语，坐法之一，又称半跏正坐、半跏坐等。

青、石绿、赭石等纯天然矿物质，相对比较稳定，不怕风吹日晒；另一方面，采用“叠晕烘染”上色技巧，有些部位上色多达7层，这种复杂工艺使得壁画色彩牢固，不易消褪。

宫廷画师们在甲胄法器、月轮勾边、宝冠宝扇、璎珞臂钏、衣袍纹饰等部位，大量运用了堆金、泥金、贴金、混金、描金、勾金、拨金等工艺。其中，贴金与沥粉工艺的配合应用尤为精妙，在突起的沥粉线上贴金箔，或是用金箔覆盖沥粉线包围的平面，营造出浮雕般立体效果的同时，使法海寺壁画呈现出一派辉煌绮丽、繁复考究的皇家气象。

关于法海寺壁画的历史价值和艺术价值，美术史界人士都给予很高评价。美术史论家、画家王伯敏在《中国绘画史》中指出:“明代寺庙壁画，流传至今的，南北各地都有。其中以北京法海寺的壁画，保存较好，制作亦精……法海寺的壁画，虽然是十五世纪中期的作品，但可以同敦煌的宋、元壁画媲美。”

一颗钉子引发的保护

1950年4月初，中华全国美术工作者协会组织美术家们到法海寺参观。大家沉醉于精美绝伦的壁画之中，突然有人吃惊地发现壁画中帝释天的身上竟然有一颗钉子。

4月9日，中央美术学院教授叶浅予来到法海寺，发现除壁画上有钉子外，一些塑像也遭到不同程度的损坏。他将这一情况报告给文化部文物局。局长郑振铎非常重视，致函北京市人民政府设法保护法海寺文物。

中央美术学院院长徐悲鸿得知法海寺壁画的现状后，十分心痛，立即上报文化部。4月18日，文化部部长沈雁冰签署公函，再次发给北京市人民政府，要求“请即查勘，并通知借驻部队加意爱护，已经钉的钉子就不用拔出，未钉死的轻轻的把它钉进去，以免拔出时再毁坏”。

原来在新中国成立之初，某部队曾驻扎在法海寺内。一个战士洗完衣服后，在大殿北墙壁上钉了几颗钉子，拉绳晾衣服。后经有关部门查看，大殿北墙共发现钉子眼七处，还有长达七尺的裂纹。“钉子事件”后，钉眼被修复，文物得到保护，驻守部队迁出法海寺。

1957年，法海寺被列为北京市古建文物保护单位；1988年，被列为全国重点文物保护单位。

（执笔：纪篦）

承恩寺的“三不”“五绝”

承恩寺位于京西古道模式口，地理位置显要。该寺坐北朝南，殿宇雄阔，碉楼耸峙，布局独特，是北京最神秘的寺庙之一。

温祥承恩建寺院

明正德元年（1506），武宗朱厚照登基，擢升潜邸内官温祥为司礼监太监。正德五年（1510），温祥因“竭诚辅佐，定乱发奸，参与谋议”有功，得到武宗重赏。为报皇恩，温祥请求建造承恩寺，取“圣恩承浩大”之意，武宗欣然应允。于是，温祥在今模式口一带买了四顷多土地，在唐代旧刹基础上开始建寺，并且在旁边建造茔地和祠堂等。

正德八年（1513），承恩寺建成。全寺建筑布局严谨、建造精良、宏丽壮观。该寺占地6000平方米，共计四进院落，呈“回”字形布局，依次为山门、天王殿、大殿、后殿。大殿东西两侧建有配殿、配房，院墙四角有瞭望碉楼，下有地道相通，是明清寺庙中罕见的建筑形式。

承恩寺颇受皇家重视。它不仅是由皇帝御批、司礼监太监温祥亲自督建的皇家工程，而且首任住持宗永是由皇帝亲自从大功德寺选定、主管宗教事务的僧录司左觉义。武宗还颁发敕谕，亲赐“敕赐承恩寺”匾额。温祥将这道敕谕刻碑立石，竖在大雄宝殿前，以示皇恩浩荡。同时，武宗又下旨，免除寺内人员杂役，还要求官员不得干预承恩寺大小事务，严禁侵盗庙产。这道圣旨现存于首都博物馆。

“三不”寺规藏玄机

承恩寺虽地处繁华闹市，但常年寺门紧闭，建寺500年来，始终坚持“三不”寺规，即不开庙门、不受香火、不做道场，笼罩着一层神秘的面纱。此举有违佛教常规，在寺庙中实属罕见。个中缘由，众说纷纭。

一说承恩寺是皇家专有寺庙，常人不得入内。明朝皇帝常去承恩寺礼佛，武宗、神宗两位皇帝登石景山时曾驻跸于此。明代文学家王思任在《游西山诸名胜记》中记载，该寺住持僧是光宗朱常洛的替身僧。清初文人怀应聘在《游西山记》中写道，神宗在寺内留有“龙座”等物。清朝皇室也经常前往祈祷拜佛，醇亲王、礼亲王等多次住在承恩寺。礼王府还将承恩寺作为家庙，在附近建有坟地。

另一说承恩寺是明朝特务机构在京城外的重要据点。承恩寺交通便利，皇亲国戚祭祖、文人墨客览胜、香客进香礼佛以及西山煤炭进京皆由此经过。这样的地理位置与“深山藏古寺”的惯例相悖，想静心修佛似乎有些难度，但搜集传送情报倒是很方便。明朝特务机构可以借寺庙为掩护，监视文武百官、三教九流的一举一动。相传，明万历年间，门头沟矿工要去紫禁城告御状，结果人还在路上，消息已经传到了宫里。承恩寺作为朝廷的情报据点，不受民间香火也不对外开庙门，就成了顺理成章的事。

“五绝”镇寺传后世

承恩寺以壁画、碉楼、钟鼓楼、人字柏、上马石“五绝”闻名。

天王殿六铺明朝壁画为“五绝”之首。壁画总面积约42平方米，东西山墙绘制龙形壁画共四铺，东山墙绘有黄龙、绿龙各一条，西山墙绘有青龙、白龙各一条。四条龙都是只有皇家才能使用的五爪龙，它们昂首凝视、怒目突睛，须髯戟张，盘旋于云天之中。后墙西侧一铺为《放生图》，在打着旗锣伞扇的侍女簇拥下，皇帝紧靠石桥栏杆，双手捧一花边平底水盆，将鱼虾蟹等放生。后墙东侧一铺为《放飞图》，皇帝右手平伸，掌中鸽子振翅欲飞，同时左手后伸，从皇后手中接取另一只鸽子。承恩寺壁画采用退晕着色技法，风格粗犷豪放、灵动自然，具有较高艺术价值。

承恩寺的第二绝是碉楼。碉楼石砌，敦实坚固、形制独特，十分罕见。碉楼原为三层，可登高望远、预警防卫。碉楼现仅存两层，底长12米，宽约9米，残高8.2米，墙体逐渐上收，底层墙壁厚达1.52米，周边是环形拱道，有石阶通往上一层。拱道环绕一间石室，面积约8平方米，顶为砖砌拱券。

钟鼓楼是承恩寺的第三绝。晨敲钟、暮击鼓是寺庙惯例。钟楼和鼓楼一般建在天王殿前，为两座单体建筑，而承恩寺在天王殿左右转角高处，修建起阁式钟鼓楼，可谓独树一帜。究其原因，可能与寺庙地理位置有关。承恩寺前临街、后靠山，平地建设空间较小，四角又起碉楼，若再在平地建钟鼓楼，整个布局势必显得拥挤局促。将钟鼓楼建在屋顶堪称绝妙，既节约了有限的平地建设空间，也与邻近殿堂及遍布寺院的银杏、松柏、碑刻等景观形成参差错落、高低呼应的层次效果，起到了调节建筑节奏感和韵律感的作用。

承恩寺中轴线最北端有第四绝——人字柏。它挺立在寺后操场北墙根，高八九米，粗约一人合抱，枝干遒劲，下部呈“人”字形。杈间跨度约0.67米，高度有1.5米，树龄300年以上。人字柏是把幼柏的根部劈开后种下，成活率极低，全国只有故宫、中南海等几处有这种奇树。

承恩寺的第五绝是上马石。承恩寺对香客大门紧闭，却经常对皇亲国戚、达官显贵迎来送往，故山门外比寻常寺院多了两块上马石。

2006年5月，承恩寺被列为第六批全国重点文物保护单位。2010年，承恩寺引进“燕京八绝”，成为北京市第一家展示宫廷艺术和体验宫廷技艺的非遗博物馆。

（执笔：王羚）

弘扬儒家道统的晏公祠

明正德七年（1512），宦官晏宏“为身后计”，在西山建造了一座庙宇。不同于当时其他宦官建庙的“非佛即道”，他建的是一座尊崇儒家思想的“道统庙”，还在庙中刻下了一首岳飞的《满江红》。

西山建庙　延续身后香火

晏宏，字约之，别号東斋，生于明天顺七年（1463），湖广人。幼年因家乡发生大饥荒，不得已入宫为宦，稍长被派往东宫侍奉太子朱祐樘。孝宗朱祐樘即位后，晏宏升至太监，赐蟒衣玉带、内府骑马，掌管京、通仓储。晏宏是明代贤良宦官的代表，嘉靖时镇守陕西，修身重道，为世人所称颂。他崇尚儒学文教，编刻《通鉴纲目》《小学》等书。晏宏死后，时任南京吏部尚书严嵩曾为他撰写墓志铭。

明弘治十八年（1505），孝宗去世，晏宏自请守陵三年，之后多年闭门谢客、静心养病。正德七年（1512），晏宏在万安山法海寺以北建造了一座庙宇，名为道统庙，俗称晏公祠。晏公祠的主殿在清康熙年间重修时改称地藏殿，晏公祠也改名地藏庵。

晏公祠现存建筑及遗址在布局上分为三路。中路为主体建筑地藏殿。地藏殿坐北朝南，面阔三间，居中一间开门，左右两间各开一窗，殿壁用暗红色岩石及青石砌筑而成，四壁保存基本完整。殿外西侧有石龟一具。殿前原有石殿一具，名为道统香火殿，现存北京石刻艺术博物馆。

东路两处建筑为祠堂和停云岩石洞。祠堂即《帝京景物略》记载的“东堂三楹”，现仅存遗址。停云岩在地藏殿东偏北方向，是一个坐北朝南的拱券顶石洞，面阔三间，居中一间与左右两间以石券门相通。中洞门额题“停云岩”，右洞门额题“三省斋”，左洞门额题“四知室”。东边窗户上方刻有“邀月洞”三字。

西路建筑位于地藏殿西侧，现存房舍一处，其西南不远处有水井一口、刻石一块。刻石内容已残缺不全，尾题“大明正德壬申孟秋束斋书”。经专家考证，西路建筑应为生活居住区。

明代宦官在北京西山一带修庙非常普遍，嘉靖时期的太子太保、兵部尚书王廷相有诗云：“西山三百七十寺，正德年中内臣作。”宦官们修建寺庙的同时，大多在寺庙周围购置墓地、建造祠堂，以保后世香火不

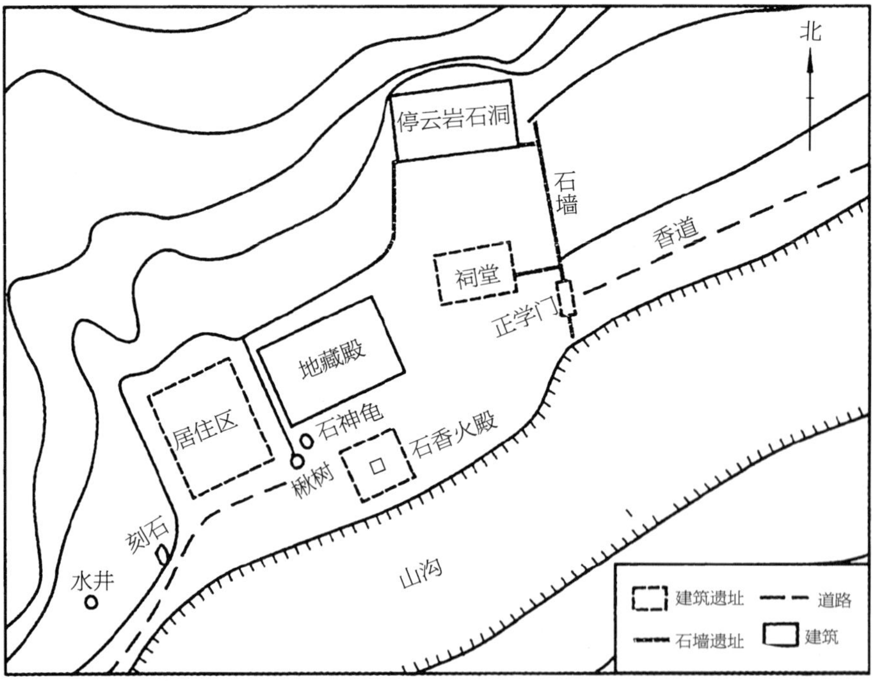

晏公祠建筑布局图（岳升阳　绘制）

断。晏公祠的“东堂三楹”是晏宏的祠堂，或曰享堂。停云岩则是他生前营建的墓地，中室用于停放棺椁，左右耳室用于安放随葬品。从功能上看，这里就是晏宏所建的墓室无疑。

供奉先贤　弘扬儒家道统

明末《酌中志》记载，宦官最信因果，多奉佛教，坟地都在寺庙周围。唯有太监晏宏，不知是什么来历，他在西山的坟地不供奉佛像，只是以石造庙，镌刻古来贤孝典故，用以劝导教化世人。晏宏和大多数宦官一样要“为身后计”，但他修建的既不是佛寺，也不是道观，而是一座供奉儒家先贤的“道统庙”，可谓别具一格。

地藏殿门右壁有晏宏所作序文，记载了道统庙的修建缘由。晏宏在闲居期间，偶然得到一些古圣贤图像，后又辗转得到《道统书》三册，于是他在这些资料基础上，重新绘制圣贤图像，并标注其姓名事迹。之后，他选择环境优美的西山建造庙宇，供奉历代圣贤，向世间昭示道统源流。

道统庙正殿石龛内，曾供奉古代圣贤石像。《帝京景物略》记载，正殿中央供奉着“三皇、五帝、三王”。“三皇”即燧人氏、伏羲氏、神农氏[1]，“五帝”即黄帝、颛顼、帝喾、唐尧、虞舜，“三王”指分别开创夏、商、周王朝的夏禹、商汤、周武王。左侧石像为“周、召、孔、孟”诸位圣贤，即周公旦、召公奭、孔子、孟子。右侧石像为“周、程、张、朱”四家大儒，即宋代理学代表人物周敦颐，程颐、程颢兄弟，张载，朱熹。此外，根据《长安客话》记载，宋代李侗，元代许衡、吴澄等理学家也曾列像其中。除石像龛以外，殿内还有五经龛，用以收藏《诗经》

[1] 一说伏羲氏、女娲氏、神农氏。

《尚书》《礼记》《周易》《春秋》这些儒家经典。

地藏殿内外、停云岩石壁等处，都刻有大量体现儒家思想的文字。这些文字出自南宋《皇王大纪》《书集传》和明代《性理大全书》等理学著作，表达了儒家格物、致知、诚意、正心、修身、齐家、治国、平天下的理念。

地藏殿外壁原刻有周公的生平事迹，门口两壁还刻有“鸣球”“琴瑟”“鼗鼓”“笙”“镛”等古代乐器图案，每种乐器图案旁边都有相应文字说明。礼乐文化是儒家思想的重要内容。周公制礼作乐，建立了我国历史上第一个较为明确完备的宫廷雅乐体系，奠定了历代统治者遵循沿袭的政治文化制度。晏宏在道统庙正殿门口刻写礼乐文字，体现了对儒家礼乐制度的推崇。

晏宏尊崇儒家道统，深受明代理学思想的影响。明朝以理学为正统，科举考试中有关四书五经的命题，主要出自理学大家程颐、程颢和朱熹的注疏。同时，朝廷允许宦官学习文化知识，有教官入内廷教学，并专门开设内书堂教授四书五经。明朝首开“内府刻书”先河，由司礼监经厂负责宫廷刻书，为宦官接触理学提供了方便。因此，晏宏营建道统庙，并在石壁上刻写儒家教化文字，与他修习儒学、编刻书籍的经历是密不可分的。

石壁刻词　抒臆壮怀悲切

在停云岩正室神龛处的石壁上，刻有岳飞的《满江红·怒发冲冠》。晏宏作为一名宦官，为什么要在自己的墓室内刻上《满江红》？这与他担任镇守内官的经历有关。

内官出镇边地，始于明成祖朱棣，是明代边镇统制和军事制度上的一个独特现象。明仁宗朱高炽正式设置镇守内官一职。镇守内官与镇守总兵、巡抚都御史通称镇巡官，俗称“三堂”。正德年间，一些内官在地方为非作歹，造成极为恶劣的影响。嘉靖帝即位当年，“九边”[1]镇守内官全部以罪下狱。在此背景下，晏宏于嘉靖元年（1522）被重新起用，担任御马监太监，出镇陕西，结束了闭门养病的生活。

当时，东蒙古部落鞑靼时常侵扰河套地区，百姓苦不堪言，而明朝军政却每况愈下，陕西更是边备废弛，军心不振。随着文官势力的壮大，巡抚都御史在边关“三堂”中逐渐占据主导地位，镇守内官发挥的作用十分有限。

尽管如此，边关不安，镇守内官还是难辞其咎。晏宏在陕西的十年间，“三堂”多次遭到御史弹劾，原因都是抵御鞑靼不力。御史在痛斥边将“丧师辱国”的同时，也指责晏宏等内臣、文官“覆将败军”。嘉靖十年（1531），晏宏被调离陕西，擢升南京守备太监，朝廷随后撤销了陕西镇守内官一职[2]。

镇守陕西期间，晏宏恪尽职守。他曾立下军功，停云岩“三省斋”北壁有晏宏和时任总兵郑卿为嘉靖六年（1527）六月大捷会题的报捷文书，还有皇帝的奖励敕文。除了军政事务，晏宏也参与地方事务。他曾协助督修咸阳渭河石堤，还在陕西省城西安改建了一座道统庙，时人对他评价很高。明嘉靖年间刑部尚书郑晓编纂的《今言》说：“镇守陕西晏宏，河南吕宪，皆忠良廉靖，缙绅所不及也。”工部尚书雷礼编纂的《国朝列卿纪》也称：“时同事者荐陕西太监晏宏之贤，以卓异称之。”

虽离开边关，但鞑靼之患未除，晏宏难免心有不甘。当时，岳飞《满江红》一词在民间广为流传，其壮怀激烈、慷慨悲愤的基调，正好呼

[1] 包括辽东、蓟州、宣府、大同、山西、陕西、延绥、宁夏和甘肃。

[2] 这一年，除陕西外，蓟镇、山西、浙江、两广、湖广、福建、四川等地镇守内官也相继革除。嘉靖十八年（1539），除南京、凤阳等地守备太监外，全国范围内镇守、分守内官全部被裁革，镇守内官制度至此终结。

应了晏宏对鞑靼的痛恨和对现实的无奈。在去往南京任职之前，晏宏曾于当年五月回了一趟北京。可能就是这个时候，他在晏公祠停云岩的石壁上刻下了这首《满江红》，可以说是“借他人之酒杯，浇心中之块垒”。

（执笔：林玉琳）

堪称宦官博物馆的田义墓

石景山区模式口大街路北，有一座明万历年间修建的大墓。墓主人是侍奉过世宗、穆宗、神宗三位皇帝的太监田义，他生前圣宠不倦，死后极尽哀荣。明清一些太监仰慕其品行，离世后也葬在田义墓周围，逐渐形成一个太监墓群。

入宫为宦屡升迁

田义是陕西华阴人，8岁净身入宫，因聪慧过人，被送到宦官接受教育的内书堂读书。隆庆年间，升司礼监六科廊掌司，管理内外章疏和内官档案。虽然历朝历代对宦官势力予以严格限制，但仍出现了诸如赵高、高力士、童贯等一批乱政权阉。特别是到明代，宦官深得皇帝信任，被委以重任。

明神宗朱翊钧即位后，为培植亲信，留心考查身边宦官内侍。他发现田义为人质朴恭谨，可堪大用，遂将其提拔为文书房管事。文书房隶属司礼监，掌“百司封章”与“出入纶命”，是明朝设置的主管收发章奏题本、传达圣旨御批的内廷机构。明中期后，供职文书房成为宦官晋升重要职务的必备经历。《明史》称：“凡升司礼者，必由文书房出，如外廷之詹（事府）、翰（林院）也。”

田义在文书房做事小心谨慎，得到神宗器重，不久升任内官监太监。

明代内廷设十二监，掌管各监事务的宦官称为太监，官居四品。内官监曾经是十二监首监，后来地位仅次于司礼监。

南京是明朝的留都，称应天府，神宗视其为国家根本重地，一向安排心腹得力之人坐镇管辖。万历十一年（1583），他升田义为南京副守备，以南京司礼监太监掌内官监印，协助守备新建伯王承勋处理南京军政大事。三年后，田义转正守备兼掌南京司礼监印。任职南京的六年间，田义与当地官员同心协力，操练兵马，抚恤百姓、缉拿盗贼、整修城池、保护孝陵，没有辜负皇帝委以的重任。

万历十七年（1589），神宗特召田义回京师，"入司礼监随堂办事，寻管本监事，总理中外文书，提督教习兼督礼仪房[1]"。此后，又陆续掌司苑局[2]印、巾帽局[3]印。万历二十四年（1596），田义掌司礼监印兼掌酒醋面局[4]印，总提督礼仪房，达到个人权力的巅峰。

维护皇权宠信重

田义贞介忠诚、办事周密、练达老成，颇有大臣之风，深受皇帝的信任和器重。

万历十年（1582），永寿王府辅国中尉怀墉"逆恶乱常，大违祖训"，审理后发往安徽凤阳高墙圈禁。凤阳高墙是专门禁锢明朝犯罪宗室子弟的特殊监狱。由于怀墉素来嚣张跋扈，神宗恐怕去凤阳的路上出现闪失，便把押解重任交给办事谨慎周全的田义，并颁给他一道圣旨，提醒他万万不可疏忽大意，若途中怀墉患病或发生意外情况，允许他不用请示，

[1] 礼仪房：掌选婚、选驸马、诞育皇室子女、选择乳妇等吉礼。

[2] 司苑局：掌宫中所需蔬菜、瓜果。

[3] 巾帽局：掌造宫中内使帽靴、驸马冠靴及藩王诸旗尉帽靴。

[4] 酒醋面局：掌管宫廷食用酒醋、粮酱、面豆等物。

自行斟酌处理。田义不负圣命，一路对怀墉严加看管，顺利将他押解至凤阳。

万历二十四年（1596），紫禁城内的乾清宫和坤宁宫失火。烧毁的宫殿需要修缮，但此时国库几乎已被庞大的军费消耗殆尽。于是，神宗决定加征矿税。明代，矿税不通过官府行政系统征收，而是由皇帝直接派宦官担任矿监税使，到全国各地寻矿收税，所得直接进入皇帝内库。这些人横征暴敛、中饱私囊，引起朝中大臣和各地百姓的深恶痛绝。

万历二十六年（1598），为政清廉的江西南康（今赣州）知府吴宝秀由于得罪了湖口矿监税使李道，被李道弹劾犯下“抗旨匿税”的死罪。朝廷大臣知道吴宝秀蒙冤，纷纷上书为其申辩，但内阁慑于皇权威严，不敢将奏折上报，即便有个别奏折送至御前，也被留中不发。众臣万般无奈，只好把一丝希望寄托到田义身上。田义了解案情后，把奏折一一汇集起来面呈神宗。神宗勃然大怒，一把将奏折摔在地上。田义处变不惊，从容捡起奏折，双膝跪地再次呈上，说道：“阁臣们都在朝门外跪着等候。陛下若不处理，他们就不会退去。”神宗担心事态扩大，在田义的一再坚持下，渐渐平息了怒气，将奏折拿来批阅。最终，吴宝秀被释放，贬为庶民，李道被撤换。

万历三十年（1602）二月的一天，身患重病的神宗自觉时日无多，开始安排后事。他召见内阁首辅沈一贯单独入启祥宫后殿西暖阁，命他起草诏书废止矿税，释放因反对矿税而被捕入狱的官员。次日，神宗病情忽然好转，又后悔不该废止矿税，便前前后后派了20多名文书房宦官去内阁，找沈一贯取回诏书。田义深知矿税危害深重，极力劝谏神宗不要收回诏书。神宗不听劝告，暴怒之下拔出宝剑直指田义，田义毫无惧色。而此时，沈一贯迫于皇帝压力，无奈将诏书交了回去。神宗见诏书已被追回，又顾念田义侍奉多年、勤勉有加，最终剑下留情，不予深究。

事后，田义遇到沈一贯，一口唾沫吐到他脸上，愤然说道：“大人只要稍微坚持一下，矿税就废止了，有什么可惧怕的！”田义尽管身为宦官，但深明大义，敢于直言劝谏，实属难得。

由于田义忠君事主、恭谨勤勉，多次受到皇帝的隆遇和恩赐。万历十四年（1586），神宗将他的禄米增至二品官才有的600余石。万历十七年（1589），赐他只有重臣才能穿的“坐蟒”蟒衣，并准许他在皇家禁地骑马。万历二十一年（1593），又准许他在内府可坐杌凳。万历三十三年（1605），掌司礼监印长达10年之久的田义病故。神宗闻此消息，十分悲痛，“赉以白金、宝钞，赐祭三坛，给东园秘器[1]，命将作穿冢以葬”，可见对田义的宠信之厚、礼遇之高。

墓制豪奢规格高

田义墓坐北朝南，分左右两部分，西边是显德祠和墓区，东边是慈祥庵，占地面积6000平方米。显德祠、墓区呈南北布局，四周有石墙围护。南辟神道门，为砖石结构，硬山卷棚式顶，石额为“司礼监掌印太监田公神道”。显德祠进门有华表、石翁仲[2]各一对。华表为汉白玉雕刻，高7米有余。石翁仲为青石雕刻，高近3米，文东武西相向站立神路两侧。大门往北20米是一座棂星门[3]，两柱四屏墙，前后均有浮雕，阳面两幅为《雄狮图》，阴面两幅为《双鹿图》。两柱上各有一只石狮，中间装饰火焰宝珠。

棂星门以北是三座碑亭，均为砖石结构。中亭呈八角形，上为圆形重檐攒尖顶，四面各留一座石券拱门。东西两亭呈方形，上为方形重檐歇山顶，南北各开一座石券拱门，东西两面是封闭式拱券石窗。东亭内石碑刻

[1] 东园秘器指皇室、显宦死后用的棺材。

[2] 石翁仲指古代帝王或大臣墓前的石人像，也称石像生。

[3] 棂星门是中国传统古建筑名，多建于文庙和大型墓地。

有《皇明司礼监掌印太监渭川田公墓碑铭》，历述田义生平、所任官职及享受的荣宠待遇。中亭内石碑刻着神宗敕谕田义为南京副守备的圣旨全文。西亭内石碑刻着神宗赐给田义那道押解怀埔至凤阳高墙的圣旨全文。明代，碑亭一般为亲王墓规制，田义墓中出现碑亭，正如东亭内墓碑铭所写“创树享堂碑亭，盖异数也”。

碑亭北侧是享堂遗址，原是祭祀墓主之处，今已无存。根据1958年文物普查资料，享堂面阔三间，石门石窗，石额镌刻“敕赐显德祠”5个大字。石祭台上陈列石五供。祭台后即为墓区。

田义墓墓碑高4.1米，碑额篆书“皇明”二字，墓碑刻“司礼监掌印太监兼掌酒醋面局印渭川讳田公之墓”，四周雕龙，两侧为仰龙，凸显出墓主人生前的显赫地位。

后世有太监仰慕田义人品气节，以能葬在他的墓旁为荣，先后有5名太监葬于此地，逐渐形成一个太监墓群。其中一个墓主是深得康熙帝宠幸的慈有方。康熙十一年（1672），他将私产捐出，在田义墓东侧建慈祥庵，用于祭祀和守护墓地。

田义墓是我国目前保存较完整、规制较高的宦官墓。1998年，在田义墓的基础上建成宦官文化陈列馆，通过文字、图片、实物等形式，展示宦官制度的产生、发展和消亡。2001年，田义墓被公布为北京市文物保护单位。

（执笔：纪箟、王美扬）

“燕都第一仙山”石景山

石景山位于北京西郊浅山地带、永定河东岸，现首钢厂区西北角。明清时期，该山“东临帝阙，西濒浑河”，山上寺庙众多，为佛、道两家传教之所，鼎盛一时，被誉为“燕都第一仙山”。

仙山之名有几多

石景山历史上曾有石经山、小石经山、石径山、湿经山等称谓，也曾被后人误认为是北魏郦道元《水经注》中记载的梁山。《水经注》中记载，车箱渠的北面有梁山。经过专家实地考察，今天的石景山在车箱渠以南，而车箱渠以北的梁山只能是今天的四平山。

隋唐时期，因山上刻有石经，故得名石经山。金代曾称石经山为“小石经山”，与云居寺所在的石经山相对。房山云居寺内刻于金熙宗天眷三年（1140）的《佛本菩萨行集经》题记写道：“《大方便佛报恩经》七卷……京西三十里小石经（山）亦有，是卢沟河东垠。”符合这一地理位置的只有今石景山。今天南天门以北的摩崖石刻尚有“石经山”三字依稀可辨。

以石经山为基础，后世衍生出多个读音相近的名称。《元史》记载，大德六年（1302）四月，修卢沟上流石径山河堤。延祐三年（1316）三月，中书省提出维修浑河堤防，上自石径山金口，下至武清县界旧堤，长计三百四十八里。元代的“石径山”与“石经山”一字之差，但“径”与“经”同音异调，字义相通，字形相似，两名常常混用。

明代出现了石经山、石径山、湿经山、石景山几个名称并用的情况。“石景山”一名最早见于《明英宗实录》:“正统三年十二月乙卯，以葬卫恭王遣官祭右景山之神。”“右”，当为字形相近的“石”字之误。由此算来，至今已有580余年历史。石景山天宫寺内，明万历四十八年（1620）所刻《重建石景山天主宫碑记》中提道:“神京之西四十里许，山曰石经，又云湿经，亦名石景，惟山雄峙一方，高接云汉，钟灵秀之气，郁造物之英，真为燕都之第一仙山也。”石景山海拔只有183.7米，但它傲然孤立，给人以挺拔峻峭之感。此后，石景山便有了“燕都第一仙山”之称。

崇祯年间《帝京景物略》已列出“石景山”条目，一直沿用至今，并派生出政区名、道路名等。

佛道共存在庙阁

石景山上佛、道遗迹众多，主要集中在山体南麓。佛教遗迹多在西侧，呈北高南低的建筑格局；道教遗迹多在东侧，随山体走势由东南而向西北，逐渐上升。

金阁寺建于石景山的最高处，是山上最早的寺庙。寺内有玉皇殿、回香殿、金阁寺塔等建筑。唐武德年间玉皇殿就已建成。唐代，石景山地处幽州境内，相传金阁寺建造的出资人是幽州节度使刘济或他的第二子刘总。刘济出任幽州节度使期间，承袭其父刘怦的政策，注意吸取安史之乱的教训，广垦田，节用度，兴寺庙。回香殿内的孔雀洞，因刘总弑父杀兄的夺权行为与佛教史上的孔雀明王如出一辙，从而得名。

明正德年间，宦官钱宁在金阁寺之东建起碧霞元君庙，又引武宗朱厚照游幸石景山。钱宁作为皇帝近侍太监，深得朱厚照宠信，赐国姓，改称朱宁。正德十二年（1517）五月，朱宁又在金阁寺原址修建石径山寺。世宗朱厚熜即位后，改年号为嘉靖。嘉靖元年（1522）二月，因厌恶钱宁引诱皇帝沉迷享乐而荒废政务的恶劣行径，朱厚熜命官员前往石景山拆毁碧霞元君庙，并处死钱宁，剥夺其国姓。

明万历年间，碧霞元君庙与石径山寺都得到重修。建成后的石径山寺改名为净土寺。重修后的碧霞元君庙由元君殿、天空寺、碧霞元君祠三部分组成，虽不如正德年间所建的气派与华丽，但背风向阳，占据着山上中心点的位置，是石景山上保存最完整的古代建筑群。

帝王登山欲治河

历史上，永定河水患频发，直接危及京畿安全。石景山不仅毗邻京城、景色秀丽，而且山上视野开阔，观测永定河水势位置极佳。明清两代先后有4位皇帝登临石景山，察水势，赏盛景。

《明武宗实录》记载："正德十二年（1517）五月，上微行至石径山，经玉泉亭数日乃还。"明万历初年，神宗朱翊钧登石景山观浑河水势，并御书"灵根古柏"刻于山南大石上，该石至今保存完好。万历十六年（1588）九月十七日，神宗再次驾幸石景山，观浑河水势，并询问随行人员水的流向。大臣对奏：浑河水从大漠来，经居庸关入京师，流至天津归于大海。神宗看着湍急的水势，感叹水势浩大，不禁想到黄河水患，联想到京师有可能面临水灾，马上命令河臣加紧修固堤岸。他还命5位名臣赋诗以记录这次登山观河之行。

清代，康熙帝也曾多次登石景山观浑河水势。康熙十七年（1678）五月，他登上石景山东望京城，西观浑河，留下三首御制诗。其中，《石景山东望》一诗抒发了思接千古的帝王情怀：

车书混一业无穷，井邑山川今古同。
地镇崚嶒标异秀，凤城遥在白云中。

《石景山望浑河》一诗则集中描写了浑河的奔腾浩荡：

石景遥连汉，浑河似带流。
沧波日滚滚，浩淼接皇州。

康熙帝看着涛澜汹涌的浑河，联想到祸及百姓、殃及京城的水患，感慨良多。之后，他为根治浑河作出一系列筹划部署，终于在康熙三十七年（1698）完成对浑河的大规模治理，并赐名永定河。

历史匆匆走过，如今的石景山依然默默矗立在永定河畔，不仅倾诉着它过往的兴衰岁月，更见证着首都北京的繁荣昌盛。

（执笔：于冰）

驼铃古道
人杰地灵

京西香道客辐辏

北京西山，层峦叠翠，风景秀丽，令人流连忘返。这里寺庙众多、人文荟萃，是京畿一带信众崇道礼佛、进香祈福的神山圣地，吸引着众多南来北往的香客、商贾云集于此，至今仍遗存的进香古道，见证着昔日这里繁盛的香火、兴隆的庙会。

特色独具的京西庙会

庙会，亦称庙市，指的是人们在寺庙附近聚会，进行祭神、娱乐、买卖等活动。北京地区的庙会大约起于辽金，有准确记载的以元代白云观的燕九节[1]最早。明代，庙会普遍兴起，清代进一步发展。京西一带主要以潭柘寺、戒台寺、妙峰山、九龙山和百花山为中心，形成了隆重热闹的庙会活动。

潭柘寺是佛教传入北京地区后最早修建的寺庙，有“京都第一寺”之称。相传，金皇统元年（1141），熙宗完颜亶到潭柘寺进香礼佛并拨款对其进行整修扩建。后经历代皇帝争相效仿，潭柘寺香火愈加旺盛，逐渐发展成为北京地区规模最大的一座皇家寺院，也是京城附近的礼佛

[1] 白云观是道教全真教的祖庭，丘处机的诞辰是正月十九，白云观于每年正月十九开庙，游人“烧香，纵情宴玩”，叫作燕九节。根据丘处机丧事，第一个燕九节应不早于南宋绍定二年（1229）。

圣地。潭柘寺的莲池圣会、观佛蛇等庙会久负盛名。明《宛署杂记》记载，潭柘寺里有两条青蛇，因为经常见人，逐渐变得毫不惧怕。它们每年都在四月初八佛祖诞生的日子出现，寺里的僧人就将其放在盒子里饲养起来。事情传到京城后，人们都认为这是神蛇，纷纷前来施舍钱财，用手抚摸蛇身以祈求免灾。施舍者越来越多，僧人因此变得富有。这样的故事不免夸张，却也真实地反映了民间信仰的虔诚与广泛。

戒台寺因建有中国最大的佛教戒坛，被誉为“天下第一坛”。明代，这里经常举办晾经圣会、开坛演戒等庙会活动，吸引着四面八方的僧侣、信众来此朝佛进香。明《宛署杂记》记载：“十二日耍戒坛，冠盖相望，绮丽夺目，以故经行之处，一遇山坳水曲，必有茶篷酒肆，杂以妓乐，绿树红裙，人声笙歌，如装如应，从远望之，盖宛然图画云。”

妙峰山上建有释、道、儒、俗不同信仰的14座殿宇。从明崇祯年间开始，“莲花金顶妙峰山”的碧霞元君信仰日渐兴盛，庙会香火也在晚清达到鼎盛。这里的庙会香火分为春秋两季，以春香为主。北京乃至华北地区的信众一度将每年四月间到妙峰山朝顶进香视为头等大事。其中，北京、天津的香客最多，保定、张家口等周边市县的亦不少，甚至远到东三省、云贵川地区。清代《燕京岁时记》称妙峰山“香火之繁，实可甲于天下矣”。

九龙山附近煤窑众多，窑工大多信奉道教，将九天玄女娘娘视为行业保护神。娘娘庙，又叫圣母元后庙，由附近煤窑的窑主和窑工们共同集资修建。每逢五月初一，当地窑工、村民以及开煤窑的商人，会聚娘娘庙进香祈福、护佑平安，并进行形式多样的民俗表演，比过年还要热闹几分。

庙会期间，前往寺庙进香的香客络绎不绝。他们当中大多数是贫苦百姓，怀着消灾祈福、解忧脱困的愿望，同时也不乏游览山水、观演娱乐的目的。烧香还愿逛庙会，成为他们借助神佛之力化解艰难困苦的精神寄托和调剂窘迫生活的心灵释放。

四通八达的进香古道

前往深山庙宇的香道，伴随着香客进香而逐步形成，辐射四面八方。每到庙会期间，香道上更是“人烟辐辏，车马喧阗。夜间灯火之繁，灿如列宿”。

潭柘寺和戒台寺相距约11公里。从城内到两座寺院进香的道路有两条，分别是芦潭古道和庞潭古道，都是先到戒台寺，后到潭柘寺。由于历史悠久、信众广布，这两条香道较其他地方形成较早、规格较高，全部用石块铺砌，宽敞平整，可行车马。

妙峰山进香古道有北道、中北道、中道、中南道、南道、岭西道6条。其中，中道距离最近，南道距离最远。因南道山景最为幽盛，人们朝山进香时往往舍近求远，以便观赏风景。中北道由于平坦整洁，行走的香客最多。其余道路平时人烟相对稀少，只有庙会期间这里的宁静才被打破，变得人流如织，热闹非凡。

九龙山海拔不高，山势也不险峻，从四面八方都可上山，其香道有西平岭道、中平岭道、东平岭道三条，坡度较缓，以土路居多。

此外，去往百花山的香道主要有马栏道、清水道、黄塔道、山南道4条。现在只有清水道田寺村以上路段依稀可辨，其余皆消逝在了历史的烟尘之中。

京西主要香道路径一览表

进香地点	香道	沿途路线
潭柘寺 戒台寺	芦潭古道	沟桥—长辛店—石佛村—戒台寺—鲁家滩—南辛房—平原村—潭柘寺一线
	庞潭古道	石景山庞村渡口—卧龙岗—栗园庄—石门营—苛萝坨村一线，之后越过西峰岭，与芦潭古道会合，抵达潭柘寺

续表

进香地点	香道	沿途路线
妙峰山	北道	聂各庄—车耳营—贵子港一线
	中北道	北安河—涧沟村—灵官殿一线
	中道	大觉寺—栗子台—寨儿峪—上平台—萝卜地—涧沟村一线
	中南道	灰峪村—大石子茶棚—涧沟村一线
	南道	三家店—樱桃沟—南庄子—涧沟村一线
	岭西道	下苇甸—上苇甸—灵官殿一线
九龙山	西平岭道	东辛房—西辛房—门头口—东店—香儿窑桥东一线
	中平岭道	西龙门—门头口—龙凤坡—九龙山一线
	东平岭道	龙泉务—琉璃渠南山—九龙山一线
百花山	马栏道	斋堂—马栏村—百花山顶一线
	清水道	清水—田寺村—百花山盛泉岩一线
	黄塔道	塔河口—黄塔—黄安坨—百花山顶一线
	山南道	杨林水—秋林铺—百花山顶一线

职责分明的文会、武会

香客进献香火、祈求护佑的进香活动，促进了各种香会的发展。在虔诚的香客心中，能够以自己的苦行善行，完成一次朝圣，心中的幸福感是无可比拟的，其中最为普遍的一种方式就是尽己所能为他人提供帮助。这样的“义工”以香会的形式组织起来，代代相传，绵延百年。潭柘寺、戒台寺、妙峰山、九龙山、百花山等都曾形成各类香会，其中以妙峰山香会最盛，其香会不以牟利为宗旨，由民间自发形成，坚持自筹自办、自管自治。妙峰山香会按服务内容分为文会和武会。

文会，是指给碧霞元君祠及各茶棚提供物品和服务的香会，成员主要是香道沿途村落的村民。每年庙会举办前，香会分三批提前进山：第一批是修道会、清道会等，负责整修道路、清洁卫生；第二批是献供会、糊棚会等，负责进庙除尘、修窗糊棚、摆放供品；第三批是茶棚会、粥棚会等，负责沿线设点，提供住宿安排、夜间照明、缝补衣服、施粥舍茶等生活服务。

武会，是指在庙会上表演“百戏”“杂耍”的香会。其中，中幡会极具观赏性。中幡一般高三丈，重达六七十斤。表演者将其单手托起，抛向空中，再用手或头、鼻、嘴接住，或鲤鱼打挺，或旱地拔葱，或金鸡独立，花样百出，展示舞幡技艺。此外，还有开路会、五虎棍会、高跷会、狮子会、双石会、掷子会、杠子会、花坛会、杠箱会、天平会、大鼓会，表演十三种技艺，组成“幡鼓齐动十三档”。这些武会组合起来就是一幅在庙宇敬拜的“行香走会图”。民国时期，增加了自行车会、小车会、旱船会三档，合为十六档。各香会内部分工明确，使得热闹庞杂的妙峰山庙会异彩纷呈的同时也井然有序。

抗日战争期间，经济萧条，民不聊生，妙峰山的庙宇建筑连年遭到破坏，庙会逐渐衰落。

1990年，妙峰山庙会恢复，香会重整，茶棚重建，每年有香会七十档以上。随着社会不断发展，传统也在演变，香会的名称变成了“花会”。2008年，妙峰山庙会被国务院列入第二批国家级非物质文化遗产名录。如今，庙会期间，妙峰山仍有民办的茶棚为香客服务，提供免费茶水和献艺表演，还能听到传统的粥茶歌谣：“圣水熬的百家米的粥，呛着风儿闻不见，顺着风儿百里香，一碗朝下顶来，二碗保平安来，三碗带福还家哎！”

时光流逝，岁月变迁。人烟辐辏的京西香道早已风光不再，但其作为一种古老民俗文化现象的印记，依然在讲述着它那曾经的过往。

（执笔：王羚）

驼铃声声话商道

元明清时期，京西物产和京外物资源源不断地从西山运往京城，有力促进了北京城的发展和繁荣，并逐渐形成了许多蜿蜒崎岖、沟通四方的商旅古道，特别是散布在古道上的一个个深深蹄窝，渗透着人们艰辛生活的历史记忆。

富饶物产　供养京城

煤素有“乌金”美称。京西门头沟地区自古“乌金遍地下，百宝满山川”，是北京历史上主要的煤炭供应地。考古发现，在门头沟区龙泉务村辽代瓷窑遗址中，已有烧煤的痕迹，这说明西山煤炭开采不晚于辽代，已有千余年的历史。金代诗人赵秉文在《夜卧暖炕》一诗中写道“地炉规玲珑，火穴通深幽……门前三尺雪，鼻息方鼾鼾”，生动描述了当时人们在寒冬时节烧煤取暖的场景。

元代，西山煤炭开采已成规模。煤炭分为黑煤（褐煤）、水火炭、白煤（无烟煤）等类型，分别产自今门头沟大峪、斋堂和房山大安山一带。至元二十四年（1287），朝廷设西山煤窑场，管理煤炭开采和石灰烧制。大都城用煤数量相当可观，秋冬季节每天需从西山运出数百车，顺承门外、钟楼、千斯仓、枢密院、修文坊等处都设有煤市。至正二年（1342）重开金口新河的原因之一，就是为了解决煤炭运输问题。西山煤炭对大都城的重要意义由此可见一斑。

明代中期以前，朝廷禁止西山采煤，北京城内主要使用木炭。明中后期，朝廷为缓解京城柴炭供应不足的困境，逐步放开西山采煤禁令。成化年间，“京师军民百万之家，皆以石煤代薪”。因采煤利润丰厚，从业者众多。

清代，煤炭在京城燃料中开始占据主导地位。朝廷鼓励采煤，还斥资修缮运煤道路，西山采煤规模远超元明时期。乾隆四年（1739），直隶提督永常奏称：“京城内外人烟繁庶甲于天下，惟赖西山之煤，取用不穷。”

西山也是北京历史上的建材基地。至元三年（1266）十二月，元世祖忽必烈采纳郭守敬的建议，下令重开金口河，引卢沟水（今永定河）运送西山木石，用于营建新都城。明代北京城营建所需石料多出自京郊，以位于房山县西南黄龙山下的大石窝最为著名。“前产青白石，后产白玉石，小者数丈，大至数十丈”，皇家宫殿、园林、陵寝等所用石材多取于此。保和殿后三台阶正中，嵌有一块巨大的云龙石雕。阶石长16.7米、宽3.07米、厚1.7米，重约200吨，四边雕有卷草纹，中间高浮雕9条巨龙，飞腾于流云之间，下端为江崖海水。云龙阶石的材质是一块艾叶青石，产自大石窝，是紫禁城中最大的石雕。明代《两宫鼎建记》记载：“三殿中道阶级大石，长三丈，阔一丈，厚五尺。派顺天八府民伕二万，造旱船拽运……每路掘一井，以浇旱船资渴饮。计二八日到京，官民之费，总计银十一万两有奇。”虽然这段文字并未明确运送的是云龙阶石，但能从侧面佐证，当时为运输这种庞然大物，极有可能是在严冬季节，沿途挖井，汲井水泼路，结冰后以旱船拉运巨石，旱船则由骡马分组拉运，缓慢移动，耗费巨大人力物力财力，可谓艰辛异常。

除西山的煤炭木石为北京城营建奠定了坚实基础外，其周边城市也为维持都城运转提供了源源不断的补给和辅助。西北方向的张家口、怀来等不仅是京师重要防卫城镇，也是北京商业活动的辅助城市。明清时期，蒙古草原的牛羊、骆驼、皮毛等，崇礼等地的铁、磷等都经由张家口、京西斋堂，再运往北京城；布匹、食盐及其他物资则经由此路返运回张家口。西南方向的霸县、保定等地既是自中原通往北京的粮道和重要陆路交通线，也是北京农副产品的供应地。清代，保定徐水的大白菜、定县的猪、白洋淀的水产等常年销往北京，供皇室御用和市民消费。另外，定县的鸭梨，阜平、曲阳的大枣，易县的柿子、核桃仁、桃干大都向北京输送。

千百年来，京西和周边地区富饶的物产持续供应京城，为北京的发展和城市职能的演变做出了重要贡献。

商旅大道　纵横交错

在漫长的历史岁月里，商旅行人南来北往，物资运输接连不断，于是踏辟出来数条道路。其中，既有西山东麓著名的南北大道，沟通华北平原腹地和北京地区，也有起自门头沟区三家店、房山区张坊（坨里），分别沿永定河谷、拒马河谷（大石河谷）自西向东到达西山腹地的古道，而以西山大路北、中、南三路等为代表的永定河右岸古道最为人所熟知，还有平原古道连接西山到北京城的阜成门、广安门和西直门。此外，西山腹地还有大大小小百余条道路。这些道路或长或短，或宽或狭，或纵或横，交织成西山中的古道网。这个庞大的路网，被称为京西古道，勾连起北京内外，也勾连起被巍峨的太行山隔断的山西高原与华北平原。游牧民族、渔猎民族和农耕民族经由这里走向交融，京西古道也成为古都北京成长演变的见证者。

京西古道将西山的煤、石、柴以及京外的粮、果、毛等物资运进京城，其中煤的运输最为繁忙。

山区腹地至三家店的山间小路，多用驴骡驮运或人背肩挑，昼夜不息。每逢夜间，火把通明，犹如火龙，蔚为壮观。自三家店往东，经平原古道进入京城。煤炭多用牛、马和骆驼运输，有时也利用永定河漕运。随着京城对煤炭需求的增加，因骆驼负载量大、性情温和，驮煤牲畜渐渐以骆驼为主。驼铃声声、悠扬悦耳，成为京西古道上的特有景致，引得文人骚客诗兴勃发。清光绪年间《燕都杂咏》有诗曰："地宝西山孕，窑开石炭多。地炉烧不尽，日日送明驼。"《清代北京竹枝词》有诗云："凿断山根煤块多，抛砖黑子手摩挲。柳条筐压峰高处，阔步摇铃摆骆驼。"

清朝末年，随着科学技术的发展和社会对物资流动需求的增加，铁路运输在政治、经济、军事等方面展现出重要价值。被誉为"中国铁路之父"的詹天佑在永定河峡谷的山道上反复勘查、几经论证，确定从三家店穿过永定河峡谷直达沙城，将是一条连接北京与塞外的绝佳铁路干线。但因为施工困难、耗资巨大，最终选择大西山最北端的沟壑军都陉，修建了著名的京张铁路。

1952年，新中国的铁路建设者重拾当年詹天佑忍痛放弃的第一方案，修筑了一条全长105千米的丰沙线。这条铁路南起北京丰台火车站，经三家店进入西山，穿越永定河峡谷，在沙城与京包铁路接轨。1955年丰沙线投入使用后，因其强大的运输能力，保障了首都与广大西北地区日益繁重的货物往来。京西骆驼运煤的历史也在20世纪60年代初期画上了句号。

蹄窝深深　记忆厚重

京西商道至今留有驮畜运煤踩踏的痕迹，被人们称为蹄窝。它们有的零星分布，有的成串出现，多集中在门头沟区峰口庵、牛角岭和石佛岭三处基岩路段。牛角岭路段有410余个，峰口庵路段有120余个，石佛岭路段有90余个。

蹄窝（图片来源：《北京市门头沟区志》）

牛角岭位于水峪嘴村与韭园村之间，是西山大道北路自东向西的第一个隘口。明清时期，这里是王平口巡检司的东界，设有关城，至今城券仍存。关城两侧基岩路面密集分布着深浅不一、大小有别、光滑醒目的蹄窝，西侧有98个，东侧有312个。蹄窝呈串珠状，在道路坡度变化明显处和转弯处尤为密集，间距多在40～60厘米。蹄窝上部大多为不规则的圆形或椭圆形，直径在15～22厘米；下部接近圆形或椭圆形，直径在10～12厘米，有的还有明显的驮畜铁掌印痕和拖行痕迹。

这些形态相似、近乎竖直的蹄窝，主要由运煤驮畜踩踏而成[1]。驮畜蹄子上均安有铁掌以减缓磨损、防止打滑，铁掌比铺路的石块坚硬，对路面有较大磨蚀力。数百年间，成群结队的驮畜反复踩踏，“前者践后者之足”，在路面留下了众多蹄痕。蹄痕磨损不断加深，并在岁月侵蚀风化下，逐渐形成了散布在商道上的串串蹄窝。

京西古商道连接着城市与山村，也连接着今天与过往。驼铃声处踏古道，彩云飘来新宇开。往昔繁忙的京西商道已沉寂在历史深处，如今西山一带呈现的是一幅青山绿水、欣欣向荣的秀美画卷。

（执笔：王羚）

[1] 也有学者认为“蹄窝”是天然形成的“壶穴”。

古村落的古风古韵

京西山水孕育了众多历史悠久、独具韵味的古村落。其中，山地四合院保留较为完整的爨（cuàn）底下村，众泉竞涌、耕读传家的灵水村，为皇家烧制琉璃构件的琉璃渠村极具代表性，吸引着人们流连忘返。

民居瑰宝爨底下

门头沟区斋堂镇爨底下村已有500多年历史。它的形成与明朝修筑内长城防御体系，并派军队屯田戍边有关。这里因位于明正德年间修建的关隘“爨里安口”下方，且当地山形像一个烧火做饭的爨（即炉灶），故得名爨底下。有人将爨字的写法编成顺口溜：興（兴）字头，林字腰，大字下面加火烧。

爨底下村坐北朝南，以村后龙头山为圆心，呈扇形向两侧扩展，分布在北小沟峡谷北侧的缓坡上。一条长200米东西向的弧形大墙将整个村落分为上下两层，三条通道上下贯穿。村中韩姓独居，家族主事的一支居于当中，其他韩氏族人分布两侧，形成中轴分明、两侧有序的规划布局。

村内现存74套古民居院落，以四合院为主、三合院为辅，多数为清代建筑，是北京地区少有的、遗存较为完整的传统山区聚落。

由于地处山地，村民在建房时先砌石墙，再用土石填充，直到地基台面足够坚实平整宽阔后，才在其上建房。爨底下村的四合院与平原地区的四合院有很大不同。平原地区的四合院主要是沿纵深修建，大多比较规整。爨底下村的四合院受地势影响，形状不太规则，一般为横向拓展，以便最大限度利用空间。院与院之间相连相依、布局紧凑、鸡犬相闻。

村中规模最大、装饰考究的四合院当数广亮院，位于中轴线制高点上。整个院落北高南低，高差约5米，正房为全村唯一的五开间建筑。该院由东、中、西三个相对独立的院落构成，每个院落均为南北二进，总计有45个房间。

我国古建专家罗哲文认为，爨底下古山村是一颗中国古典建筑的明珠，蕴含着深厚的北方建筑文化内涵，就其历史文化艺术价值来说，不仅在北京，就是在全国也属珍贵之列。

2003年，爨底下村被建设部、国家文物局列入第一批“中国历史文化名村”名录，是北京市第一个入选的古村落。

崇文尚德灵水村

门头沟区斋堂镇的灵水村建村不晚于辽金时期，已有1000余年的历史。在《宛署杂记》和康熙《宛平县志》中曾以冷水村、凌水村等名字出现，后逐渐统一为灵水村。这三个名称都与水有关，足见过去村中蕴藏着丰富的水资源。

村西的南海火龙王庙前有一个八角古龙池。《宛署杂记》记载：“石生八角，中虚若池，泉出其底，洌而甘，古产龙之所。”池水来源是莲花山岩石中涌出的一股泉水，水质极佳，可以直接饮用。虽然灵水村水源丰沛，有“村里七十二眼井，周围三十六眼泉”之说，但是村民更偏爱饮用这股泉水，村东的人也经常到村西古龙池去挑水。由于年久失修，古龙池砖石受损，清康熙三十年（1691）村民重新进行了修葺。为保护池水不受污染，村民共同约定“池内三禁”（凶泼投跳、愚顽搅混、儿童汗溺）和“池台三禁”（宰杀腥膻、饮畜作践、浆衣洗菜），违禁者将受到“鸣钟议罪，罚供祭神”的惩处，并将约定刻在石碑上，称为古龙池三禁碑。后来，由于开挖煤窑影响了水源，古龙池水干涸，但是三禁碑保存了下来，至今仍镶嵌于南海火龙王庙的外墙上，是北京地区年代较早的有关水源免遭污染的碑刻。类似这样的村规民约在灵水村还有不少，为促进邻里和谐、保护生态环境起到了积极作用。

灵水村读书风气浓厚，较早开办乡间教育机构。明洪武八年（1375），村里开始办社学。历史上曾有多名灵水村人通过科举考试，考取功名走上仕途，因此灵水村素有“举人村”之称。这里的“举人”不仅是参加乡试中第的举人，也包括进士、国子监监生，比较出名的有清康熙年间山西汾州知府刘懋恒、光绪年间国子监监生谭瑞龙和江西吉州知州刘增广等。据《北京通史》记载，清光绪三十二年（1906），刘增广倡导在木城涧玉皇庙建立新式学堂，并亲自撰写碑文。灵水村内建有文昌阁和魁星楼，这在北方山村并不多见。文昌星和魁星都是星官名，主文运功名，备受读书人的崇拜和供奉。科举制度取消后，灵水村人依然保留着耕读传家的优良传统。

2005年，灵水村被建设部、国家文物局列入第二批“中国历史文化名村”名录。

琉璃之乡琉璃渠

门头沟区龙泉镇琉璃渠村成村于元代，是永定河出山前流经的最后一个山村。相传最初名为刘李居村，因刘姓和李姓最早来此定居而得名。

元初，元世祖忽必烈征召天下能工巧匠营建大都城。琉璃世家赵氏家族由山西迁至大都，在今宣武门外海王村设琉璃窑厂，为宫廷烧制各色琉璃构件。刘李居村附近有一座对子槐山，山上盛产烧造琉璃的原料坩子土。加上京西煤炭资源丰富且毗邻卢沟河（今永定河），交通便利，赵氏家族在这里增建了新窑。元中统四年（1263），朝廷在刘李居村设置管理窑务的机构琉璃局。如今琉璃渠的村名，一说是由“琉璃局”谐音转化而来，另一说是得名于村内清代建成的泄洪渠。

明永乐四年（1406），成祖朱棣下诏，宣布于次年开始营建北京城。《明成祖实录》记载：“营建北京，凡庙社、郊祀、坛场、宫殿、门阙，规制悉如南京，而高敞壮丽过之。”如此大兴土木，自然需要不计其数的琉璃瓦和其他琉璃构件。琉璃渠窑厂再次迎来了琉璃烧造的高峰。

清雍正十二年（1734），工部颁布《工程做法则例》，对官式琉璃的规格尺寸、质量标准做了严格统一的规定，要求“远观有势，近观有形，色彩秀美，刚柔并济，形神兼备”。琉璃渠村窑厂凭借历代高超的琉璃烧制技艺，继续服务于宫廷建设。

琉璃烧制工艺十分复杂，若要达到“成大形而不开裂，经百年而不掉釉”的品质，关键是采用高温素烧、低温釉烧的二次烧成工艺。先将泥坯放入“素窑”烧造定型，再将配制好的各色釉浆涂敷在素烧坯体表面，晾干后放入“色窑”进行二次烧制。筒瓦、板瓦这样的小件儿通常要烧7天左右，像故宫屋顶的大吻大兽构件需烧8 ～ 10天。

进入21世纪后，有500多年历史的故宫迎来百年大修，包括三大殿在内的几百间宫殿顶上的琉璃瓦被拆下来，经仔细鉴别，将状态较好的旧瓦再重新装回去，破损严重的以琉璃渠村烧制的新瓦代替。还有一部分旧瓦胎体尚可，但釉层风化剥落严重。琉璃渠窑厂的工匠把旧釉打掉，重新上釉烧制，恢复原样。这种方法在清乾隆时期就已使用，既节约人力物力，又最大限度地保存了历史风貌。

自元代至今，琉璃渠村琉璃烧制技艺已传承700余年。2007年，琉璃渠村被建设部、国家文物局列入第三批“中国历史文化名村”名录。

2008年，北京琉璃渠琉璃烧制技艺被国务院列入第二批国家级非物质文化遗产名录。

随着京西传统村落文化内涵得到广泛重视和深入挖掘，越来越多的游客开始走进京西的山水人家，感受良好的生态环境和独特的古风古韵。

（执笔：纪筤）

寻觅香山脚下《红楼梦》著述之所

《红楼梦》作为中国四大名著之一，是举世公认的中国古典小说巅峰之作。这部奇书是曹雪芹家道中落后迁居香山脚下，“披阅十载，增删五次”写就的千古绝唱。然而《红楼梦》著于何处却鲜有人知。曹雪芹的好友敦诚虽有“不如著书黄叶村”的诗句，但黄叶村的具体位置却众说纷纭。随着题壁诗、手稿和书箱等物证相继现世，曹雪芹著书之所才变得有迹可循。

老宅惊现题壁诗

1971年4月4日，刚从北京二十七中退休的语文教师舒成勋，在翻修香山正白旗39号院的自家老宅时，惊奇地发现西屋墙上有“题壁诗”。字迹面积约占整面西墙的60%，除了高处边缘被烟灶熏得有些发黑外，其他字迹都清晰完好。这些诗句和对联排列整齐、布局有序，或呈长方形，或呈扇面形，兼有菱形。其中有一副对联：

上联：远富近贫以礼相交天下少

下联：疏亲慢友因财而散世间多

横批：真不错

这让舒成勋想起西山旗人口口相传的鄂比送给曹雪芹的一副对联：

上联：远富近贫以礼相交天下有

上联：疏亲慢友因财绝义世间多

题壁诗

这副对联与墙上的相差无几，只是少了横批。另外墙上还有两处落款“拙笔学书”和“学题拙笔”。难道题壁诗出自曹雪芹之手？舒成勋感到事关重大，于是拍下照片并马上报告了相关部门。

“老屋惊现题壁诗”的消息很快引起了文物部门的重视。5月的一天，红学专家吴世昌受文物部门委托，前往老屋实地考察。他认为题壁诗落款有“偶录”“学书”等字样，且文理不通，较为拙劣，这与“诗追李昌谷（唐代诗人李贺）”的曹雪芹不符。他综合分析后得出结论：老屋与曹雪芹无关。这个观点也得到红学大家俞平伯的认可。尽管专家鉴定正白旗39号院老宅与曹雪芹无关，但北京市文物考古队仍于6月9日将题壁诗所在的部分墙面揭下来拿走了。

后来有人考证，墙上诗句多出自《东周列国志》、唐伯虎《花月吟》、清代《西湖志》等。这些诗句有对南方美景的留恋，有对仕途不顺的愤懑，也有对世态炎凉的无奈。至于有的题壁诗字词与原文略有差异，专家分析可能是为躲避文字狱，或是缘于文人改诗的习惯。

舒成勋后来在剩下墙面上又陆续发现了56个零散字迹，能够辨认出的有“苏秦”“旁观啧啧”“今日”“为炊”等。他还发现，这些字迹之所以能在自家200年的老宅墙上保存完好，是有人在字上蒙了一层印花白纸，然后又抹了麻刀灰，有意保存这些诗句。这让他坚信自家老宅就是曹雪芹故居。于是，他将之前拍的照片贴在墙上，把西屋布置成一间陈列室，自称为“曹雪芹故居”。这样一来，小小西屋一改往日寂静，时常有闻讯而来的参观者造访，舒成勋也因此认识了很多红学爱好者。

珍贵手稿添佐证

舒成勋的“曹雪芹故居”也引起了曹（雪芹）氏风筝第一代传人孔祥泽的注意，他的曹氏风筝就传承自曹雪芹风筝谱《南鹞北鸢考工志》。孔祥泽在观摩题壁诗时，想起了20多年前自己用铅笔双钩轮廓抄录的《南鹞北鸢考工志》自序。

1943年，23岁的孔祥泽正在北平北华美术专科学校跟一位名叫高见嘉十的日本老师学雕塑。一天，孔祥泽在老师家见到了一部名为《废艺斋集稿》的古书。该书包括《南鹞北鸢考工志》《斯园膏脂摘录》等8卷，十六开本大小，从金石、风筝、编织、印染到竹制工艺、园林布置和烹调技巧，方方面面均有详细记载，图文并茂，还编有通俗顺口的歌诀。孔祥泽后来回忆道:“这书很怪。它是一部手稿，而且里面还有很多图画。书的纸张大小不一，有的是用结婚用的喜账翻过来写的，有的画甚至画在绢帛上。”

书的主人是高见嘉十的朋友金田，他想让高见嘉十帮忙评估书的价值。高见嘉十请来几位学者一起研究这本书，有人在书的自序中发现“曹子雪芹”4个字。于是，众人认定书的作者为曹雪芹。金田得知是名家之作后便将书收了起来，在众人力劝之下，才同意以一月为期让大家抄录。孔祥泽抄写了第二卷《南鹞北鸢考工志》，还用铅笔双钩字迹轮廓拓写了序言。约定之期未到，金田就将书邮寄回日本鹿儿岛，随后金田其人也杳无音信。《废艺斋集稿》就这样惊鸿一现后便消失得无影无踪。

孔祥泽实地考证后，认为他手中的《南鹞北鸢考工志》序言中的笔体与题壁诗，特别是墙上“今日无米为炊”的字迹相符，由此推断这是曹雪芹的笔迹。红学专家吴恩裕根据孔祥泽提供的资料，经过多方考证，于1973年在《文物》杂志发表《曹雪芹的佚著和传记材料的发现》，认定《废艺斋集稿》为曹雪芹所著。由此，西山正白旗39号院老宅再次与曹雪芹联系在了一起。

书箱刻字终解惑

孔祥泽和舒成勋渐渐熟络起来。一天，孔祥泽带来一个消息，说城里发现了两只木质书箱，似与曹雪芹有关。于是，舒、孔二人相约进城去拜访书箱主人。

书箱的主人叫张行，这对书箱是祖上传下来的，原本是别人寄存在他家的东西，祖上留话“万万不可损毁，为的是日后图个纪念”。可惜早年家贫，母亲病重，万般无奈的张行把书箱里存放的书籍卖了1000多元，只留下无法作价的书箱。

两只书箱的材质都是红松木，盖上都刻有小丛精致的兰草。一只书箱上刻着“题芹溪处士句”等字句；另一只书箱上刻着“拙笔写兰”“乾隆二十五年岁在庚辰上巳”等字句，书箱背面则刻着“为芳卿编织纹样所拟歌诀稿本”等五行书目。

“芹溪”是曹雪芹的自号之一，“芳卿”是曹雪芹的妻子。书箱上的“拙笔写兰”与题壁诗的“拙笔”字迹一致。五行书目与《废艺斋集稿》第三卷编织部分内容相对应，同时字迹又与孔祥泽双钩的《南鹞北鸢考工志》自序、舒成勋家题壁诗的部分字迹别无二致。舒、孔二人认为题壁诗、《南鹞北鸢考工志》自序以及书箱可能是相互佐证的文物。

2008年底，经公安部权威专家鉴定，正白旗39号院“题壁诗”、书箱“五行书目”和《南鹞北鸢考工志》“曹雪芹自序”三者笔迹一致，为一人所书。加之许多专家长达数年的考证，基本可以证明香山正白旗39号院为曹雪芹撰写《红楼梦》时的居所。

（执笔：王羚）

中国近现代地质学的摇篮

“京西之山，统名西山，范围甚广。”这里是我国最早培养地质人才和开展地质学研究的基地，被誉为中国近现代地质学的摇篮。

开启中国地质调查的序幕

北京西山地质现象丰富，是中国最早开展地质调查的地方。从19世纪中期开始，西方学者开始考察北京西山的地质状况。其中，美国地质学家庞派来（R. Pumpelly）调查了京西煤矿等地后，以中国境内山脉多呈东北至西南走向，提出“震旦方向”的概念；德国地质学家李希霍芬（F. V. Richthofen）两次到西山调查，提出“震旦系”“北京湾”的概念；德国地质学家索尔格（F. Solger）草绘出一份1∶200000的西山地质图。与此同时，国内却鲜有学习地质、采矿等相关专业的人才，后来才派遣留学生去国外学习。

1912年南京临时国民政府成立后，实业部在矿政司设立地质科，科长由东京帝国大学地质系毕业的章鸿钊担任。他曾受聘于京师大学堂，是我国在大学讲授地质学的第一人。1913年初，留学英国、获得地质学和动物学双学士学位的丁文江，接任工商部（由原实业部分出）矿政司地质科科长一职。到任后，他发现科里一个佥事、两个科员都不是学地质出身，根本无专业人员可用。于是，他与矿政司司长张轶欧商量，改地质科为地质调查所，并建议设立地质研究所。4月，丁文江起草《工商部试办地质调查说明书》，明确指出“地质调查乃实业发达之基；地质调查试办期间，应筹划两件事：设地质研究所，设地质调查团”。9月，地质调查所和地质研究所成立，丁文江兼任所长。起初，研究所只有丁文江一人，于是他便去拜访章鸿钊，提出一起办学，培养中国自己的地质人才。

1913年底，农商部在农林部、工商部基础上组建。次年2月，农商部总长张謇签署委任令，任命丁文江为地质调查所所长、章鸿钊为地质研究所所长。当年，欧洲留学归来的中国第一个地质学博士翁文灏放弃了外资煤矿总工程师的高薪聘请，进入地质研究所做专职教员。

地质研究所“招中学毕业学生学业优异、体力强健者，期于三年内造就技士若干人”。第一批学生约有30人，在章鸿钊、丁文江、翁文灏3位老师和瑞典顾问安特生的带领下，经常到西山开展地质实践教学。1916年，18人拿到毕业证书，全部进入地质调查所任调查员或实习调查员，后来他们被称为中国地质科学“十八罗汉”。

1916年夏天，叶良辅、赵汝钧等13名中国培养的第一批地质专业人才，分组对北京西山的地质进行系统解剖。他们带上干粮和平板仪，翻山越岭，风餐露宿，开展全面的地形地质测量，绘制出1∶50000的西山地质图（出版时缩小为1∶100000）。

1916年调查西山地质分组情况一览表

姓名	调查区域
叶良辅、赵汝钧	温泉、阳坊、杨家屯、三家店、模式口、青白口、田家庄和高崖口一带
谢家荣、马秉铎	煤窝、大鞍山一带
李捷、卢祖荫	清水涧、髫髻山和王平村一带
王竹泉、朱庭祜	斋堂和清水河沿岸

续表

姓名	调查区域
刘季辰、陈树屏	琉璃渠、门头沟和大灰厂一带
徐渊摩、仝步瀛	坨里和万佛堂一带
谭锡畴	周口店、长沟峪、红煤厂、柳林水、妙峰山涧沟一带

在地质调查的基础上，从1918年冬开始，由英文较好的叶良辅主笔编写《北京西山地质志》，历时大半年成书。1920年以中文和英文两种文字出版，英文版还增加了插图。全书分为地层系统、火成岩、构造地质、地文和经济地质5章，对此前调查北京西山地质的西方学者的意见加以修正。

《北京西山地质志》作为我国第一部地质学著作，标志着我国地质调查工作的正式开始，为后来提出“燕山运动”学说、发现“北京猿人”以及建立鹫峰地震台提供了科学依据，也为后来北京地区乃至中国的地质工作奠定了理论基础。

我国第一座地震台

海淀区西北部有一处海拔约450米的山峰，形如一只兀立的鹫鸟，故名鹫峰。在鹫峰东坡有一座小型灰色半楼阁式建筑，这就是我国自建的第一座地震台——鹫峰地震台。

鹫峰地震台的前身是地质调查所鹫峰地震研究室。1920年，甘肃海原（今属宁夏回族自治区）发生里氏8级以上特大地震，地质调查所代理所长翁文灏等4人奔赴现场实地调查。通过这次调查，翁文灏深切感到必须建立中国人自己的地震台，以应用物理学方法进行科学观测研究。

由于经费困难，鹫峰地震台的建台工作直至1929年才正式开始[1]。当时北平有一位律师林行规在北平西北郊鹫峰秀峰寺新建别墅，他把旁边一块空地捐赠出来，作为地震台台址。地质调查所又获得中华教育文化基金会资助，从国外订购仪器。翁文灏通过清华大学教授叶企孙介绍，聘请李善邦担任地震台负责人。此后，又有清华大学物理系毕业生贾连亨等人来此担任观测员。

1930年春，鹫峰地震台建成，门口挂着一块刻有“地质调查所鹫峰地震研究室”的石牌。主体建筑为一层，仅在东北一角加盖有二层观测楼。为维持室内恒温，墙和门窗做成夹层，墙体厚达1米。楼内有气象仪器，楼顶有风速仪及无线电天线。初建成时，室内装有德国制维歇特机械式地震仪一套及精密天文钟一架。当年9月20日13时2分2秒（格林尼治标准时间），鹫峰地震台记录到了第一个地震。

1932年，鹫峰地震台利用中华教育文化基金会拨付的资金，添置了一套伽利清-魏利浦（Galtzin Wilip）电磁式地震仪，这是当时世界上最先进的地震仪器。仪器灵敏度很高，其放大倍数可达1000多倍，安装后每天都能记录到1～3个地震。李善邦等人把所得数据铅印成《鹫峰地震研究室地震专报》，每两个月出一期，与国外50多个地震机构交流。后来，他们把记录到的震相油印成月报，分寄各地地震台，而《地震专报》减为每年4期，不刊震相，只刊登重要地震的核算结果、个案探讨，以及仪器改造报告等。

1936年以前，鹫峰上还没有通电，晚上就用煤油灯照明。安装伽利清-魏利浦地震仪后，地震台准备了3组蓄电池轮换使用，以维系仪器的正常运转。蓄电池的电耗光后，便雇人用毛驴驮下山，到清华大学物理系充电，每月至少往返两次。直到1936年秋天，鹫峰一带通上交流

[1] 一说1928年始建，1929年9月建成。此处使用《地震学报》1990年5月第12卷第2期刊登的《关于中国自建的第一个地震台——鹫峰地震台的记述》的说法，作者秦馨菱曾于1937年在鹫峰地震台工作。

电，才结束了使用煤油灯照明的历史。但仪器照相记录需要使用直流电，李善邦和贾连亨曾几次尝试用“日制”小型变压器，将交流电变为3～6伏的直流电。然而，变压器经常被烧坏，只得继续使用蓄电池。就是在这样艰苦的条件下，他们数年如一日，把鹫峰地震台办成了当时世界一流的地震台。

卢沟桥事变爆发后，鹫峰地震台被迫停止工作。贾连亨紧急将伽利清－魏利浦地震仪与部分珍贵图书运出，分别存放在燕京大学物理系和北京协和医院。地震台的工作人员相继离散，留在里面的维歇尔特式机械地震仪也不知去向。自1930年9月至1937年8月，鹫峰地震台共记录到地震2472个。

20世纪50年代末，新中国的地震工作者曾两度在鹫峰地震台开展实验和培训，此后地震台的工作全部停止。直至1990年，国家地震局修复了观测室房屋，将其作为历史遗迹加以保护，并复原了部分观测仪器。2002年李善邦诞辰百年之际，国家地震局再次修缮房屋建筑，添置了更为先进的数字化地震观测仪器。当年9月15日，记录下在黑龙江穆棱发生的地震。2011年，鹫峰地震台被列为北京市文物保护单位。

（执笔：纪笕）

“维新才子”的慈善事业

北洋政府第四任国务总理熊希龄从官场隐退后，致力于慈善和教育事业，创办了著名的香山慈幼院。他以“小家庭制”教养幼园稚子、社会遗孤，以贫富均等、普职相融的教育理念培育爱国人才，开创了慈善教育的先河。

还山小试慈幼院

熊希龄（1869—1937），湖南凤凰人，幼年时名播乡里，被称为“湘西神童”。他15岁中秀才，22岁中举人，25岁中进士，官授翰林院庶吉士。甲午战争清军战败后，民族危机日益深重，心怀强国救民之志的熊希龄投身维新变法运动。1898年8月，光绪帝召谭嗣同、熊希龄等入京，参与朝廷的维新变法。熊希龄因病未能成行。同年9月，维新变法失败，“戊戌六君子”血洒菜市口。熊希龄虽逃过一劫，但清政府下令“革职永不叙用”。

民国初年，熊希龄先后任财政总长、热河督统、国务总理等要职。他本欲为国家民族有所作为，无奈因袁世凯倒行逆施、复辟帝制，其抱负无法付诸实践。1914年2月，他毅然辞去国务总理职务，转而投身社会慈善福利事业。

1917年9月，京畿直隶大雨连绵，山洪暴发，100余个县受灾，25

万余顷耕地被淹，600多万灾民食不果腹，甚至发生易子而食的惨剧。隐居天津的熊希龄奉命督办统筹救灾事务，筹款施赈，修建居所，平抑粮价。水患过后，成千插标卖身和被父母遗弃的灾童，仍处在水深火热之中。目睹此情此景，熊希龄心急如焚、忧心忡忡。于是，他多方奔走呼号，募资在香山开办慈幼局，临时收养这些无家可归的孩子。

次年，慈幼局准备解散时，仍有200多个孩子无人认领。熊希龄拟选址香山静宜园建造慈幼院，继续抚育这些孩子。当时的静宜园仍归前清皇室所有，熊希龄请时任大总统徐世昌出面交涉，将香山静宜园出让。

1920年10月，香山慈幼院正式成立，熊希龄亲任院长。北京大学校长蒋梦麟，北大教授胡适、李大钊、顾兆熊、沈兼士以及南开大学创办者张伯苓等参加了开院仪式。慈幼院全体师生合唱由熊希龄亲自作词的校歌：

> 好好读书，好好劳动，好好图自立。大哉本院，香山之下，规模真无比。重职业，自食其力，进取莫荒嬉。好兄弟、好姐妹，少年须爱惜。

慈幼院初建时主要招收京畿直隶灾贫儿童，分为男女两校。后来逐渐招收来自全国29个省的贫民子弟、烈士遗孤等，形成一个总院六个分院的规模。总院为全院的行政中枢，第一院为蒙养部，第二院为小学部，第三院为中学部，第四院为职业部，第五院为职工部，第六院为大学部。慈幼院教育理念先进、配套设施完备、师资力量雄厚，在当时的中国堪称一流。

新式教育开纪元

熊希龄秉持“教养孤贫失学之男女儿童，使有适当之智能、道德，俾可谋生于社会”的教育理念，以“蒙以养正”“生生如己所生，幼幼及人之幼”的大爱思想，将慈幼院创办为集家庭、学校、社会于一体的教育慈善机构。

熊希龄非常重视家庭教育，认为“家庭教育实造人才之基础”。为抚慰孤儿心灵，慈幼院设若干“小家庭”，基本由蒙养部和小学部的孩子组成。为营造出家庭温暖，每个“小家庭”设“家长”一名，由女教师担任，带领10名或12名儿童。孩子们称“家长”为“娘”，当作母亲一样对待，彼此以兄弟姐妹互称，感情甚至超过同胞骨肉。熊希龄还设立家庭总部，自己在家庭总部设有住处，经常邀请孩子们到他那里做客。熊希龄创立的慈幼院“小家庭”教育模式，在当时的中国乃至世界都是相当新颖和先进的，比1949年世界上首个国际SOS儿童村家庭教育模式还要早。

慈幼院不仅是孤贫儿童的收养院，更是一块新式教育的实验田。这里的师资为三三制组合：1/3为本土资深教师，1/3为本土师范学院毕业生，1/3为留学归国教师。在教授学生中国传统文化的同时，慈幼院还传授西方的先进科学技术知识。慈幼院设蒙养园、小学、中学、大学，贯穿全部教育阶段；普通教育与职业教育融合，学校教育与工厂实践贯通，小学开始职业陶冶，初中进行职业实践，高中开展职业专修。慈幼院这种逐级升学、紧密衔接的完整教育体系，开创了我国慈善教育的先河。

慈幼院以治学管理严谨、师资队伍精干、学生成绩优良、办学模式先进而声名远播。许多达官显贵想把子女送到这里就读。熊希龄便设了一条标准：富人捐赠善款，并缴纳学费，才能把子女送来就读。自此，慈幼院开始招收附生（自费生），也有了更多的建设资金。学校对正生（免费生）和附生一视同仁，组织他们共同学习生活。

1929年7月，美国记者参观团赴香山蒙养园参观后，评价说：“较之美国所办幼稚学校有过之而无不及……足以作将来世界幼稚教育之模范。”1930年3月，国民政府教育部派科长戴应观视察香山慈幼院，他称赞道:“这样伟大的规模和伟大的组织，在中国教育界开了一个新纪元。”

为国育才披肝胆

慈幼院以“养成健全爱国之国民”为宗旨，通过德育、智育、体育、群育的全面培养，为国家输送了一大批适应社会需要的爱国人才。

1922—1927年，军阀混战、战争频仍。慈幼院在小学四到六年级的学生中组织“童子军”，进行军事训练，还组成师生救护队，多次参与社会服务和战场救护工作。直奉战争期间，熊希龄带领慈幼院师生救护队奔赴战场，救治负伤人员。他经常向师生救护队宣传舍己救人的精神，教导他们受恩莫忘、施恩以报，鼓励孩子们在国难时为社会贡献一份力量。

抗日战争期间，熊希龄以民族大义为重，率领慈幼院师生积极参与抗日救亡运动。长城抗战爆发后，熊希龄携长女熊芷和慈幼院师生救护队，前往喜峰口、古北口、石匣等地，“日出于枪林弹雨之中，尽瘁于救死护伤之事”。淞沪会战时，熊希龄发布《香山慈幼院院长通告》，随即带领慈幼院200余名男生组成“义勇军”，开赴上海抗日前线，同时组织女生参加红十字救护队，在战区医院护理伤兵、救助难民。

1937年12月25日，熊希龄赴香港为慈幼院南迁和抗战募捐时，突发脑出血与世长辞，灵柩暂厝于香港华人墓地。蔡元培为他题写墓志铭:“宦海倦游，还山小试慈幼院；鞠躬尽瘁，救世惜无老子军。”1992年5月17日，熊希龄骨灰由香港迁回，归葬于北京香山熊希龄墓园，海内外各界人士和众多校友逾500人参加了骨灰迎接仪式和安葬典礼。

香山慈幼院创办近30年间，有近7000名孤贫儿童在这里学习成长，涌现出一批国家栋梁之材。全国政协原副主席侯镜如、铁道部原部长刘建章、邮电部原部长王子纲、外交部原副部长张勃川、经济学家冯华德等都是慈幼院的学生。

1949年1月31日，北平和平解放，香山慈幼院由人民政府接管；同年3月，迁至西安门大街26号；1954年，迁至阜成门外白堆子处新建院舍；1973年，改名为立新学校，后更名为北京实验学校。

在国难当头、民生凋敝、教育落后的旧中国，熊希龄以慈善之举功垂社会，殊为可贵。毛泽东评价他："一个人为人民做好事，人民是不会忘记他的，熊希龄是做过许多好事的。"

（执笔：王羚）

“梅”韵长存著芳华

“兰指水袖韵芬芳，万人空巷看梅郎。”读到这句诗，人们不禁会联想到身姿曼妙婀娜、唱腔柔婉清丽的一代京剧艺术大师、梅派艺术的开创者——梅兰芳。他酷爱梅花高洁，曾刻梅石以明志；他坚守民族气节，八载留须罢歌舞；他追求光明进步，年逾花甲终入党。他芳华一世、光鉴后人，最后长眠于万花山上，与苍松翠柏为伴。

梅字石刻值万金

1894年，梅兰芳出生于北京京剧世家，名澜，字畹华，兰芳是他的艺名。他集京剧旦角艺术之大成，融青衣、花旦、刀马旦于一身，在国内外享有盛誉，留下了《贵妃醉酒》《嫦娥奔月》《霸王别姬》等众多脍炙人口的经典剧目。

梅兰芳喜欢香山的漫山青碧、谷壑清流。他的挚友——银行家冯幼伟在这里建有别墅，梅兰芳常应邀来此居住，编排新戏，读书作画。

1922年4月20日，梅兰芳与友人萧紫亭、齐如山、王幼卿、李释戡相约香山踏春。他们来到蛤蟆峰，一块4.5米高的青石映入眼帘，非常适合留书刻字。经齐如山提议，大家一致推举梅兰芳题写。

回到住处，梅兰芳挥毫写下一个苍劲有力、极具个性的“梅”字，齐如山请石匠将字刻在了那块巨石上。“梅”字高1.95米、宽1.9米，与

少年梅兰芳与其师吴凌仙合影（图片来源：《北京志·戏剧志》）

青石相得益彰。木字旁的下方署名“兰芳”。“梅”字右下角刻有李释戡的题记“壬戌三月二十有四日，萧紫亭、齐如山、梅兰芳、王幼卿、李释戡同来，兰芳写梅，释戡题记。香山游者虽多，未必遂登此石，亦足以自豪矣”，并斜刻“齐如山监刻”。这就是“五君子刻石”，也叫“梅石”。

当时，熊希龄正为香山慈幼院办学经费短缺而发愁。得知此事后，他找到梅兰芳，开着玩笑说：“好啊，不经许可就擅自在园林胜迹中私自刻字，如何解释？”梅兰芳素来谦和内敛，赶忙连声道歉。熊希龄意有所指地说：“石上刻字，木已成舟，即使认错，也无法弥补了。”梅兰芳听出弦外有音，便说：“愿听候处置！”熊希龄遂提出“罚”他在香山慈幼院义演一场，梅兰芳慨然应允。

演出当天，简易的临时剧场内人头攒动。京城达官显贵、社会名流，附近的乡民百姓，慈幼院的孩子，都兴致勃勃地围坐在静宜园事务所后面的风雨操场观看。锣鼓声中，梅兰芳表演了拿手好戏《宇宙锋》，博得台下阵阵喝彩。他将义演所得 1.1 万块银圆全部捐给香山慈幼院。后来，这件事被传为美谈，人们笑称那个“梅”字可不便宜，价值万金！

兰心向党终成真

九一八事变后，梅兰芳先后迁居上海和香港，曾排演《生死恨》《抗金兵》等剧目，表达自己对日寇入侵的强烈愤慨。七七事变后，他蓄须明志，宣称“上了年纪，嗓子坏了，早已退出舞台”。面对日伪汉奸一再让他登台演戏、粉饰太平的威逼利诱，他甚至冒着生命危险一连注射三剂伤寒防疫针，让自己高烧不退，称病坚决拒演。1945年8月15日，抗战胜利的消息传来，梅兰芳喜出望外，当天就剃掉了胡须，不久重登舞台，庆祝抗战胜利。

1949年4月中旬，中共中央进驻香山后不久，北平戏剧界在长安大戏院组织欢迎晚会。毛泽东很是高兴，尤其对梅兰芳特别期待。他感慨道：“这位艺术家的民族气节是多么可贵啊！我们今天去看梅兰芳先生的演出，就是提倡这种民族感、正义感，号召人们向他学习。”梅兰芳压轴演出《霸王别姬》时，毛泽东看得非常入戏，几度动容，不禁热烈鼓掌。在回香山的路上，毛泽东说：“这真是一场高水平的艺术表演，今后，这些人都是新中国的戏剧家，在政治上要有地位，要受人尊敬。新中国成立后，我们的戏剧肯定能更好地发展起来，能够在建设中发挥更大作用。”

1949年6月，梅兰芳受邀从上海赴北平，参加7月召开的中华全国文学艺术工作者第一次代表大会，受到毛泽东、周恩来的接见。毛泽东亲自提名他出席第一届全国人民政协会议。10月1日，梅兰芳作为文艺界代表登上天安门城楼，参加开国大典。1951年，他任中国戏曲研究院院长，并于当年冬天回北京定居。此后，梅兰芳经常不辞辛苦地为广大工农兵群众演出，并积极赴朝参加慰问志愿军的活动。1955年，中国京剧院成立，他被任命为首任院长。

周恩来、陈毅十分关心梅兰芳的入党问题。陈毅多次找他谈话，动员他入党。然而，他考虑到自己刚刚从旧社会走进新社会，很多方面还达不到党员标准，因此没有马上向党组织递交入党申请书。

新中国成立以后，党领导人民自力更生、发愤图强，全国呈现出一派生机勃勃、欣欣向荣的新气象。这深深触动了梅兰芳，更加坚定了他加入中国共产党的愿望。1957年12月，63岁的梅兰芳郑重向中国戏曲研究院党组织递交了入党申请书。他写道："1949年以来，我早就想当上一个非常光荣的党员，但因为怕自己的条件不够，所以迟迟不敢开口。""我们今天生活在伟大的新中国，都有着为人民服务的志愿，并且我们都有了克服困难、坚持工作的习惯。这种为民服务的精神，特别是像我们这样上了年纪的人更为重要。我希望加入党组织的原因，既不是为着扬名显身，也不是为了名利的需要，而是为着更好地为人民服务！"

周恩来得知梅兰芳申请入党的消息后，多次和梅兰芳谈心，提高他的思想认识。周恩来向时任中国京剧院党总支书记马少波说："1957年程砚秋同志入党，我做了他的介绍人，今年梅兰芳同志入党时，如果他有此要求，我也愿意做他的介绍人。"马少波为此征求了梅兰芳的意见。梅兰芳恳切地说："总理的关怀，我很感动。但是我想文艺界知名人士入党的很多，如果大家援例要总理做介绍人，总理如何应付得了。我是一个普通人，不应特殊。"马少波把梅兰芳的想法向周恩来做了汇报，周恩来赞许道："梅兰芳同志思想境界很高，真是一个好同志！"

1959年3月16日，经过梅兰芳所在党支部大会讨论，通过了他加入中国共产党的申请。马少波和时任中国戏曲研究院党委书记张庚作为他的入党介绍人。7月1日，梅兰芳在中国戏曲研究院会议室向党旗庄严宣誓，成为一名光荣的共产党员。

芳华永驻万花山

香山东侧的万花山，林木葱郁、风景秀美。山名万花与梅兰芳的字

“畹华”读音相近。梅兰芳对这里情有独钟，在山脚买下一片坡地，盖起房屋，闲时来此小住。后来，他的原配夫人王明华病故，梅兰芳把她安葬在这里。

一天，梅兰芳偕夫人福芝芳来到万花山游览。梅兰芳说：“我看这块地的环境太好了。我想，我死后最好就下葬在这里。”福芝芳纳闷：“您老百年后还不是被请进八宝山革命公墓？”梅兰芳说：“我如进了八宝山，你怎么办？”听闻此言，福芝芳感动得说不出话来。

1961年8月8日凌晨，梅兰芳与世长辞，享年67岁。夫人福芝芳遵从梅兰芳生前遗愿，将他安葬在万花山。8月10日，社会各界2000余人在首都剧场隆重举行梅兰芳追悼大会。陈毅代表中共中央和国务院出席，对梅兰芳的家属表示慰问。天安门和新华门降半旗志哀。

1984年，梅兰芳长子梅葆琛精心设计了父亲的墓园——梅园。墓分两层，环有梅花形栏墙。一层正中央墓基浇筑成梅花形状，花心处安葬着梅兰芳和两位夫人。墓台前竖着2米高的汉白玉石碑，上面镌刻着“梅兰芳之墓”。二层是梅兰芳家人的墓地。

自梅兰芳葬于万花山后，戏曲界有了“死后去见梅畹老”之风，先后有10余位名角追随他而来。“四大须生”之首马连良、须生言少朋、旦角任志秋、净角周和桐、丑角朱斌仙、琴师徐兰沅、戏曲教育家王少楼等都安葬在万花山附近，继续在这里上演着一出出永不落幕的京剧。

梅韵长存，梅魂永驻。梅兰芳以深挚的爱国主义精神、自觉的奉献精神、强烈的革新进取精神，终生为弘扬民族艺术不懈奋斗，不愧为京剧界乃至整个戏曲界的一面旗帜。

（执笔：王羚）

中国民俗学发祥地

1925年5月，北京大学顾颉刚一行在妙峰山进行了为期三天的进香活动调查，引起学界和社会各界的广泛关注。这是中国民俗学史上第一次实地调查，开启了民俗学田野调查的先河，妙峰山也因此被誉为“中国民俗学发祥地”。

“莲花金顶”妙峰山

妙峰山位于北京市西部，门头沟区和昌平区交界处，距阜成门约40公里，是西山分支仰山的主峰，海拔1291米。妙峰山层峦叠嶂，奇石林立，既有北方的苍劲风骨，又有南方的秀美灵气。元代名为“莲花峰”，后得名“妙高峰”，清末更名“妙峰山”。山区植被以绣线菊灌丛为主，海拔800米以上的台地缓谷中多植玫瑰，尤以主峰东南涧沟村一带较多，被誉为“玫瑰谷”。山顶建有碧霞元君庙等道教庙宇，古有“金顶”之称。

碧霞元君信仰源自中国古已有之的女神崇拜。古籍文献和民间关于碧霞元君的身份主要有四种说法：一是东岳大帝的女儿（即泰山的女儿），二是汉代凡间女子飞升成仙，三是玉皇大帝七女之一，四是华山玉女。民间盛传，北宋大中祥符元年（1008）宋真宗东封泰山时，泰山玉女池中一尊女性石雕像“真身显圣”。真宗以为祥瑞，于是重塑雕像，修建昭真祠，供奉女神。由此，民间将碧霞元君与泰山女神形象联系起来，对碧霞元君的信仰日渐兴盛。

约在元代，今北京地区民众开始立庙供奉碧霞元君“老娘娘”，到明代形成了影响较大的“三山五顶”。其中，“三山”指今门头沟区妙峰山、平谷区丫髻山和石景山区天台山；“五顶”指北京城周围的五座碧霞元君庙。民间传说，清康熙年间，妙峰山因“颇着灵迹”被封为“金顶妙峰山”，香火日盛。

妙峰山庙会兴起于明末，到晚清达到鼎盛。庙会期间，北京城内外以下层民众为主体的香客朝山进香、行香走会，敬拜碧霞元君等神祇。每年农历四月初一至十五的春季庙会，民众朝山进香尤其踊跃，特别是初六、初七、初八三天，每天进香的有上万人。除北京地区和天津、保定外，还有不少旅京的南方女性香客。《燕京岁时记》记载：“（妙峰山碧霞元君）庙在万山中，孤峰矗立，盘旋而上，势如绕螺，前可践后者之顶，后可见前者之足。自始迄终，继昼以夜，人无停趾，香无断烟。奇观哉！”民国时期，妙峰山成为京西一带香火最为旺盛的地方，也因此引起了知识分子的注意。

偶然发现的会启

20世纪20年代，在新文化运动影响下，文学、历史学、社会学、人类学、宗教学等不同学科的学者，纷纷涉足民俗学研究领域，顾颉刚即为其中的代表人物。

顾颉刚在北京大学求学期间响应新文化运动“到民间去”的倡议，将民间素材与“高文典册”中的资料一视同仁地当作研究对象。1918年，北京大学开始歌谣征集活动，随后在《北京大学日刊》陆续发表各地收集的成果。顾颉刚读后感到耳目一新，于是开始搜集歌谣，并将搜集范围逐渐扩大到民间风俗、宗教信仰等领域。毕业留校任教后，顾颉刚参加国学门歌谣学会、风俗调查会等学会工作，并成为《歌谣》周刊的主要撰稿人。他开始在搜集整理民间风俗和神话的基础上，对民间信仰进行研究。

1924年妙峰山庙会期间，顾颉刚在游览三家店时，偶然发现街边墙上贴着一些香会会启。会启又称会招、会报、会贴，大的有五六尺高、二尺余宽，小的也有一尺多高、八九寸宽，一般用黄纸印制，大多印成石碑模样，碑额、碑座则使用红、绿色纸居多。会启的文字内容一般包括香会的名称、本年度进香时间和行程安排等。此外，有的印着香客朝山进香的图案，有的印着妙峰山的风景和路线，还有的只印一些荷叶、花果、璎珞之类作为装饰。

这些会启引起了顾颉刚的极大兴趣，他后来回忆说："我的心中顿时痒得很，恨不得把这些东西立刻抄来，但又老不出脸皮当着许多走路人的面前抄写。"没过多久，由于风吹雨打，加上一些"惜字人"将它们揭了拿走，这些会启就都看不见了。

顾颉刚后悔不已。他认为这些会启及其反映的朝山进香的民间习俗，将是宗教学、社会学、心理学、民俗学、美学、教育学等学科研究的一种"活泼泼的新鲜材料"。于是，他萌生出一个念头：去妙峰山实地调查！

妙峰山实地调查

1925年4月30日，顾颉刚和容庚、容肇祖、庄严、孙伏园一行5人，带着向北大国学门申请来的50块大洋调查经费，出发前往妙峰山。他们由城内坐车经西直门、海甸（海淀），到达北安河，步行上山。

在通往妙峰山的香道上，每条路上都架起了路灯，各个站口都开有茶棚。香客随处都有人招待，他们互道"您虔诚"，如熟识的朋友一般。开茶棚也很便利，茶叶、供品设备都有人送来，打破了的碗盏也有人来修补，往来的鞋匠、铜锡匠、送拜垫围桌的、送茶盐的，络绎不绝。顾颉刚一行在茶棚歇脚，只见一会儿音乐班子来了，一会儿玩武艺的、舞幡舞狮的人来了，很是热闹。

从妙峰山上返回的香客，三五成群，每人手中都拄着一根桃木杖，各色纸花插戴满头。尤其是女人们用鲜艳的布包在头上，再插满花，与上山香客的“鞭丝蓬影”形成巨大反差。庄严在日记中形容道：“此种不可形容之野趣，非目睹者不知其可乐也。”

到妙峰山进香的民众大多为周边贫苦百姓，日常生活艰窘，一年劳苦所得不过养家糊口而已，更谈不上什么精神生活。孙伏园形容道，朝山进香是一种放松与狂欢，在这特殊的日子里，他们着意整理打扮，去迎接这场盛会，“他们在城市中打拱作揖拘拘得一年了，到这里借着神的佑护呼喊个痛快”。

这是顾颉刚期待已久的调查，5人中数他“最为炽热”。他沿途仔细观察香客的神情动作，不时和他们攀谈。为了更深入、无拘束地畅谈，他还主动帮香客照相，借此拉近关系。

调查中，顾颉刚下决心抄遍会启。之前从来没有人抄过会启，因此顾颉刚的举动引起香客们的好奇。他们三三两两地聚拢过来看热闹，有的疑惑道：“抄来做什么的？”有的诧异道：“他写得真快！”有的再次碰到，便对他笑着说：“又来了？”顾颉刚很不好意思，他后来回忆：“我本来很怕羞，更经不起他们的注意，要不是受了压抑了一年的好奇心的逼迫，一定羞怯得写不下了。”

妙峰山的食宿费比城里贵不少，据时人描述，如果住宿在山上的涧沟村，在四月初五、六、七、八这几天“租价奇贵”，其他时间香客比较少，价格也就稍微低一些。吃饭也是“物价奇贵”，较城里高2～3倍不等。顾颉刚一行四月初八上山，在寺庙借宿两天，给了8元食宿费，对方“仍露不欢之色”。此次调查费用只有50元，仅够维持3天。

尽管行程短促，这次调查已算是赶上了好时机。次年进香期，第二次直奉战争结束不久，奉军刚刚占领北京，人心惶惶，进山的香客数量陡降，“听说烧香的只胜（剩）数十人了”。

妙峰山调查影响深远

妙峰山实地调查极大地震撼了顾颉刚等人。顾颉刚描述这次调查后的心情时说：“我们智识阶级的人实在太暮气了，我们的精神和体质实在太衰老了，如再不吸收多量的强壮的血液，我们民族的前途更不知要衰颓的成什么样子了！强壮的血液在哪里？这并不难找，强壮的民族的文化是一种，自己民族中的下级社会的文化保存着一点人类的新鲜气象的是一种。”

1925年5—8月，《京报副刊》共刊出6期“妙峰山进香专号”，发表顾颉刚等人的调查所得。在《妙峰山的香会》等文章中，顾颉刚根据抄来的会启，统计出1925年99个香会的名称及其地域分布，并在此基础上对香会的组织结构、分类、会规、会费来源等进行了分析。他还总结出这一现象背后的价值：从妙峰山的香会可以看出民间社会的自我组织能力与风范。这个观点后来也被人反复征引。

顾颉刚一行的妙峰山调查，结合西方务实思想与传统国学方法，记录不入“古人翰墨”的民众活动实况，保留了极有价值的第一手资料。这是中国学者第一次走入民间社会，对民众文化及其生活进行深入研究，被誉为“中国民俗学的一面旗帜”。此后的研究，无论是从理论上还是方法上，都或多或少受到他们的影响。“到民间去”脚踏实地调查研究，成为中国现代民俗学的传统。民俗学这门发源于西方的学科在中国扎下了坚实的根基。

（执笔：林玉琳）

学术报国的梁思成林徽因夫妇

梁思成和林徽因夫妇一生致力于古建筑研究，系统开展田野考察，是我国古建筑学科的开拓者和奠基者。北平和平解放前，他们绘制北平重点文物图，为人民解放军保护古都提供重要依据。新中国成立后，他们设计的中华人民共和国国徽和人民英雄纪念碑，成为展现国家形象、凝聚民族精神的象征。

古建田野考察硕果累累

1928年，梁思成和林徽因从美国学成回到祖国，在沈阳东北大学创办了建筑系。1931年，梁思成辞去东北大学的工作，应朱启钤之邀前往北平，担任中国营造学社法式部主任。林徽因也加入学社，历任校理、参校等职务。

中国营造学社是研究中国古代建筑的学术团体。在这里，梁思成和林徽因发挥所学，如鱼得水，开启了古建筑田野调查之旅。他们感到，北平有着丰富的历史文物建筑，但许多文物建筑和园林名胜的历史沿革、实测图说、照片模型等资料十分匮乏，需要深入实地考察、认真系统研究，才能使其得到更好的保护和传承。

北平西郊是他们古建筑田野调查的第一站。1932年夏天，林徽因肺病加重，在香山双清别墅休养。他们就近考察了京西一带的卧佛寺、法海寺、晏公祠、宝相寺、团城演武厅等古建名胜，精确测绘，详细记录，逐一拍照，撰写游记（报告）。考察中，他们主张建筑审美“可不能势利”，“大名显赫，尤其是有乾隆御笔碑石来赞扬的，并不一定便是宝贝；不见经传，湮没在人迹罕至的乱草中间的，更不一定不是一位无名英雄”。

在卧佛寺，梁思成和林徽因没有过多关注乾隆御碑，而是重点考察该寺平面呈现的唐代形制。寺内牌楼、天王殿、正殿、后殿均处在一条中轴线上，游廊自山门环绕一周，东西19间，南北40间，呈长方形布局，将整个寺院以“四合头”式前后分成几进。这是典型的唐代建筑布局，在北平仅此一处。

走近法海寺，映入眼帘的是一座极不寻常的寺门。“有圆栱门洞的城楼模样，上边却顶着一座喇嘛式的塔——一个缩小的北海白塔。”梁思成和林徽因研究认为，寺门这种样式与原先的居庸关类似。居庸关上本来有一座塔，但因年久倾废，形状已不可考。因此，法海寺寺门为研究居庸关原貌提供了重要依据，这是他们的意外收获。

杏子口（今杏石口）有3座不起眼的石佛龛，北崖两座，南崖一座。北崖佛龛并立于一个小台基上，上面刻有“承安五年四月廿三日到此”字迹。承安是金章宗的年号，承安五年也就是1200年。梁思成和林徽因由此推断，佛龛至少是金代遗物，在这里已经存在了700余年。

考察归来，梁思成和林徽因立即投入到紧张的资料整理研究中，很快写出考察报告《平郊建筑杂录》，并发表在当年11月的《中国营造学社汇刊》第3卷第4期上。报告中附有他们亲手绘制的卧佛寺平面图和寺内白石桥结构图；两幅法海寺寺门的照片，辅以寺门塔各部细节形象及尺寸的详细文字说明；4幅杏子口金代佛龛照片。他们的考察报告，为北平古建筑研究提供了第一手资料，具有重要的学术价值。同时，他们还提出了一个中国建筑美学概念——建筑意，用来形容一种建筑审美者所独有的“超出这‘诗’‘画’以外的”意兴存在。

平郊古建考察仅仅是梁思成、林徽因在全国各地实地调查、测绘古建筑的一个缩影。从1930年到1945年，他们跋山涉水、风餐露宿，足迹遍布15个省190多个县，考察测绘了2738处古建筑，考证了天津蓟县辽代独乐寺观音阁、山西应县辽代木塔等建筑的年代和文化内涵。特别是他们发现的当时国内唯一的唐代木构殿宇佛光寺，被梁思成称为“中国古代建筑第一瑰宝”，有力回击了日本学者认为中国没有唐代木构建筑遗存的谬论。他们撰写的《中国建筑史》和《中国建筑史图录》，成为中国建筑学科的开山之作。

保护古都文物利国利民

1948年底，人民解放军兵临城下，已经完成对北平的包围。此时，尚在西柏坡的毛泽东收到一份关于北平战况的电报：“清华大学落有炮弹，人心恐慌，空气极度紧张。”毛泽东立刻作出批示：“通知部队注意保护清华燕京等学校及名胜古迹等。”12月18日，第13兵团政治部在清华大学西校门张贴布告，解放军会对清华大学严加保护，不事滋扰，学校可照常教学。这张布告让清华师生倍感欢欣，也给当时在清华大学任教的梁思成带来了保护古都北平的希望。

当天夜里，北平地下党组织通过清华大学政治系系主任张奚若、教授吴晗，引见两位解放军代表来到梁思成在清华园的寓所。寒暄过后，解放军代表取出一幅北平军事地图，诚恳地对梁思成说：“党中央和毛主席主张和平解放北平，但是如果傅作义将军拒绝接受和平改编，我们只能强行攻城；为避免攻城时破坏古建筑，请梁先生在地图上标出古建筑的位置。”梁思成被中国共产党保护文物的诚意所感动。他说，想不到共产党如此珍视文物，竟做了他原来一直担心而又不敢奢求的大事。激动不已的梁思成和林徽因，立刻用红笔在那幅军用地图上，把他们认为必须特别加以保护的地点逐一圈点出来。两位军人离开时说："北平很快就要回到人民手中了，这些古建筑是中国文化的瑰宝，我们就是流血牺牲，也要保证不伤它一砖一瓦，请二位先生放心。"

这张梁思成和林徽因圈点过的军用地图，很快印制成"北平重点文物图"，其中一幅就张贴在毛泽东指挥平津战役的指挥所。毛泽东命令把该图下发围城部队，要求在攻击训练时对目标精确计算，以确保文物古迹战时不被炮火误伤。1949年1月16日，中央军委发出《关于保护北平文化古城问题的指示电》，提出攻城必须周密计划，明白哪些地方可以攻击，哪些地方不可以攻击，绘图立说，人手一份，力求避免破坏故宫、大学及其他具有重大价值的文化古迹。

就从哪座城门攻入北平城内最为合适，聂荣臻专门征询梁思成的意见。梁思成说，北平有两三座城门是未曾修复过的纯粹的明代建筑，南城的西城门就是其中一座。如果被摧毁，那将是不可弥补的损失。而北城城墙东部的城门曾遭到八国联军的破坏，是日本人后修的，适合作为强攻北平时的突破口。当月，北平和平解放，这座举世闻名的历史文化名城免遭战火，完整地回到人民手中。

应中共中央之请，梁思成还于1949年3月主持完成了《全国重要建筑文物简目》的编写工作。该书对解放战争作战及城市接管后文物保护工作起到重要作用，并为确定1961年首批全国重点文物保护单位名单奠定了基础。

设计国家标识誉满华夏

1949年7月，新政协筹备会向社会公开征集国徽图案。这次征集共收到112件国徽稿件900幅国徽设计图案。经过认真筛选，均不太理想。中国人民政治协商会议第一届全体会议后不久，全国政协决定邀请清华大学营建系和国立北平艺专（后为中央美术学院）设计国徽方案，由他们各自组织实施。

梁思成是清华大学国徽设计组的负责人，林徽因是设计组成员之一。梁思成带领设计小组的师生们反复学习国徽设计要求，广泛吸收各界人士意见，参考国内外有关资料，熬过一个个不眠之夜，历经一次次挫折失败，初步形成以中国古老玉器“瑗”（大孔玉璧）的形态作为国徽整体图形设计创意的核心意象，将文字“中华人民共和国”与五角星作为设计主体，再将齿轮、嘉禾、绶带等图案整合进设计方案之中，体现了浓郁的中国传统文化情怀。方案送到全国政协常委会后，根据反馈意见，他们和中央美院设计组在以天安门为主体加国旗五角星图案的方案基础上通力合作修改，梁思成担任总设计，一个既有中国特征又庄严富丽的国徽图案呼之欲出。

修改过程中，梁思成和林徽因带领大家从动手画草图，到正式绘图，每一个细节都精益求精，每一次成稿都力求完美。他们的女儿梁再冰回忆道，家中沙发上、桌椅上摆满了红、金两色的国徽图案草稿，客厅变成了一个巨大的国徽“作坊”。

1950年6月23日，全国政协一届二次全体会议最终通过梁思成等人修正绘制的国徽图案。后来，他们又根据周恩来的建议，对谷穗造型细部形象做了局部改进。9月20日，中央人民政府主席毛泽东发布命令，公布中华人民共和国国徽图案。至此，中华人民共和国有了自己的国徽。

伫立在天安门广场的人民英雄纪念碑，也渗透着梁思成和林徽因的心血。1952年5月，首都人民英雄纪念碑兴建委员会成立，梁思成任副主任，林徽因任委员。纪念碑采用他们“以碑为主，以碑文为主题”的设计方案和“上有卷云，下有重幔”小庑殿顶样式的建筑方案。林徽因亲自为碑座和碑身设计全套饰纹。

1958年4月，人民英雄纪念碑建成。人民英雄纪念碑不仅是新中国历史上最大的纪念碑，更是新中国最重要的红色地标之一。它生动展现了中国人民为争取民族独立和人民自由幸福英勇斗争的伟大精神，集中彰显了全国人民对革命先烈的无限崇敬和深切追思。

林徽因与梁思成分别于1955年4月和1972年1月与世长辞，先后被安葬于八宝山革命公墓。他们的成就光鉴照人，他们的事业后继有人。2000年，经国务院批准，建设部和中国建筑学会设立梁思成建筑奖，用以表彰奖励在建筑界作出重大成绩和卓越贡献的杰出建筑师、建筑理论家和建筑教育家，是授予建筑师和建筑学者的最高荣誉。

（执笔：王羚）

归隐青龙桥的程砚秋

在日寇犯我中华、侵占北平期间，一代京剧大师程砚秋坚决不与日伪合作，拒绝登台演出，隐居在颐和园西北侧的青龙桥耕田种地。解放战争期间，程砚秋不满国民党的反动统治，再度息影。周恩来曾赞扬道，程砚秋坚持民族气节，反对日伪统治，毅然息影剧坛，避居山村，荷锄务农的爱国主义壮举，将永远在中华民族抗敌御侮、争取解放的斗争史册上放射着耀眼的光辉。

“我不能为他们义演”

“荒原寒日嘶胡马，万里云山归路遐。”台上，一位扮相俊美靓丽、唱腔清幽委婉的“女子”缓缓亮相；台下，观众如痴如醉，掌声如潮，大声叫好。这就是一代京剧大师程砚秋的代表作《文姬归汉》的开场。

程砚秋，1904年1月1日生于北京，满族人，原名承麟，学艺时取名程菊侬，后改艳秋，字玉霜。程砚秋初习武生，后因扮相俊俏改学花旦。他天资聪颖，又勤学苦练，11岁登台时就艳惊四座，开始在京剧界崭露头角。23岁时，与梅兰芳、尚小云、荀慧生被誉为“四大名旦”。随后创立程派，主要代表作有《窦娥冤》《锁麟囊》等。

就在程砚秋步入舞台艺术巅峰之时，日本侵略者的铁蹄践踏神州大地。1931年九一八事变后，面对国土沦陷，程砚秋满腔义愤，创作新戏

程砚秋《荒山泪》剧照（图片来源：《北京志·戏剧志》）

《亡蜀鉴》。“勿忘亡蜀鉴，国难切莫苟偷安。临危何惧死，死后忠魂故国还。”他写下的这段慷慨悲壮的唱词，表达了决不卖国求荣、宁死不做亡国奴的决心。此剧一经公演即获得巨大成功，引起观众强烈共鸣。次年，他以“砚”易“艳”，表示不再以艳悦人，正式改名“砚秋”，并将字“玉霜”更为“御霜”。

北平沦陷后，日本侵略者为强化统治、粉饰太平，常常拉拢胁迫有影响的社会名流、学者、艺术家参加各种社会活动。一次，日本人逼迫梨园公会组织京剧界义演，为日军捐献飞机。当时程砚秋在北平京剧界声名最盛，梨园公会派人找到他，劝他体谅同业的难处，出来打个圆场。程砚秋义正词严地拒绝道：“我是中国人，我不能为他们义演，叫他们购买飞机大炮屠杀我们的同胞！”之后，日本人还多次“邀请”程砚秋唱义务戏、去伪满洲国，要求留剧场“官座”，但他坚决不予合作。恼羞成怒的日本人撕去伪善的面纱，开始处处刁难程砚秋，不准电台播放他的唱片，还寻机对他报复。

1942年9月，程砚秋独自一人从天津坐火车回北平，刚下火车就被日伪特务和铁路警察团团围住，以检查“良民证”为由，将他拽进一个小黑屋。他突然被人抱住腰，耳上重重挨了一拳。程砚秋愤而还击，击退5人，然后疾步夺门而出，混入人群得以脱身。日伪特务和铁路警察为了泄愤，将程砚秋托运的行李用刺刀划破，在戏箱里洒上硝酸，烧坏了不少行头。事后，很多报纸以“程砚秋大闹车站”为题争相报道。因此，程砚秋的“有种”和身手也出了名。

著名“花脸”侯喜瑞听说后特意到程砚秋家里探望，高兴地说：“御霜，你在前门火车站的这出‘全武行’，全北平戏剧界都传遍了，你这下子可给咱们梨园界同人出了口怨气。铁路上这些黄狗子仗着日本人的势力为非作歹，特别对咱唱戏的更是敲诈勒索，无所不用其极，人们敢怒而不敢言啊，你算给大家出了这口恶气了！”

日伪特务吃了亏，屡次找程砚秋的麻烦。于是他毅然决定退出舞台，归隐务农。为了躲避日本人的纠缠，程砚秋托朋友找到一家德国医院。他说：“我现在这样胖，哪还能上舞台表演呢？”大夫心领神会，在诊断书上写下：“程砚秋经本院内科检查，体胖行动不便，不宜去舞台献艺，应休息。”拿到诊断书后，程砚秋便以此为由，正式宣布隐退。

被列入黑名单的务农人

1943年春节前，程砚秋解散了苦心经营多年的“秋声社”，告别舞台，孤身来到青龙桥开始村居务农生活，实行“三闭主义”，即闭口、闭眼、闭心。他还亲笔书写春联：“蓄发事耕耘，杜门谢来客；殷勤语行人，早做退步想。”犁地播种、除草插秧、割谷晒粮，“晨兴理荒秽，带月荷锄归”，程砚秋正儿八经地当起了农民。

在青龙桥务农的日子，程砚秋从容淡然，颇为自得，“趣在农民不觉苦”。农活干得满头大汗，他说“有趣”；忙得未睡午觉，他感到“精神甚佳”；挑玉米棒子肩膀肿了，他觉得疼，“然而极有趣味”；用手扒粪，他“亦不觉其脏，常与大粪堆接近久而不闻其臭，并感其是珍宝一般看待”；妻女来了，赶紧端来学做的玉米饼子，与家人分享自己的劳动成果。对于吃咸菜啃窝头，他说：“若能常有黄金塔（玉米面窝头）吃，就念阿弥陀佛了。”白天，他牵着骡子，扛着锄头，去田间干活。晚上，他或是写字作画，或是埋头读书，手不释卷地从《史记》读到《明史》。

务农期间，程砚秋不摆名角架子，乐善好施，口碑很好，被大家尊为“程四爷”。他帮老农种蒜，代邻居老妇挑水，“看装碌碌极顺利，浇水大唱碌碌歌，酒一斤肉一斤，吃了大家很高兴”。天寒暑热，给工友添置棉裤、毛巾等，他还给村子盖碾坊，修厕所，建功德学校，解决村民困难，帮助培养农家子弟。

程砚秋务农的日子并不太平。日伪特务时不时上门“拜访”，还放出风声，说他种地别有用心，一定是把粮食接济了八路军。他在日记中记述道“本区特务郑及成来访，口出不逊之言而去，态度骄横”“遇小毛特务，心不快，山青水秀之地，有此种人在此，实大煞风景”。

1944年，日本宪兵队在北平城内大肆搜捕“政治犯”和爱国人士。他们以程砚秋从前经常与“要人”往来，并有子女在瑞士念书，思想不良为借口，将他列入黑名单。当年2月25日凌晨，日本宪兵和伪警察越墙进入西四北报子胡同的程宅搜捕。因程砚秋当晚住在青龙桥，他们扑了个空，只好悻悻离去。

事后，程砚秋在日记中愤愤写道：“所谓士可杀不可辱，凡事调查清楚杀了完事……幸昨日未入城，不然此戏不知演到何种地步。”“银行界中‘请’去者甚多，我亦列入够资格者之中，名之害人大矣。将入三月，恐厄运来临，也无法可想，所谓闭门家中坐，祸从天上来也。”

“中国亡不了，艺术亡不了”

“凭栏远瞩气萧森，故国精华何处寻？桑田沧海惊多变，指日挥戈望太平。”这是1944年程砚秋在宝藏寺远眺北平时所作的一首诗。他热切期盼的抗战胜利很快就到来了。

1945年8月15日，日本宣布无条件投降。程砚秋激动地说：“看到打败日本侵略者，真高兴呀！我早就相信中国亡不了！艺术亡不了！”他满怀喜悦在北平广播电台发表演说，控诉日寇在华的种种罪行，还与孟小冬、杨宝森在电台清唱《武家坡》。程砚秋正式宣布，改“三闭主义”为“三开主义”，即开口、开眼、开心，重新登台演出。

程砚秋先是在辽、吉、黑复员协进会北平分会的邀约下，为资助东北义民还乡义演，随后又为赈济广西水灾义演，之后才开始营业性演出。1946年秋末，他去上海公演，与京剧名家谭富英、叶盛兰合作，使沪上程迷大饱耳福。他还应宋庆龄之邀，为中福会基金义演募集善款。不久，程砚秋目睹国民党政权黑暗腐败，失望至极，再度息演，又一次归隐青龙桥。

新中国成立后，程砚秋欣然登台复演。抗美援朝战争期间，他不仅将在贵州、云南的演出收入捐献给国家，还捐出了担任中国戏曲研究院副院长期间的全部工资。1951年，程砚秋昆明义演后，路经武汉时得知当地捐献抗美援朝的飞机还差几个“螺丝钉”，便推迟归期，不顾劳顿，在汉口连续义演5天。后来，他又积极参加赴朝慰问团，热情慰问志愿军战士。

1957年春天，程砚秋正式向党组织递交了入党申请书。同年10月，经周恩来、贺龙介绍，程砚秋光荣地加入中国共产党。

1958年3月9日，程砚秋与世长辞，享年54岁。他一生以艺名世、以德照人，台上是旦角女娇娥，台下是铁骨好男儿，不负“京剧大师”之盛名。斯人已去，浩气长存……

（执笔：王羚）

顾颉刚创办的禹贡学会

80多年前，史学巨擘顾颉刚在北平西郊成府村，联合谭其骧等发起成立禹贡学会和创办《禹贡》半月刊，极大地推动了我国现代历史地理学的研究。

上古地理走进课堂

1926年，燕京大学从北平城内迁到西郊海甸（淀）镇东北部。除燕南园和燕东园外，学校租下东门外成府村多座院落供本校教职工居住。1929年，顾颉刚受聘担任燕京大学研究员、历史学系教授，分配到了成府村蒋家胡同3号院，至1936年一直居住于此。

来燕京大学之前，顾颉刚曾辗转于北京大学、厦门大学、中山大学，但在每所学校执教的时间都不长。他之所以选择燕京大学，是因为校园在北平郊外，比较僻静，一星期只上三小时课，且不担任其他事务，有大量时间可以按照自己的计划，继续读书和研究问题。

顾颉刚专于上古史研究。当时，他正在潜心钻研《尚书》中记制度的《尧典》和记地理的《禹贡》两篇，其中《禹贡》涉及许多中国地理问题，留有不少历史谜团，需要进一步探索。为了借教书来督促自己读书，1932年，他在燕京大学开设“中国上古史”（后改为“中国古代地理沿革史”）课程，专讲《禹贡》及有关典籍。顾颉刚把自己比作食桑的蚕，希望通过几年努力可以吐出丝来，成就一部比较可靠的《中国古代地理沿革史讲义》。此外，他接受北京大学邀请兼职授课，两校上这门课的学生有六七十人。

与此同时，顾颉刚的研究生谭其骧也在辅仁大学讲授“中国地理沿革史”。两人假期相逢，常常一起探讨上古地理问题，交流学生优秀习作。顾颉刚认为，研究学问的兴趣应当在公开讨论中养成。谭其骧听后深有同感。于是，顾颉刚心中逐渐萌生了成立一个专门研究古代地理变迁的学术团体的想法。

禹贡学会应运而生

1934年2月4日，顾颉刚约谭其骧在住所附近的饭店吃饭，席间商议筹备成立一个研究中国沿革地理和相关学科的学会。顾颉刚认为,《尚书》的《禹贡》篇是研究中国地理沿革史的出发点，学会应当取名“禹贡”。谭其骧深表赞同。

禹贡学会创建工作紧锣密鼓地开始了，筹备处就设在顾颉刚家中。筹建时，成员多是燕京大学、北京大学、辅仁大学三校修习中国沿革地理的学生，后来还吸收了北平、天津、上海、杭州、广州等地一些学者和社会人士。活动经费主要来源于捐款，顾颉刚、谭其骧每月捐20元，有时捐40元，并发起募集基金；同时还收取一部分会费，普通会员每月收1元，学生会员收5角。

北洋政府原教育总长张国淦看到筹建中的禹贡学会没有独立的办公地点，便将位于西皇城根从前他所办培德学校的房舍捐赠出来，学会的办公条件得到改善。

筹备工作一切就绪。1935年9月，禹贡学会向北平市公安局和北平市社会局呈请立案。获得批准后，学会于1936年5月24日在燕京大学临湖轩召开成立大会。按照当时文化团体的惯例，学会不设会长，而设理事会和监事会。经选举，顾颉刚任理事长，于省吾任监事长。从此，禹贡学会获得政府正式承认，并得到中英庚款董事会1.5万元补助费，学会的窘境得以缓解，顾颉刚在日记中称“为之狂喜”。

禹贡学会先后出版游记丛书、边疆丛书、禹贡学会丛书，绘制《地图底册》甲种图56种，在中国地理学史上开现代历史地理学研究之先河。1937年卢沟桥事变爆发，禹贡学会的活动被迫中断。

禹贡杂志影响深远

1934年3月1日，禹贡学会筹备伊始，就创办了《禹贡》半月刊，每月1日、16日出版。办刊宗旨是“要使一般学历史的人，转换一部分注意力到地理沿革方面去，使我们的史学逐渐建筑在稳固的基础之上”。顾颉刚和谭其骧任主编，谭其骧赴广州任教后，其主编一职由冯家昇接任。编辑部也设在蒋家胡同3号。刊物不给酬劳，写稿、审稿、编辑等全部工作都是义务的。

冯家昇、侯仁之、史念海、翁独健、周一良、吴丰培等都是禹贡学会会员，他们经常出入蒋家胡同3号。这些才华横溢的青年，学术根基好、办刊热情高，经顾颉刚等名师点拨，进步很快。在大家齐心协力下，《禹贡》半月刊办得有声有色。最初每期只有2万字，后来篇幅逐渐增加，有一期竟超出10万字，发行量由每期500份逐渐增加到2000份。

《禹贡》半月刊最初的稿源，主要来自于顾颉刚和谭其骧学生的课业习作。禹贡学会刚刚创办时，侯仁之就读于燕京大学二年级，是顾颉刚主讲的“中国古代地理沿革史”课上的学生。顾颉刚亲自为每个学生拟定写作题目，侯仁之的题目是《汉书地理志中所释之职方山川泽寖》。侯仁之自认为旧学功底不深，对文章写出来后能不能发表没有信心。但是文章很快就在《禹贡》半月刊上登载出来，令他惊喜的是，绪论和结语都经过了顾颉刚的仔细修改、补充和润饰。这件事大大激励了侯仁之，促使他下定决心去钻研古籍，走上历史地理研究之路，后来终于成为一代著名历史地理学家。

禹贡学会的学术活动及刊物所载文章，并不局限于古代地理考辨，而是拓展到了边疆研究和民族问题研究。当时，日本侵略者已占领东北，华北岌岌可危。顾颉刚主张“以文字参加抗日工作”，禹贡学会开始关注北部边疆，特别是东北历史地理的研究。《禹贡》半月刊相继发表“西北研究专号”“东北研究专号”“南洋研究专号”“康藏专号”“察绥专号”“河套水利调查专号”等，以此启发民族觉醒、激励国人抗争。

1937年北平沦陷后，顾颉刚被列入日伪政府的“黑名单”，不得不离开北平避难，《禹贡》半月刊也被迫停刊。在3年多时间内，《禹贡》半月刊共出版7卷82期，发表论文、调查报告等708篇。自第3卷第1期开始，《禹贡》半月刊的英译名称由*The Evolution of Chinese Geography*改为*The Chinese Historical Geography*，成为“历史地理”出版物在中国首次出现的标志。

抗战胜利后，顾颉刚回到北平，于1946年3月10日在太庙（今劳动人民文化宫）召开禹贡复会会议。此后，在《国民新报》《经世日报》上相继开辟《禹贡周刊》专栏，但不久再次因时局动荡而停刊。1955年2月6日，禹贡学会理事会、监事会作出正式结束学会的决定。

禹贡学会和《禹贡》半月刊虽然存在时间不长，但顾颉刚及其同人取得了令人瞩目的成就，推动了边疆历史地理、民族历史和现状的调查研究，培养造就了我国第一批历史地理学人才，被视为由传统沿革地理学向现代历史地理学过渡期间最具影响力的事件。

（执笔：纪箟）

浴火重生的首都钢铁厂

首钢集团位于石景山区永定河畔，前身为1919年官商合办龙烟铁矿公司在京西创办的石景山炼厂，20世纪60年代改称首都钢铁公司。它是中国近代史上最具传奇色彩的钢铁厂之一。

军阀混战中数易其手

1918年，第一次世界大战进入第五个年头。战争带来的直接影响就是国际生铁需求暴涨，价格飙升。钢铁业成为最赚钱的产业，全国一时兴起大办钢铁厂的热潮。

看到这种情形，北洋政界要员、商界巨贾坐不住了。他们想到瑞典地质学家安特生等人发现的储量概算达5000万吨的龙关铁矿，于是成立了官商合办龙关铁矿股份有限公司。不久，龙关铁矿与新发现的烟筒山铁矿合在一起，各取一字诞生了一家新公司——官商合办龙烟铁矿公司[1]（简称龙烟公司）。北洋政府总理段祺瑞控制着龙烟铁矿的开采权，委派陆宗舆为督办，组织开采铁矿石，并着手制订建炉设厂计划。

挖出来的铁矿石送到哪里冶炼成生铁呢？陆宗舆派人考察宣化、石景山、天津、坨里、长辛店、卢沟桥、通州和丰台等地后，认为石景山

[1] 官股由交通部和农商部共同出资250万银圆组成；商股名义股东近150个商户，投资234万余银圆，实际背后不足50人，基本上是官僚、军阀、银行家等。

东部地势较高且宽敞，铁矿石可通过京绥铁路从北边运来，炼铁必需的石灰石在附近将军岭就有出产，又紧邻门头沟煤矿和永定河，方便燃料和水的获取，此外离京城较近，易于政要控制，综合看来此地是建炼厂的绝佳地点。于是，陆宗舆决定在石景山东麓购地建厂。

1919年，龙烟公司在石景山附近购地1162亩，石景山炼厂（简称石炼）破土动工，并从美国订购炼铁高炉（1号高炉）和配套设备。两年后，当美国的设备陆续运抵北京时，石炼的筹建工作已完成大半，但龙烟公司账面上没钱了。

以段祺瑞为首的军阀势力在直皖战争中惨败，石炼建厂经费大受影响，工程陷入停顿。复任中华民国总统的黎元洪允诺石炼开炉所需资金由政府补齐。但两个月后，他再度辞职，退出政坛，拨款之事不了了之。至1924年3月，股本消耗殆尽，且负债达200万元，炼铁厂仍未完工。

北京政权落入奉系军阀手中后，张作霖想把石炼变成军工厂，令其参谋长杨宇霆接办龙烟公司。他修订了计划，改建炼钢厂。不久，国民革命军北伐，把张作霖赶回关外，改建计划沦为一纸空文。

1925年，国民政府在广州成立，北洋政府当权者再无暇顾及石炼这个烂摊子，只留下一名材料主任、几名工头和20多名工人。他们利用厂内空地种上作物，还将一部分土地出租，以此来维持日常开支。

1928年，龙烟公司作为北洋政府的官产，被国民政府收归国有，但仍未能正常运转，厂内杂草丛生，高炉烟囱上甚至筑起了鸟巢。当时的负责人黎世蘅从未给石炼增添一砖一瓦，却干起低价盗卖机器设备的勾当。直至1937年卢沟桥事变爆发，一座即将建成的炼铁厂在国民党手里继续白白荒废了9年时间。

在一片风雨飘摇中，官僚、军阀、资本家股东们筑造“北方工业之中心”的美梦最终化为泡影。从1919年开工到1937年的18年间，石景山炼厂竟没有出产一吨铁。

日寇蹂躏下血泪控诉

1937年8月，日本侵略者霸占了石炼，交给与日本政府关系密切的兴中公司代为经营，实施军事管理，开始了长达8年的残暴殖民统治。

次年4月，兴中公司将石炼从龙烟公司分离出来，改了一个具有日本色彩的名字——“石景山制铁所”。11月20日，高炉经过应急修复，举行点火开炉仪式，正式开炉出铁。日本人专门印发简报，嚣张无耻地称1号高炉出铁是“为圣战目的，日支经济合作的具体体现”。由此，石炼生产出来的生铁有的运回日本，有的制成武器装备侵华日军部队。

太平洋战争爆发后，日本在中国加大对煤、铁、盐、棉等军需物资的攫取。1942年12月，“北支那制铁株式会社”成立，专门从事对华北地区钢铁资源的掠夺活动，本社设在北平市，作业所设在石景山。“北支那制铁株式会社”拟订了年产百万吨生铁的计划，决定进一步扩大石炼的生产能力，除原有1号高炉外，从日本釜石制铁所迁运来一座有10年炉龄的老高炉，被称为2号高炉。为在短时间内尽快增加生铁产量，还增建了11座小高炉。

为达到“以战养战”的目的，日本侵略者急功近利，盲目赶进度，各种设备缺陷严重且不配套，再加上中国工人日益强烈的反抗，造成事故频发，生产效率不高。设计日产250吨的1号高炉平均日产仅72吨。2号高炉开炉投产次日，操纵室便发生火灾。从1938年11月到1945年8月，石景山炼厂所有大小高炉，均没有达到设计的日产能力。

日本工头不顾中国工人的死活，视人命如草芥。使用土法炼焦时没有安全防护，完全暴露在高温粉尘下作业，极大损害工人身体健康。高空作业的脚手架用麻绳捆绑，没有任何安全带和拦网保护。在一次脚手架坍塌事故中，竟摔死7人、摔伤91人。1942年7月，1号高炉出现结瘤故障，日本工头强迫中国工人冒着难以忍受的高温入炉扒料，造成炉料坍塌，当场烫死5人、重伤81人。当时，工人在严密控制下每天要劳动12小时，有时甚至长达18小时。干活累了刚想直直腰，立刻遭到毒打。由于长期沉重的体力劳动折磨，加上吃的是混合面，工人们个个骨瘦如柴、病痛不断。日本侵略者残暴统治石炼的8年，是一段流淌着中国人民血泪的苦难史。

日本战败宣布无条件投降后，日本人在撤离石炼过程中，未按正常停炉程序操作，蓄意将铁水留在两座高炉里，导致铁水冷却后变成铁坨，彻底封死高炉。当美国专家实地考察了两座高炉状况后，他们给出的建议是：无可救药，原地报废。

红旗引领下重获新生

1945年9月，国民党派1500名所谓“先遣军”进驻石炼维持秩序，但这些人却肆无忌惮借机疯抢物资。其丑恶行径被工人们编成歌谣讽刺：“想中央[1]，盼中央，中央来了更遭殃，赶走一群虎，又来一群狼，接收大员一入场，忙把东西抢。”

国民政府正式接管石炼后，更名为石景山钢铁厂（简称石钢）。为尽快恢复生产以支持即将发生的国共内战，国民党投入巨资，派专员主持修复损伤较轻的1号高炉。直到1948年3月，1号高炉才艰难点火开炉。

1948年秋，国民政府见在北方的统治大势已去，急令北平各工厂企业将人员和机器设备南迁。石钢负责人接到密令后，着手制作包装木箱，准备拆运设备。中共地下党员白振东得知消息后，化装成乞丐赶赴华北

[1] 指国民党中央军。

1948年，石景山钢铁厂全景（图片来源:《北京志·黑色冶金工业志》）

局城工部所在地河北省泊镇，向部长刘仁汇报情况。华北局城工部向其所属工委、学委和文委等地下党组织作出反南迁工作的具体部署。

“反对南迁，保护工厂”活动迅速展开，在高炉附近出现了“打倒国民党!”“中国共产党万岁!”等标语。石钢的地下党员一方面广泛发动工人群众实行怠工，另一方面调查石钢人员结构、党派背景、黄色工会内幕，敌军驻守状况、武器装备，以及工厂生产规模、产品等情报，为护厂迎接解放做好准备。通过大量耐心工作，派来拆迁机器的工人和制造设备包装箱的工人转变了立场，扔下工具，加入到怠工行列。国民党在撤退前企图如法炮制日本人铸死高炉的阴谋，但地下党和职工日夜守护在机器旁严防破坏，做好高炉减风、放净铁水、封炉等工作，1号高炉最终得以保全。

12月16日，白振东、王长林、孙以恕等地下党员找到解放军指挥部，报告石钢厂区地形、国民党军队的兵力部署以及要害厂房设备等情况。当晚，王长林带路，解放军攻入厂区，占领炼铁厂、发电所、锅炉房等重地，并对石景山上守敌发起最后的攻击。17日凌晨1时，解放军攻占石景山，石钢解放，厂内所有设备完好无损地回到人民手中。

在解放初期的艰难岁月中，石钢工人发扬主人翁精神，在缺乏先进技术手段的情况下，硬是用6个月17天时间，一点点凿掉了日本人铸死在2号高炉内的铁砣。1950年底，已废弃5年的2号高炉宣告复活，再次淌出火红的铁水。8年后，石景山钢铁厂更名为石景山钢铁公司，炼出第一炉沸腾的钢水，结束了有铁无钢的历史。1966年9月，石景山钢铁公司改名为首都钢铁公司。1996年9月，北京市人民政府、冶金部批准组建首钢集团（简称首钢）。经过不懈奋斗，首钢成为首都工业的一面旗帜。

首钢在军阀混战的你争我夺中艰难诞生，在侵华日军的铁蹄蹂躏下奄奄一息，在解放战争的胜利号角中回归人民，逐渐成长为新中国第一大钢铁厂。它饱经沧桑、跌宕起伏的命运，从侧面反映了近代以来中国百年的兴衰荣辱。

（执笔：纪筬）

红色印记
永恒丰碑

北方劳动界的一颗明星

永定河西岸的卢沟桥畔，有一座千年古镇长辛店。共产党北京早期组织成立后，在这里办学校、建工会，领导开展罢工斗争，使这里成为京汉铁路工人大罢工的重要策源地之一，成为马克思主义同中国工人运动相结合的起点。长辛店工人俱乐部被《共产党》月刊誉为“北方劳动界的一颗明星”。

创办补习学校　唤醒工人觉悟

长辛店机厂是北京最大的近代企业和产业工人聚集地，1920年前后工人总数发展到3000人左右，孕育出北京最早的一批产业工人。

五四运动爆发当天，长辛店工人有的骑着毛驴，有的步行，赶到天安门参加游行示威，声援学生爱国运动。回去后，他们组织救国十人团，加入各界联合会，开展街头演讲、抵制日货等活动。五四运动高潮过后，为了提高工人觉悟，工人骨干创办夜班通俗学校。邓中夏等人经常带领北京大学平民教育讲演团到长辛店宣传，还为他们请了一些专职教员。

共产党北京早期组织成立后，邓中夏、张国焘、张太雷等人，积极响应李大钊“非把知识阶级与劳工阶级打成一气不可”的号召，到长辛店开展工人运动。他们同工人骨干商议后，在夜班通俗学校的基础上，创办了劳动补习学校。

为筹措办学经费，邓中夏等人发布募捐启事，得到北京大学师生和社会各界积极响应，李大钊每月也捐出部分工资，经费很快有了着落。1921年1月1日，劳动补习学校正式成立，北京地区从此有了自己的工人学校。教员主要由共产党北京早期组织派驻，邓中夏、张国焘、何孟雄、朱务善等都给工人们讲过课。学员主要是工人及其子弟，实行免费入学。学校分设日夜两班，夜班为工人授课，日班为工人子弟授课。工人主要学习科学常识、社会常识、铁路知识，以及社会发展史、工人运动等内容。教员们把提高工人的文化水平同传播革命思想有机结合起来，讲课通俗易懂，受到大家欢迎。同时，还把《新青年》《劳动音》《工人周刊》等进步刊物放在活动室，供工人阅读。

为方便工人识字写字，邓中夏把本名“邓仲澥”改为邓中夏。他在阐述工人阶级最伟大时，先从工人熟悉的具体事物讲起。他说，世界上的一切都是劳动人民创造的，火车、飞机、工厂、房屋，都是工人生产出来的，离开工人，谁也活不成。当有人问他：工人为什么受穷呢？他回答说：工人穷不是八字不好，也不是命中注定的，而是军阀、厂主剥削工人劳动造成的。要想不穷，大伙就得抱成团。五人团结是只虎，十人团结成条龙，百人团结像泰山，谁也搬不动。通俗浅显的语言，让工人们明白了革命道理，激发了他们参与革命斗争的热情。

劳动补习学校具有很强的示范效应，全国许多地方都前来学习经验，办起自己的补习学校和工人夜校。劳动补习学校的创办，为中国革命培育了一批无产阶级先进知识分子，为党在北方地区开展工人运动奠定了坚实的思想基础。

建立工会组织　汇聚革命力量

在创办劳动补习学校的过程中，共产党北京早期组织逐渐认识到，要使工人紧密团结起来，亟须成立一个严密的组织。于是，他们决定在工人队伍中建立工会，培养骨干、发展党员，团结带领工人积极开展斗争。在共产党北京早期组织教育引导下，工人的组织性、纪律性进一步增强，创建工会的条件日趋成熟。

1921年3月中旬，长辛店300名铁路工人向京汉铁路局提出增加工资的要求，遭到拒绝。共产党北京早期组织指示工人骨干史文彬、王俊、康景星等联络各处工人，开始建立工会小组。5月1日，在李大钊、邓中夏等人领导下，长辛店铁路工人以及从天津、保定赶来的工人共1000多人，举行庆祝五一国际劳动节群众大会，并宣布成立长辛店铁路工人会。这是北京党组织领导下成立的第一个工会，也是京汉铁路最早的工会。

工会成立后，立即投入到维护工人合法权益的斗争之中，当年7月就开展了两次索薪斗争。第一次是因为厂方取消工人每两年加薪一次的惯例，工会向厂方提出加薪等要求，厂方慑于工人罢工的压力被迫答应。第二次是针对总管谈继先克扣工人工资、侵吞工人奖金等恶劣行径，工会号召工人举行罢工，再次取得胜利。在中国共产党第一次全国代表大会上，北京代表做报告，用近1/3的篇幅介绍长辛店工人运动的情况。

两次索薪斗争的胜利，不仅显示了工人团结的力量，而且涌现出一批工人骨干。共产党北京早期组织因势利导，开始在工人骨干中发展党员，建立党的组织。1921年7月，史文彬由邓中夏介绍加入党组织，成为长辛店铁路工人中的第一名党员。同年10月，长辛店工人党员组建党小组，设在北京大学红楼。1922年8月，京汉铁路第一个党的基层组织在长辛店成立，史文彬任书记，吴汝铭、王俊、陈励懋任委员。党支部的建立，使长辛店铁路工人有了主心骨。党支部还多次派党员和工运骨干，深入京汉铁路和北方铁路沿线建立工会、发展党员，加速了北方工人运动的发展。

工会成立之初，成分良莠不齐，一些反动工头混入其中，甚至担任要职。他们排挤进步工人，企图将工会变为谋取私利的工具。为维护工人利益，1921年10月，北京党组织与史文彬、王俊等工人党员商议，召集机器厂、修车厂、工务厂工会代表，决定改组工会，将反动工头清除出去。工会改组后称长辛店工人俱乐部，史文彬当选为俱乐部委员长，王俊当选为交际委员，由此工人们夺回工会领导权。通过整顿，工会组织的纯洁性明显增强，党组织在长辛店的根基更加牢固。

随着中国劳动组合书记部和中共中央机关相继从上海迁至北京，党进一步加强了对北方工人运动的领导。1922年，面对工友遭受的盘剥和虐待，长辛店工人俱乐部向京汉铁路局提出撤换火车房总管、改善生活待遇等要求。对于工人的正当要求，铁路当局置若罔闻。8月23日晚，中国劳动组合书记部主任邓中夏赶到长辛店，召开工人代表会议，决定罢工。24日早7时，3000多名工人举行誓师大会，并发出《京汉铁路长辛店工人俱乐部全体工人要求条件宣言书》，向全国工友争取援助。京汉铁路局不仅不答应工人的正当要求，反而派出大批军警进行武力威胁。25日，罢工运动发展到京汉全线，沿线各地铁路工人俱乐部纷纷发表通电声援。京汉铁路局害怕罢工风暴越闹越大，被迫答应工人提出的条件，罢工取得胜利。八月罢工的胜利大大提高了共产党在工人群众中的威信，更使长辛店工人俱乐部名震四方。在八月罢工影响下，京奉、正太、京绥铁路以及唐山五矿的工人俱乐部相继举行罢工。

北方各地尤其是京汉铁路沿线工人代表纷纷到长辛店参观学习，回去后仿照组建工人俱乐部，一批由共产党领导的产业工人工会应运而生。

参加二七罢工　掀起工运高潮

1922年12月，中共中央下发《对于目前实际问题之计划》，要求在全国总工会成立前先成立铁路、海航、矿业3个产业的联合组织。1923

年初，京汉铁路沿线16个大站都有了自己的工人俱乐部，成立京汉铁路总工会势在必行。

2月1日，京汉铁路总工会成立大会在郑州召开，遭到反动军阀残酷镇压，会议被迫中断。2月3日夜，刚刚当选为京汉铁路总工会副委员长的史文彬从郑州紧急赶回长辛店，召集工会委员开会，介绍成立总工会和被反动军阀残酷镇压的情况，传达总工会“为争自由而战，为争人权而战”的全路大罢工决定。大家听了十分愤慨，一致表示“一切听从总工会的指挥”，并随即组成纠察队、调查团、讲演团，维护罢工秩序。

2月4日罢工当天，工会又召开3000余人参加的全体会员大会，介绍总工会成立大会情况，宣读总工会罢工通告。上午11时起，长辛店站罢工正式开始，纠察队、调查团和讲演团各司其职，很多工人和纠察队队员一起奔向车站，拦截列车通行。从保定、汉口驶来的列车至长辛店停驶。当日，京汉铁路全线16个工会组织相继宣布罢工，全路车辆一律停驶，在长达1000余公里的京汉铁路沿线，有3万余名工人投入罢工斗争。

京汉铁路工人大罢工，引起帝国主义和反动军阀的极度恐慌。他们相互勾结，在京汉铁路沿线主要车站进行血腥屠杀。长辛店作为京汉铁路北段罢工的指挥部，自然成为反动军阀的“眼中钉”“肉中刺”。京汉铁路局执行吴佩孚“严厉处置”的密令，采取强硬措施，威胁工人限期恢复工作，遭到工会拒绝后派出军警进驻长辛店，控制机厂、车站等重要部门和交通要道。同时，又派宛平县县长居间调停，企图以每月增加几毛钱工资来瓦解工人斗志、引诱工人复工，再次遭到严正拒绝。见工人毫不退缩，军警开始大肆搜捕。6日晚，包围了工会所在地和工会干部住宅，逮捕史文彬、陈励懋等11人，扣押在火神庙警察局。

7日晨，中国劳动组合书记部北方分部主任罗章龙赶到现场指挥。工人纠察队队长崔玉春、副队长葛树贵、科干事杨诗田等带领工人向火神庙进发。队伍打着“释放被捕工人”的大旗，工人们高呼“还我们的自由”“还我们的工友”，最后聚集了三四千名工人群众。队伍派代表交涉未果，大家气愤之下高呼口号，形成浩大声势。为压制工人群众抗议声浪，全副武装的军警向抗议人群鸣枪示警。手无寸铁的工人在纠察队率领下，毫不畏惧地冲向火神庙救人，遭到血腥镇压。葛树贵、杨诗田、辛克红、刘川田等人当场壮烈牺牲，30多人被捕。

同日，反动军阀在汉口江岸、郑州等地同时镇压罢工工人。二七大罢工前后牺牲者52人，受伤者300余人，被捕入狱者40余人，被开除而流亡者1000余人，史称二七惨案。为保存革命力量，2月9日，京汉铁路总工会下达“复工令”，全国工人运动暂时转入低潮。

京汉铁路工人大罢工是中国共产党领导的第一次工人运动的高潮。罢工虽然失败了，但工人阶级的革命觉悟由此得到进一步提高。残酷的现实说明，工人阶级仅仅靠孤军奋战，要战胜强大的敌人是远远不够的。从此，中国工人运动“从改良生活的经济斗争转变到争取自由的政治斗争阶段”。

长辛店罢工作为京汉铁路全线二七大罢工的重要组成部分，在中国工人运动史上书写了可歌可泣的光辉一页。正如毛泽东所说的那样，“中国工人运动还是从长辛店铁路工厂开始的”。

推开历史之门，回顾百年往事。在长辛店这片沃土上，留存下来的劳动补习学校旧址、工人俱乐部旧址、警察局驻地旧址（火神庙）、二七烈士墓等遗址群，已成为见证中国工人运动起点、赓续共产党人精神血脉的红色地标。

（执笔：徐丽丽、王美扬）

衣冠冢前悼孙公

很多到过南京的人，都参观过中山陵，那里安葬着中国民主革命的伟大先驱孙中山。然而，在北京香山碧云寺内，却有着一座宋庆龄亲笔题写的“孙中山先生衣冠塚”。原来，孙中山第三次北京之行期间，突然因病去世，留下死后安葬南京的遗愿。但是，因在南京修建陵园需要时日，只好将其灵柩暂厝于碧云寺。移灵南京时，他的楠木棺和停灵时穿戴的衣帽被永久封存于碧云寺金刚宝座塔内，以供后人纪念和凭吊。

救国救民　三次赴京

孙中山的革命生涯与北京有着千丝万缕的联系，他曾三次来京，北京既是他转向革命的起点，也是他一生从事革命的终点。

孙中山第一次来到北京，正值中日甲午战争前夕的1894年。当时，面对国家积贫积弱的状况，他主张改良主义思想，寄希望清王朝学习西方的治国方法和经验，走上强国之路。他曾起草《上李鸿章书》，提出“人能尽其才，地能尽其利，物能尽其用，货能畅其流”的改革主张，但如泥牛入海一般没有任何反应。在京期间，他看到的却是政治腐败、民生凋敝，朝廷甚至挪用海军经费大肆铺张地为慈禧祝寿。满腔热忱寄希望于改良图强而来的孙中山，只好带着失望和沮丧悻悻而去。这次北京之行，促使他下定决心与腐朽堕落的清王朝决裂，从此走上武装推翻封建王朝、建立民主共和国的革命道路。他创立兴中会、同盟会，提出民族、民权、民生的三民主义，积极传播革命思想，广泛联合革命力量，连续发动武装起义。在他的领导和影响下，1911年辛亥革命取得成功，结束统治中国两千多年的君主专制制度，他被推举为中华民国第一任临时大总统。

孙中山应袁世凯邀请，于1912年8月24日第二次来到北京。此时，孙中山已辞去临时大总统职位。袁世凯继任后一边迫害革命党人，一边假意拥护共和。为限制袁世凯专制独裁，维护民主共和制度，孙中山果断接受邀请。他抵京时，众多百姓涌上街头，争相目睹这位伟人的风采，所过之处欢声雷动，各大报刊竞相报道。当晚，孙中山就与袁世凯进行会谈。在京期间，两人共会谈13次。25日，孙中山在虎坊桥湖广会馆主持国民党成立大会并被推选为理事长，他指出："今日合五大政党为一国民党，势力甚为伟大，以之促进民国政治之进行，当有莫大之效果。"这次，孙中山在北京共停留24天。其间，他频繁接见会晤各界代表，出席各种活动，阐述革命思想，宣扬民主共和制度以及实业建设富强国家的理念，集中展现了一位职业革命家天下为公的远见卓识和博大胸怀。

孙中山应冯玉祥邀请，于1924年12月31日第三次来到北京。这时第二次直奉战争刚刚结束。10月23日，冯玉祥发动北京政变，占据北京后遂邀请孙中山赴京共商国是，但不久北京又被皖系军阀段祺瑞所控制。为尽快结束军阀混战局面，孙中山力排众议，拖着病体冒险北上，在《北上宣言》中他指出，"必须打倒军阀及其赖以存在的帝国主义，废除一切不平等条约"，并提出"召集国民会议，以谋求中国之统一与建设"。此时，国共第一次合作已经形成。中共中央决定支持孙中山，推动国民会议召开。中共北京区委和李大钊直接领导了北京国民会议运动，声援孙中山北上。孙中山抵京时，在前门火车站受到10多万人的热烈欢迎。为反对军阀独裁，他坚决抵制段祺瑞政府召开的“善后会议”，还不顾病势沉重接待在京各界人士，为革命事业争取更多支持。1925年1月，孙中山被诊断为肝癌晚期，随后搬入铁狮子胡同5号（今张自忠路23号）调养。3月11日，他自感时日无多，遂签下《国事遗嘱》《家事遗嘱》《致苏俄遗书》；弥留之际，他还断断续续地呼出“和平——奋斗——救中国”。3月12日上午9时30分，59岁的孙中山溘然长逝。

巨星陨落　天下同悲

孙中山讣告发出后，巨大的悲痛气氛从北京一直蔓延到全国乃至海外。天地为之动容，山河为之哀泣。

当天下午，国民党即成立300人左右的治丧办事处，并以国民党中央执行委员会的名义遍发讣告：“革命尚未成功，同志遽失导师。曷胜痛悼，哀此奉闻。”要求全体党员左臂缠黑纱，停止宴会7日。国民党各地党部均奉命召开追悼会。北京的治丧活动结束后，国民党随即成立葬事筹备委员会，遵照孙中山遗愿，在南京钟山为他修筑墓地。

中国共产党随后也发出唁电表示哀悼，希望国民党“承继中山先生的遗产，积极进行打倒帝国主义、打倒军阀的伟大事业”。同时，发表告民众书，呼吁：“全中国的民众呵！为中国民族自由而战的孙中山先生死了，我们急需以猛烈的行动告诉全世界帝国主义者及其工具——中国军阀：全中国为自由而战的民众是不死的呵！”李大钊撰写《挽孙中山》长联，称其“砥柱于革命中流，启后承先，涤新淘旧，扬民族大义”。

段祺瑞执政府发布哀悼令，称颂孙中山“倡导共和，肇我中夏。辛亥之役，成功不居”。并于3月17日发布指令，为孙中山举行隆重葬礼。全国各机关、学校及民众团体均下半旗志哀。冯玉祥、张作霖、唐绍仪等政界人物和梁启超、黄郛、杨度等社会名流均来电来人吊唁。

苏联领导人斯大林、第三国际执行委员会会长季诺维耶夫致唁电表达哀痛。美国、德国、法国、比利时、英国、日本、荷兰、丹麦、瑞典、西班牙、葡萄牙等国代表前来吊唁。俄国《莫斯科真理报》、菲律宾《自由周报》以及美国、日本等国报纸均报道了孙中山逝世的消息。

3月19日，孙中山遗体自协和医院移往中央公园（今中山公园）社稷坛，自发送葬的民众多达12万人。3月24日至4月1日公祭期间，每天都有成千上万的各界人士前来吊唁。4月2日上午，孙中山灵柩由中央公园移往碧云寺。灵车在护灵队伍护卫下，经西长安街、西单牌楼、西四牌楼，出西直门，奔西郊。内务部鸣礼炮33响志哀，航空署派3架飞机绕空护送。参加送殡的群众达30余万人，有两万多人跟随灵车从城里一直步行到香山。他们沿途高呼“打倒军阀”“打倒帝国主义”“中山主义万岁”等口号。下午，灵车抵达碧云寺，寺内各牌楼和寺门上悬挂大量挽联和横幅，中法大学敬送的挽联写着：“赤手创共和，生死不渝三主义；大名垂宇宙，英灵常耀两香山”。这位一生以革命为己任、立志救国救民的伟人，暂时安息在香山碧云寺。

历经战乱　终得所愿

孙中山逝世后，中国仍处在持续不断的战乱中。北京作为政治旋涡的中心，各路军阀你方唱罢我登场，碧云寺内孙中山灵柩也曾多次遭到滋扰，甚至面临被毁的威胁。

1926年，奉系军阀张作霖入京，与直系军阀合作，把持政权。这年春天，一群奉系官兵来碧云寺闲游，看到灵堂中悬挂的孙中山遗像，询问守灵卫士：“此像何人？”当听到回答是民国首任总统后，官兵叫嚷着：“什么总统？”拔枪便对准孙中山遗像。守灵卫士赶忙上前好言劝说，同行明事理的官兵也加以劝阻，危机才算解除。此后，守灵卫士终日关闭灵堂，不许外人进入。但即便如此也仍然不得清净，时常有散兵游勇胡闹滋事。

次年，张宗昌在北京开会时竟明目张胆地向张作霖提议：“孙中山停灵柩的地方风水好，所以南军（国民革命军）屡次告捷，不如将遗体毁灭以绝后患。”这毫无根据的迷信说法竟让张作霖信以为然，幸亏其子张学良极力劝阻，才暂时打消了念头。此后，张学良一方面电告南京政府，希望派人尽快将孙中山灵柩运走，并申明他可以负责将遗体护送到天津；另一方面派人提醒守灵卫士，做好灵柩护卫工作。守灵卫士为免遭意外，秘密将孙中山遗体转藏于一个隐蔽的山洞，直到国民革命军进入北京后，才又把遗体移奉原位。

曾任北洋政府国务总理、时任香山慈幼院院长的熊希龄也在保护孙中山的遗体。1928年前后，他曾亲自与张宗昌面谈，说：“各国政党政见，容有不同，而对于党魁，则无不互相尊重。孙总理灵寝，应当加以保护，且香山慈幼院近在一隅，孤贫儿童多为阵亡军人子弟，尤须令其安宁。”他还直接要求张宗昌派一个连的兵力“驻山保卫”。张宗昌迫于压力，又怕担负毁灵骂名，只好勉强答应派兵护卫。

1929年春，南京中山陵竣工。孙中山遗体从香山碧云寺迁奉南京紫金山安葬。5月22日，在碧云寺举行遗体易棺仪式。26日，开始移运灵柩，沿途均有军警警戒恭送，所经城门、牌楼都用蓝白布缠扎。数以万计的群众自发参加送灵活动，灵车经过时恭敬肃立、脱帽致敬。北平各处一律降半旗，所有工厂于上午7时至17时，每10分钟鸣笛一次志哀。各团体、单位在重要街道搭建起牌楼，以示哀悼。下午，灵车到达前门火车站，蒋介石、宋庆龄、孙科等护送南下。28日到达南京，6月1日举行“奉安大典”。至此，一代伟人魂归所系。

衣冠常伴香山青，天下为公忆大雄。孙中山三次北京之行，为古都留下了永恒记忆。无数海内外中华儿女来到香山碧云寺，在孙中山先生衣冠冢前，深切缅怀这位为民族独立、社会进步、人民幸福建立不朽功勋的一代伟人。

（执笔：徐丽丽、王美扬）

长眠于万安公墓的“播火者”

香山脚下，万安公墓，苍松翠柏，庄严肃穆。公墓内有一座烈士陵园，坐西朝东，庭院式仿古建筑，自东向西依次为烈士汉白玉全身雕像、烈士夫妇墓、纪念碑以及烈士革命事迹陈列室，总占地面积2200平方米。这位烈士就是中国共产主义运动的先驱、伟大的马克思主义者、杰出的无产阶级革命家、中国共产党的主要创始人之一李大钊。

李大钊烈士陵园

求索真理播火种

李大钊，字守常，直隶乐亭（今属河北）人，生于1889年10月29日。青年时期，他就在茫茫黑夜中艰辛求索救国的“灵丹妙药”。留学日本期间，他积极参加留日学生总会的爱国斗争，起草《警告全国父老书》通电全国，反对日本帝国主义灭亡中国的“二十一条”。1916年，李大钊回国，积极参与正在兴起的新文化运动，先后参与创办《晨钟报》，担任《甲寅》日刊编辑以及《新青年》轮流主编。

俄国十月革命胜利的消息传来，李大钊敏锐地察觉到俄国革命对中国乃至世界的影响，开始深入研究俄国十月革命和马克思主义学说。担任北大图书馆主任期间，他从国内外购买大量进步书刊，特别是马克思主义的外文书籍。学习研究中，他逐渐认识到：十月革命、社会主义、马克思主义学说，是拯救中国人民走出黑暗的“天火”。他决心把这“天火”引到中国来，接连发表《法俄革命之比较观》《庶民的胜利》《Bolshevism的胜利》《新纪元》等文章和演讲，热情讴歌十月革命，预言“试看将来的环球，必是赤旗的世界”。正是在宣传十月革命的过程中，他从爱国的民主主义者转变为马克思主义者，进而成为我国最早的马克思主义传播者。

五四运动后，李大钊更加致力于马克思主义宣传。1919年9月，他主持编辑《新青年》“马克思主义研究”专号，刊发8篇相关文章。他撰写的《我的马克思主义观》，第一次比较全面系统介绍了马克思主义的唯物史观、政治经济学和科学社会主义三个组成部分，肯定马克思主义为“世界改造原动的学说”。这标志着马克思主义在中国进入比较系统的传播阶段。

当时，北洋军阀政府及保守势力视马克思主义为“洪水猛兽”。就连新文化运动代表人物、与李大钊同在北大教书且私交很好的胡适，也发表文章和他针锋相对，史称“问题”与“主义”之争。胡适发表《多研究些问题，少谈些“主义”》，反对马克思主义在中国的传播，宣扬改良主义，宣称中国不需要经过革命就能解决他所说的一个个问题。李大钊发表《再论问题与主义》进行批驳，指出宣传主义和研究问题是交相为用、并行不悖的；谈主义是必要的，不宣传主义，没有多数人参加，不管你怎样研究，社会问题永远也没有解决的希望；必须有一个根本解决，才有把一个个的具体问题都解决了的希望。这场争论进一步扩大了马克思主义的影响，对于推动探索中国革命正确道路起到积极作用。

李大钊还把目光聚焦在青年学生身上，先后在北京大学、北京女子高等师范学校等开设马克思主义课程，讲授“唯物史观”“史学思想史”“现代政治”“工人的国际运动与社会主义的将来”“社会主义与社会运动”等。这是马克思主义第一次走进中国高校课堂。

为系统研究和宣传马克思主义，1920年3月，李大钊秘密指导成立北京大学马克思学说研究会，这是中国最早的学习和研究马克思主义的团体。研究会搜集和翻译马克思主义书籍，建立了中国第一个马克思主义书籍的图书馆。研究会分组分专题研究马克思主义，每月举行一次讲演，每周举行一次讲座，不定期举行辩论会，吸引和影响了大批进步青年。

李大钊等人系统研究和广泛传播马克思主义，使得大批进步青年开始更多地将十月革命、马克思主义与中国前途命运紧密联系起来，为中国共产党的诞生奠定了坚实的思想基础。

擘画建党创伟业

最早在中国酝酿创建中国共产党的是陈独秀和李大钊。1920年2月，为避免五四运动中被捕获释的陈独秀再度遭到迫害，李大钊决定护送陈独秀离开北京前往上海。他们雇了一辆骡车，李大钊扮作账房先生，陈独秀扮作掌柜。沿途一切交涉，都由北方口音的李大钊出面办理。在去往天津的路上，两人商讨了在中国建立无产阶级政党的问题，并约定分别在北京、上海着手筹备建立党的组织，由此留下了“南陈北李，相约建党”的佳话。

李大钊返京后，积极投身到创建北京早期党组织工作中。1920年4月，北大红楼李大钊办公室迎来了几位特殊的远方客人。他们是经共产国际（即第三国际）批准的俄共（布）代表维经斯基一行，来华的主要目的是推动中国建立马克思主义组织。李大钊向维经斯基一行介绍了五四运动后中国革命发展的情况，并组织召开了由北京各界人士参加的欢迎会、讲演会和座谈会。会后，李大钊介绍他们到上海会见陈独秀商议建党问题。

1920年6月，陈独秀等人商议，决定以上海马克思主义研究会为基础，成立政党组织，围绕党的名称是用“社会党”还是“共产党”，陈独秀写信征求李大钊的意见。李大钊主张定名为“共产党”，陈独秀表示完全同意。8月，共产党上海早期组织成立。

之后，李大钊安排张国焘、张申府先后到上海，与陈独秀商谈建党事宜。陈独秀介绍了上海的建党工作，希望李大钊从速在北方发动。两人回京后，分别向李大钊汇报了陈独秀建立党组织的情况。李大钊倍受鼓舞，决定立即筹建北京党组织。他先后与张国焘、张申府秘密商议建党事宜。10月，他们三人在北大红楼李大钊办公室发起成立北京共产党小组。随后，从北大马克思学说研究会成员中发展了一批党员。11月，北京共产党小组改称“共产党北京支部”。李大钊被推选为书记，张国焘负责组织工作，罗章龙负责宣传工作。这是北京的第一个党组织，也是中国北方第一个党组织。

共产党北京早期组织成立后，李大钊先后派人赴天津、郑州、太原、济南等地，指导开展工人运动，帮助建立党团组织。党的一大召开前，8

个早期党组织中有7个是在李大钊直接指导或影响下建立的。

为了筹建全国性无产阶级政党组织，早在1921年3月，李大钊就撰文号召全国的共产主义者“急急组织一个团体”，担负起“中国彻底的大改革”的责任。同年6月初，在共产国际代表马林、共产国际远东书记处代表尼克尔斯基指导下，上海早期党组织代理书记李达与陈独秀、李大钊商议，确定在上海召开中国共产党全国代表大会。此时，由于李大钊担任北京国立大专院校教职员代表联席会议主席，负责组织向北洋军阀政府的索薪斗争，未能出席党的一大。

1921年7月，党的一大胜利召开，中国共产党宣告成立，这是中国近现代史上开天辟地的大事件。李大钊为建党所做的重大贡献，使他成为中国共产党的主要创始人之一。

向死而生主义真

中国共产党成立后，李大钊代表党中央指导北方地区党的工作。他受党的委托，同孙中山商谈，建立国民革命统一战线、实现国共第一次合作。他领导北方党组织配合五卅运动，配合北伐进军，开展轰轰烈烈的反帝反军阀斗争，为大革命胜利推进做出卓越贡献。

1927年，革命形势急转直下，白色恐怖愈演愈烈。北洋军阀政府和国民党反动派大肆搜捕共产党人和革命群众。身处俄国旧兵营的李大钊等人处境十分危险。此时，他正领导中共北方区委以“白芳渠”（即北方区的谐音）为代号，义无反顾地开展革命活动。同志们多次劝他尽快离京，他却坚决地说：“我是不能轻易离开北京的；假如我走了，北京的工作留给谁做？”

北洋军阀政府通过长时间侦察和监视，确定了李大钊等人的行踪。4月6日上午，200多名全副武装的军警闯入俄国旧兵营，逮捕李大钊等国共两党人士及苏联使馆工作人员80余人。狱中，面对敌人的威逼利诱和轮番审讯，李大钊始终严守党的秘密，他在《狱中自述》中这样写道："钊自束发受书，即矢志努力于民族解放之事业，实践其所信，励行其所知，为功为罪所不暇计。"为掩护被捕的爱国青年，他把个人生死置之度外，所有责任一力承担。他毅然谢绝北方铁路局工人提出的劫狱计划，不愿让同志们冒险而消耗革命力量。他以实际行动鼓舞了大家的斗争意志。

北洋军阀政府无计可施，最终以"搅害公安，颠覆政府"的罪名，判决李大钊等20人绞刑。4月28日，李大钊第一个走上绞架，大义凛然、慷慨赴死。正如他在《牺牲》一文中所表达的："人生的目的，在发展自己的生命，可是也有为发展生命必须牺牲生命的时候。因为平凡的发展，有时不如壮烈的牺牲足以延长生命的音响和光华。绝美的风景，多在奇险的山川。绝壮的音乐，多是悲凉的韵调。高尚的生活，常在壮烈的牺牲中。"这位"知主义不知有家"的"播火者"，生命永远定格在了38岁。

日月同辉垂丹青

李大钊生前把自己的大部分收入用于党的事业，以至于牺牲后家里仅有1块大洋，连安葬费都没有。当时北京白色恐怖严重，灵柩未能及时安葬，一直存放在宣武门下斜街妙光阁浙寺，长达6年之久。

1933年4月初，李大钊夫人赵纫兰携子女专程到北京，准备料理李大钊后事。北大校长蒋梦麟牵头向社会各界发起募捐活动，并在香山万安公墓购买墓穴。中共北方地下党组织决定为李大钊举行隆重的公葬，借以揭露反动派杀害共产党人的罪行，进一步唤起民众。为麻痹敌人，确保公葬顺利进行，党组织决定按民间风俗办丧事。葬礼的各个环节，由党的外围组织河北革命互济会出面安排。[1]

4月23日早晨，葬礼开始，送葬的人们全体肃立，悲壮地唱起《国际歌》并向李大钊静默志哀。起杠时，现场高呼“李大钊精神不死!”“为先烈复仇!”等口号。送葬队伍从浙寺出发，经下斜街、菜市口，进宣武门北至西直门，出西直门至万安公墓。

由进步团体、教育界人士、青年学生、工人群众等社会各界组成浩大的送葬队伍，高举着数十副挽联和挽幛，抬着数十个花圈，跟随在灵柩后面。其中一副横联为“李大钊先烈精神不死”，落款为“北平青年恭送李大钊安葬”的挽联十分醒目：

为革命而奋斗，为革命而牺牲，死固无恨；
在压迫下生活，在压迫下呻吟，生者何堪。

中共地下党员和进步学生还向路边群众发放《河北革命互济会为公葬无产阶级导师李大钊同志宣言》《无产阶级革命的导师李大钊同志事略》等传单，介绍李大钊事迹，号召大家继承李大钊的革命精神，反抗日本帝国主义的侵略，跟随共产党团结抗日。

行进途中陆续有人加入队伍，送葬仪式演变成一场声势浩大的示威游行。中午时分，送葬队伍经过西四牌楼时，李大钊故旧同乡举行路祭，队伍中有人散发传单并呼喊口号。北平市公安局内四区警察及部分宪兵蜂拥而至，堵住路口，驱赶殴打送葬群众，20余人当场被捕。后经一番交涉，送葬队伍在军警的尾随监视下护送灵柩继续前行。

傍晚时分，送葬队伍抵达万安公墓，在李大钊墓旁已经停放了一辆骡车。车里藏着一块石碑，碑头刻着一颗红色的五角星，内刻镰刀斧头，

[1] 河北革命互济会又称北平革命互济会。它的前身是1925年成立的中国济难会北京分会，是中共北方区委领导的公开的群众团体，专做援助被捕同志和抚恤烈士家属工作。大革命失败后，该会成为党领导的“实行革命的互济并辅助革命斗争”的政治组织。1929年更名为北平革命互济会，受中共北平市委领导。

碑的正面竖刻“中华革命领袖李大钊同志之墓”。背面是红字碑文：“李大钊是马克思列宁主义最忠实最坚决的信徒，曾于1921年发起组织中国共产党活动，并且实际领导北方工农劳苦群众，为他们本身利益和整个阶级利益而斗争……”署名“北平市民革命各团体”。这是中共地下党组织特意刻制送来的。

迫于当时紧张的政治环境，为了保护李大钊墓以及石碑，只好将墓碑与棺椁一起埋入墓穴。1983年，中共中央批示在万安公墓内修建李大钊烈士陵园，邓小平书写纪念碑题词。移灵时，那块凝聚着共产党人崇高敬意的石碑终于重见天日。

李大钊是践行伟大建党精神的光辉典范，他的一生同马克思主义在中国传播的历史紧密相连，同中国共产党创建的历史紧密相连，同中国共产党领导的为中国人民谋幸福的历史紧密相连。他所开创的伟大事业和留下的思想遗产永远不可磨灭，播撒的革命种子已经在中华大地根深叶茂、硕果累累。

（执笔：徐丽丽、王美扬）

樱桃沟里的一二·九记忆

香山脚下北京植物园樱桃沟里，矗立着3座白色立体三角形纪念亭，亭子周围环绕着《保卫华北》《收复失地》石刻以及《不平静的书桌》《与历史对话》《青年服务国家》等雕塑。它们是一二·九运动纪念地的最显著标志，默默地向人们诉说着当年那场轰轰烈烈的青年学生抗日爱国运动。

不平静的书桌

九一八事变后，日本帝国主义侵略中国的步伐不断加快，中华民族的危机日益加深。1935年，日本策划所谓华北五省“防共自治运动”，成立由其直接控制的傀儡政权，华北危在旦夕。国民党政府奉行“攘外必先安内”政策，对日步步退让。中国共产党以民族大义为重，向全国人民发出抵御侵略、保卫华北的号召。

同年11月，为加强各校学生联合抗日，在中共地下党组织的指导下，北平大中学校学生抗日救国联合会（简称北平学联）成立。12月6日，日本扶持的“冀察政务委员会”即将成立的消息传出，广大学生和各界进步人士极为震惊，北平爱国学生的满腔怒火终于迸发。12月7日，在中共北平临时工委的领导下，北平学联决定于9日举行反对“华北自治”、反对成立“冀察政务委员会”、反对日本侵略的大请愿。

9日凌晨，由中国大学、北平师范大学等10多所学校学生组成的队伍，到新华门请愿遭到拒绝后，激愤的队伍开始示威游行。当游行队伍抵达王府井时，遭到军警的驱赶和殴打，当场有数十人被捕。清华大学、燕京大学学生因警察关闭西直门城门，被堵在城外。但《清华大学救国会告全国民众书》中的一句口号“华北之大，已经安放不得一张平静的书桌了”，发出了青年学子的悲愤呐喊，成为当时流传的时代强音。

一二·九的抗日声势，震撼了古都北平。12月11日，北平各大中学校学生联合起来罢课。国民党政府不顾广大人民群众的强烈反对，仍然决定在12月16日成立“冀察政务委员会”，中共北平临时工委决定在这一天举行更大规模的示威游行。

12月16日，一场声势浩大的抗日救亡大示威爆发了。清晨，北平各校学生从四面八方涌向天桥，召开由北平爱国学生和工人、农民等共计3万余人参加的市民大会，强烈要求收复东北失地、反对“冀察政务委员会”成立等，会后举行示威游行。国民党政府再次出动军警镇压，多人遭到毒打，街道上血迹斑斑。全市学生共有二三十人被捕，300余人受伤。

北平学生的爱国行动，立即得到全国各地的积极响应。天津、上海、南京、杭州、武汉、广州、开封、济南、太原等城市，爱国学生举行示威游行、请愿罢课，支持北平学生的爱国斗争，掀起了全国抗日救亡运动的热潮。

沸腾的夏令营

为传播革命火种，在两次游行示威之后，中共北平地下党组织和北平学联策划组织了主要由平津各高校学生组成的南下扩大宣传团。宣传团兵分三路深入工厂、农村，发动各地工农士兵群众开展反日斗争。

1936年1月，返回北平的南下扩大宣传团召开团员代表大会，在此基础上正式成立了民族解放先锋队（后改名中华民族解放先锋队），简称民先队。这是党领导成立的以抗日救国为主旨的青年组织。它是一二·九运动的产物，也是一二·九运动的延续，极大地推动了抗日斗争的深入发展。

民先队成立后，积极团结更多的青年投身民族解放运动。他们深知，只拿笔杆子不拿枪杆子是无法赶走日本侵略者的，为加强内部教育以及军事训练，1936年夏，民先队利用暑假，在西山樱桃沟举办抗日救国军事夏令营。

7月8日，来自北平大中学校的200多名民先队队员在清华大学集合。他们高唱抗日救亡的歌曲，从北平城步行到樱桃沟。他们在山坡上平整的地方支起帐篷，在沟里巨大的圆石头旁架起柴锅，幽静的樱桃沟顿时沸腾起来，为期一周的夏令营开营了。

夏令营的军训生活丰富多彩。每天清晨，北大学生陆平吹响军号，开启营员们一天的紧张训练生活。早操课目是爬山，训练体能。上午课程安排演讲会，内容有军事战略战术、教育理论、时事政治等，营员们把大青石当成演讲台围坐一周，聆听杨秀峰、黄松龄、施复亮等进步教授分析抗日斗争的政治形势，向白乙化学习军事战略战术。下午，营员们分成“敌”我两队，演练攻防战、伏击战、遭遇战和游击战等。晚上，不时在山谷里进行紧急集合、夜行军等训练。

营员们有空就围在大青石旁，纵论时局发展，进行政治学习。他们争相传看《为抗日救国告全体同胞书》《中央关于目前政治形势与党的任务决议》等文件，讨论红军北上抗日的形势和爱国志士抗日救亡的壮举，抨击国民党政府内外政策，自编自演抗日救亡活报剧《放下你的鞭子》《打回老家去》，展现了抗日救亡的坚定决心。

重现于世的石刻

夏令营军训生活虽然只有短短一周时间，但却始终萦绕在陆平的心头。他多次向子女讲起那段历史，特别提到了镌刻“保卫华北”石刻的事情。

那是一天中午，陆平突然听到驻地附近传来凿石声，走过去一看，原来是清华大学学生赵德尊正在用凿子，在演讲台大青石上奋力地凿着什么。随着一下、两下的“嘭嘭”声，一个苍劲有力的“保”字清晰可辨。他心领神会赶忙上前，两人交替把“保卫华北”这句最能反映当时全国人民心声的口号镌刻在大青石上。

子女们听到父亲的讲述，遂萌生了到樱桃沟寻找石刻的想法。那是1974年初夏的一天，他们沿着谷底向水源方向寻找，仔细搜寻沟谷中每一块石头，却一无所获。回到家中，他们向陆平详细询问刻字山石的大小及具体位置。同年8月6日，他们再次来到樱桃沟，终于找到一块类似陆平所讲的大青石。然而石块已长满青苔，半埋在泥土中，看不到任何字迹。他们并没有灰心，经过反复比较，认定这就是陆平所讲的那块大青石。于是，他们找来锋利的石头刮掉青苔，用清澈的溪水冲掉泥沙，沿着凹槽逐渐清理出字迹，“保卫华北”4个字随之显现、映入眼帘。他们激动不已，立即站在石刻旁合影留念。

“保卫华北”4字以繁体书写，每字六七寸大小，十字排列、方正大气、刚健有力。历史的痕迹不会被抹去，时隔38年，一二·九运动时期珍贵的革命文物——《保卫华北》石刻再次与世人见面。

1983年12月，首都青年学生在樱桃沟举行一二·九运动48周年纪念会。1985年，在《保卫华北》石刻原址处修建的一二·九运动纪念亭落成。2012年，一二·九运动纪念地被公布为北京市爱国主义教育基地。《保卫华北》石刻如今依然屹立在香山脚下，向人们展示着战争年代广大青年保家卫国的赤诚之心，激励着新时代青年在民族复兴康庄大道上放飞青春梦想，书写精彩华章。

（执笔：徐丽丽、王美扬）

全民族抗战的起点

浑河东去日悠悠，斜月高悬映卢沟。今天的卢沟桥以历史悠久、石狮众多而闻名于世。但是，真正让它载入史册的却是发生在80多年前的一场战斗。那是1937年7月7日，日本侵略者为达到以武力吞并全中国的罪恶目的，悍然炮轰宛平城，制造了震惊中外的卢沟桥事变。卢沟桥畔一时间硝烟弥漫，笼罩在侵略者燃起的熊熊战火之中，中国军民对日本军国主义侵略进行顽强抵抗。由此，拉开了全民族抗战的序幕。

卢沟桥畔　硝烟骤起

东北沦陷后，日本的侵略野心愈加膨胀，通过制造华北事变，控制了今天华北的大部分地区，中华民族陷入空前严重的民族危机。西安事变和平解决之后，国共两党虽趋向合作，但抗日民族统一战线尚未正式建立；英、法、美等国给予中国一定援助，但态度并不积极。日本认为有机可乘，决定发动全面侵华战争。

早在1936年6月，日本在华北驻军人数就已达到数千人。随着兵力不断增强，日军挑衅愈演愈烈。9月，日军通过两次“丰台事件”[1]强占

[1] 1936年6月、8月，日军先后两次在丰台挑起事端，企图将29军挤出丰台。9月，29军军长宋哲元与日军达成协议，驻丰台的29军移防到丰台以南的赵家庄。

丰台，控制了北平南面。此时，北平北面、东面均已被日伪政权[1]所控制。这样一来，只待拿下西南方向中国军队驻守的卢沟桥一带，日军即可形成对北平的合围之势。

卢沟桥横跨永定河东西两岸，是当时北平与外界保持联络的咽喉要冲。卢沟桥的得失，关系着北平的存亡，也事关华北乃至西北、长江流域的安危。日军对卢沟桥一带势在必得。占领丰台后，立即举行以北平为假想进攻目标的秋季大操演，将卢沟桥及其东侧的宛平城作为主要攻击点，参演部队近万人。此后，日军在这里演习更加频繁，从最初每月或每半月一次，增至三五天一次，并且夜间演习和实弹射击逐渐增多。日军还数次以到永定河西岸演习为借口，要求穿过宛平城和卢沟桥，都被中国守军严词拒绝，为此双方多次发生纠纷。

1937年五六月间，日本关东军司令部和驻天津的日本中国驻屯军司令部频频开会，密谋策划发动大规模侵华战争。驻丰台日军一部更是以攻守宛平城为目标，加紧昼夜演习。6月21日，日本中国驻屯军紧急成立临时作战课。此时，在东京政界的消息灵通人士之间，私下盛传："七夕的晚上，华北将重演柳条湖一样的事件。"所谓"柳条湖事件"，即日本以中国军队破坏南满铁路、袭击日本守备队为借口制造的九一八事变。可见，日军攻占卢沟桥一带蓄谋已久。

山雨欲来，大战在即。7月6日，阴云密布，大雨滂沱。参加演习的一队日军要求穿越宛平城前往长辛店，被中国守军阻拦。双方僵持10余小时后，日军退回丰台。7日，日军又到卢沟桥以北地区演习。当天下午，日军一部近600人进至龙王庙附近，并于19时30分举行夜间演习。22时40分，宛平城东北方向日军演习的地方突然响起枪声。随后，几名日军来到宛平城下，诡称其士兵志村菊次郎失踪，要求进城搜查。事实上，这名士兵并未失踪，而是因解手离队，20分钟后便已返回。这只

[1] 北平东面被伪冀东防共自治政府和伪唐山自治政府把控，北面被伪蒙疆自治政府控制。

不过是日军攻占宛平城的借口而已。

宛平守军对要坚持进城搜查的日军说：枪声来自城外，非我军发射；士兵在演习场丢失，与我方无关；我们执行上级命令，不能半夜打开城门。日军恼羞成怒，开枪威胁，随后派兵包围宛平城，并悍然向城内开炮。炮火炸塌民房多间、营房6间，炸死士兵2人、炸伤5人，城内顿时变成一片火海。守城官兵奋起抵抗，给敌人以猛烈回击。这就是震惊中外的七七事变，亦称卢沟桥事变。

坚守城桥　奋起反击

驻守卢沟桥一带的是29军37师110旅219团3营。该营为加强营，辖4个步兵连，1个重机枪连及轻、重迫击炮各1个连，总计1400余人。营长金振中作战经验丰富，曾参加过长城抗战。他把战斗力较强的第11连部署在卢沟桥铁路桥东段及以北龙王庙一带，其余各连分别布防于宛平城内、铁路桥西头、卢沟桥石桥以西大王庙等处。他还经常对士兵进行保家卫国教育，要求全营官兵在吃饭、睡觉前都要高呼“宁为战死鬼，不做亡国奴”。

卢沟桥事变发生当晚，中日双方进行了多次交涉。8日0时许，北平特务机关长松井太久郎致电冀察政务委员会，要求允许日军进入宛平城搜索“失踪士兵”，并声称如不允许，将诉诸武力。29军副军长兼北平市市长秦德纯接到冀察政务委员会的情况报告后，当即答复：“卢沟桥是中国领土，日本军队事先未得我方同意在该地演习，已违背国际公法，妨害我国主权，走失士兵我方不能负责，日方更不得进城检查。”日军对其答复不满，调派步兵大队携带大炮由丰台向卢沟桥前进。得知消息后，秦德纯指示守城部队：“以宛平城和卢沟桥为吾军坟墓，一尺一寸国土，不可轻易让人。”

为了拖延时间，日军一面假意和谈，一面调兵遣将，迅速在卢沟桥一带部署兵力，并暗中调度驻天津、秦皇岛等地部队，准备扩大战争。

8日凌晨5时起，日军开始对宛平城和卢沟桥发起轮番进攻。3营官兵奋起还击，县公安队积极配合，民众协助运送弹药。战斗一直持续到16时。日军久攻不下，遂再次要求谈判。金振中等人以守土有责、不便擅离职守为由拒绝，并回复道：城和桥的守兵，誓与城桥共存亡。于是，日军再次向宛平城发起猛烈进攻，9辆坦克冲在前面，步兵紧跟其后，还有大量炮火掩护，妄想一举突破3营防线。斗志昂扬的守城官兵用手中的步枪、手榴弹，打退了敌人一次次冲锋，坚守住了阵地。

与此同时，争夺卢沟桥铁路桥和龙王庙的战斗也异常激烈。8日6时，日军一部直扑铁路桥11连阵地，排长、中共地下党员沈忠明不幸中弹牺牲。日军暴行激怒了守桥官兵，他们同日军展开肉搏，终因力量悬殊，2个排的官兵几乎全部战死，龙王庙和铁路桥桥头陷入敌手。上午9时许，金振中带领9连、10连，冒着日军密集的炮火支援11连，经过2个多小时的激战，收复铁路桥东段阵地。下午，29军支援部队分别从长辛店以北至八宝山以南方向同时向日军发起反攻，大刀队强袭龙王庙，夺回了失去的阵地。8—10日，中日双方在这里进行数次拉锯战，双方均调用增援部队，战斗十分激烈，战事不断扩大。7月11日，29军收复桥头堡失地，完全恢复永定河东岸态势。

日本侵略者对中国守军的坚决回击始料未及。他们见势不利，决定采取缓兵之计，称“失踪士兵”已经找到，向中方提出“和平解决”的要求。以蒋介石为首的国民党政府仍对日本抱有幻想，想把七七事变作为“地方事件”来处理，在日军大部兵力尚未开到之时，未能给驻丰台日军以歼灭性打击，造成后来南苑保卫战的完全被动。

全民抗日　钢铁长城

日本军国主义发动对华侵略战争，企图灭亡中国，变中国为其独占殖民地。卢沟桥事变，日本灭亡中国的狼子野心已经昭然若揭，但却把这一事变的责任归咎于中方。为加快侵略步伐，日本迅速决定对华增兵，先后调派数个师团进入中国境内，妄图速战速决，在3个月内灭亡中国。

在此民族危难之际，中国共产党秉持民族大义，担负起民族救亡的历史重任。卢沟桥事变发生第二天，中共中央通电全国：“平津危急！华北危急！中华民族危急！只有全民族实行抗战，才是我们的出路！”同日，毛泽东、朱德、彭德怀等红军领导人致电蒋介石，表示红军将士愿意“为国效命，与敌周旋，以达保土卫国之目的”。为促进国共两党实现团结合作抗日，中共中央派周恩来等将《中共中央为公布国共合作宣言》交给蒋介石，提出发动全民族抗战等三项政治主张。同时，通过中共北平地下组织，积极发动群众团体开展救亡工作，支援29军抗战。

7月17日，迫于社会各界的压力，蒋介石在庐山发表谈话，表明抗日立场，但仍然对以和平外交方式解决卢沟桥事变抱有幻想。7月底，日军占领北平和天津，随后向华北、华中地区扩大进攻，直接威胁国民政府首都南京。蒋介石的抗战方针和政策由此发生了根本改变。8月，国共双方达成合作协议。9月22日，国民党中央通讯社发表《中共中央为公布国共合作宣言》；23日，蒋介石发表实际上承认共产党合法地位的谈话。中共中央宣言和蒋介石谈话的发表，宣告国共两党第二次合作和抗日民族统一战线正式形成。

中国人民在以国共两党合作为基础的抗日民族统一战线的旗帜下，展开了气壮山河、血战到底的全国抗战，开辟了世界反法西斯战争的东方主战场。国民党军队在正面战场大规模阻击日军，以巨大的牺牲连续进行了淞沪、太原、徐州、武汉等会战；中国共产党领导的武装力量义无反顾挺进抗日前线，深入敌后开展游击战争，逐步开辟了独当一面的敌后战场。中国抗战形成了敌后和正面两个战场相互配合、共御外侮的战略格局，粉碎了日军速战速决灭亡中国的图谋。中国共产党先后提出一系列重大思想理论和方针政策，创造性地回答了决定抗日战争成败的根本性、战略性问题，支撑起全民族救亡图存的希望，成为坚持持久抗战、夺取抗战胜利的中流砥柱。经过不屈不挠的浴血奋战，中国人民打败了穷凶极恶的日本军国主义侵略者，取得了抗日战争的伟大胜利。

卢沟桥事变作为全民族抗战的起点，敲响了日本军国主义的丧钟。中国人民抗日战争是近代以来反抗外敌入侵持续时间最长、规模最大、牺牲最多的民族解放斗争，也是第一次取得完全胜利的民族解放斗争。中国人民在抗日战争的壮阔进程中孕育出伟大抗战精神，向世界展示了天下兴亡、匹夫有责的爱国情怀，视死如归、宁死不屈的民族气节，不畏强暴、血战到底的英雄气概，百折不挠、坚忍不拔的必胜信念。伟大抗战精神，是中国人民弥足珍贵的精神财富，将永远激励中国人民克服一切艰难险阻、为实现中华民族伟大复兴而奋斗。

（执笔：林玉琳、王美扬）

南苑保卫战的铁血忠魂

南苑保卫战是日本帝国主义发动全面侵华战争后，北平经历的规模最大、最惨烈的一场战斗。面对蓄谋已久、装备精良、穷凶极恶的日寇，中国军队寸土不让、誓死抵抗，付出惨重代价，佟麟阁、赵登禹两位将军以身殉国，5000多名将士和青年学生兵血洒战场，谱写了一曲民族抗争的铁血壮歌。

误判形势　指挥贻误战机

卢沟桥事变爆发后，新任日本中国驻屯军司令香月清司，一方面采取缓兵之计，玩弄假和谈阴谋；另一方面积极调兵遣将，将平津地区总兵力猛增至10万人，形成对北平的合围态势。驻守北平的29军军长宋哲元却将卢沟桥事变定性为一场普通的地方冲突，对停战心存幻想，希望通过谈判“和平”解决问题，不仅不加强戒备，反而于7月19日下令拆除城内防御工事。

日军却早在7月15日就已经制订了“驻屯军作战计划”，将南苑列为重点打击目标，并不断在卢沟桥、宛平城、长辛店一带挑起事端。25日，日军完成集结，包围了平津地区29军。26日，香月清司向29军发出最后通牒，蛮横要求中国守军撤出北平，被宋哲元断然拒绝。当晚，500余名日军试图通过广安门强行闯入北平城，遭到守军阻击，未能得逞。27日凌晨，日军突袭通县和团河，不久攻占团河、黄村等地，进而从南、东北、西北方向包围29军南苑驻地。日军原定该日发起总攻，因城内日本侨民未能全部撤出，时间又改为28日。

面对日军咄咄逼人的态势，直到27日，宋哲元才仓促开始部署北平防务。一方面命令29军军部和38师114旅董升堂部由南苑移驻北平，负责城内防务；另一方面调派驻河北省中部的132师赵登禹部迅速北上，协同南苑驻地的29军卫队旅两个团、骑9师郑大章部一个骑兵团、38师余部、军部各机关人员、军官教导团以及军事训练团的学生兵，共同镇守南苑，总兵力约7000人。赵登禹被任命为南苑临时总指挥，郑大章为副总指挥，副军长佟麟阁留守南苑。宋哲元认为，南苑位于永定门正南，是北平城的南大门，守住此处便可保北平无虞。虽然南苑兵力总数不少，但番号混乱、协同困难、指挥不畅、装备落后，加上非作战人员较多，战斗力有限。

27日傍晚，赵登禹率一个团先期赶到南苑。他会同佟麟阁、郑大章等研究南苑防务事宜。佟麟阁认为形势危急，构筑坚固的防御工事已经来不及，各部可以利用营房就地搭建掩体布防；赵登禹提出加强南苑周边布防，安排大量便衣队进行警戒，并催促132师后续部队迅速赶到南苑集结。然而，132师另两个团当夜在团河遭到日军第20师团的阻击，死伤惨重而未能赶到，38师114旅董升堂部“未敢放弃”南苑兵营。27日深夜，宋哲元及29军将领向全国发表自卫守土通电，共同表示固守北平，誓与城垣共存亡。

南苑兵营旧址

与南苑守军的仓促应战不同，日军早已做好全线进攻南苑的准备。部队主要有第20师团一部、中国驻屯军直属河边正三旅团、炮兵联队2个大队、航空兵一部，总兵力6000余人，同时配有飞机30余架、重炮40余门、坦克数辆。28日凌晨2时，日军再次无理要求29军撤出北平，被宋哲元断然拒绝，大战一触即发。

仓促应战　将士喋血南苑

28日晨6时，日军开始对南苑发起总攻。30余架敌机在炮火的配合下，对南苑营区进行地毯式轰炸。营区东北角的骑9师部队首当其冲，死伤众多。由于南苑驻军缺乏防空武器，日军战机肆意进出，南苑营区硝烟弥漫，大部营房被夷为平地。更严重的是，狂轰滥炸摧毁了南苑各部间的通信联络，失去统一指挥，只好各自为战。佟麟阁、赵登禹等将领临危不乱、沉着指挥，带领官兵英勇抵抗、坚守阵地。

日军在空中和地面炮火的掩护与支援下，出动3000余人，从西、北两个方向对南苑驻军发起进攻。河边正三旅团第一联队从西面冲向北部38师特务团阵地。特务团的火炮多是轻型山炮，没有射程远的野炮和威力大的重炮，尽管处于绝对劣势，仍坚持与日军进行炮战。团长安克敏还亲自带领大刀队展开激烈肉搏，击退日军一次次疯狂反扑。

8时，日军第20师团采用步炮协同战术，开始主攻38师114旅董升堂部据守的西南阵地和军官教导团、军事训练团守卫的东南阵地。因东南阵地被日军突破，赵登禹的指挥所受到威胁，他急令卫队旅一部增援。经过激战，日军一部突入南苑西南方村落，对整个战线尤其是指挥系统形成极大压力。赵登禹遂命董升堂统一指挥南营区的作战行动，自己率指挥部转移到北营区。南苑战斗正酣之际，宋哲元不顾没有制空权的现实，竟命令南苑守军回撤北平。接到军部命令后，以骑9师郑大章部为先头部队迅速突围，向城内撤退。

佟麟阁此时正带领卫队旅在南营区与日军激战，并多次试图与赵登禹、郑大章取得联系，以便协同作战，但均未成功。10时左右，佟麟阁紧急来到骑9师师部，营房已经空无一人。匆忙间，从一位传令兵口中得知，军部已下令各部立即撤回北平城内。由于事先没有统一安排，各部撤退时秩序混乱，佟麟阁当即决定在南苑通往北平的必经之路——大红门附近掩护、收容队伍。为避开敌机沿途轰炸，他率领部队在公路两侧青纱帐中分散行进，很快到达大红门。

然而，原定从通县赶来意欲东面夹击的河边正三旅团第二联队获得29军北撤的情报，临时改变作战路线，在大红门天罗庄一带的庄稼地设下重兵埋伏。12时40分左右，南苑撤退部队不知不觉进入日军伏击圈，受到日军轻重机枪和迫击炮等各种武器的疯狂射击，一时间尸横遍野、惨烈至极。佟麟阁见状，抢先断后，冒着敌人的炮火，指挥部队撤离。13时左右，他在指挥右翼部队向敌突击时，被机枪扫中腿部，部下劝其退后裹伤，他拒绝道："大红门失守，全局被动，事急如此，我不能临阵而退。"忍着伤痛依然坚持战斗。官兵们深受鼓舞，舍命与日军拼杀。日军地面进攻遭到顽强抵抗，遂派两架战机低空扫射，佟麟阁头部不幸中弹，壮烈牺牲，享年45岁。

与此同时，赵登禹指挥部队与日军厮杀，且战且退。当部队转移到大红门御河桥时，赵登禹乘坐的黑色轿车，由于目标过于明显，首先遭到埋伏日军的猛烈扫射。赵登禹左臂负伤，部下劝他退出战斗，但他毫不理会，仍坚持指挥。不久，他前额和胸部又多处中弹，以身殉国，享年39岁。在大红门遭遇伏击身亡的29军官兵超过1000人。

南营区董升堂带领的部队，由于没有接到撤退命令，直至18时30分，才以营为单位，自南苑向正南方向的固安突围。敌人集中火力阻击，但突围部队很快冲进高粱地，利用青纱帐掩护摆脱敌人，从魏善庄过平津铁路，顺利到达固安县城。经过一天激战，南苑防御工事几近全毁，兵营被日军占领，守军伤亡5000多人。

佟麟阁、赵登禹是全民族抗战爆发后，抗日战场上最早牺牲的两位高级将领。以佟麟阁、赵登禹为代表的29军将士，在民族危亡的紧要关头，以铮铮铁骨战强敌，以血肉之躯卫国土，充分展示出中国军人的血性担当和家国情怀。1937年7月31日，国民政府发布褒奖令，追授佟麟阁、赵登禹陆军上将军衔。1946年，北平市政府将南沟沿改称“佟麟阁路”，北沟沿改称“赵登禹路”，以纪念抗日英烈。新中国成立后，佟麟阁和赵登禹被追认为革命烈士，两条路名也沿用至今。

投笔从戎　学子以身报国

南苑保卫战中，有一支特殊的部队——军事训练团（简称军训团）。该团驻扎南苑，主要为29军培养干部，由受一二·九运动影响的北平、天津、保定等地的大中学生组成，下设3个大队，每个大队辖4个中队，约1500人。队干部大多为原抗日同盟军[1]军官以及西北军在山西汾阳的军校毕业生，其中还有些是中共地下党员。佟麟阁亲任团长，倡导“要为民族生存而战斗，为国家荣誉而献身”。

卢沟桥事变爆发时，军训团的青年学生入伍仅半年，刚刚完成基本军事训练，没有实战经验。但日军的侵略暴行，令他们义愤填膺，群情激昂，纷纷派代表向佟麟阁递交请缨杀敌书，在南苑营区以南构筑工事，积极备战，严阵以待。出于对他们的爱护，总指挥赵登禹将学生兵部署在敌人最不可能进攻的东南方向。7月27日，一小队肆无忌惮的日军骑兵，在南营门外蓄意挑衅，被军训团学员当场击毙一人。军训团学生兵士气大振，参战热情更加高昂。

28日凌晨，南苑保卫战打响。令人始料不及的是，布防情报被“冀

[1] 1933年，在中国共产党的推动下，由冯玉祥、吉鸿昌、方振武等中国将领在察哈尔组织的一支抗日部队。

察政务委员会”政务处处长潘毓桂出卖给日军。日军经过分析，将防御相对薄弱的军训团阵地作为突破口，集中火力猛攻。军训团利用每个中队配备的6挺轻机枪和3个掷弹筒，在东南两面的围墙与日军展开恶战。学生兵表现得异常英勇，击退敌人数次冲锋。第三大队一位副班长杨再兴身负重伤、血流不止，但一直高喊：“杀日本鬼子！杀日本鬼子！”直至英勇牺牲。

当南面守军开始奉命突围时，凶残的日军在飞机大炮掩护下，集中兵力突破了军训团防线。面对蜂拥而来的日军，学生兵毫不退缩，勇敢杀敌，以年轻的血肉之躯与日军展开殊死搏斗，以10∶1的代价迟滞敌人的进攻，尤其第一、二大队伤亡惨重，最终防守阵地被日军突破。

午后，日军以铁甲车为掩护，又向南苑西北角发起进攻，军训团以及尚未撤退的守军已是腹背受敌。这时，军训团接到撤退命令，冒着敌人密集的炮火，分散突围，途中许多学生兵中弹倒下。第一大队副队长刘又生指挥并掩护大家后撤时，身中数弹，献出了宝贵的生命。

军训团在南苑保卫战中战死过半，生还者仅700余人。这些年轻学子面对强敌，毫不畏惧、浴血奋战，用青春和热血谱写了壮丽的爱国主义篇章。后来，军训团在河北省河间县诗经村收拢整编，继续高举抗日旗帜，为争取民族独立而英勇斗争。

南苑保卫战以日军占领北平、29军失败而结束，历史教训至为深刻。但抗日的烽火并没有熄灭，反而愈燃愈烈。大江南北，长城内外，全体中华儿女冒着敌人的炮火共赴国难，千千万万爱国将士同仇敌忾、视死如归；中国共产党自觉担负起民族救亡的历史重任，奏响了一曲气壮山河的抗击日本侵略的英雄凯歌。

（执笔：于冰、王美扬）

国际友人贝熙叶开辟的“驼峰航线”

2014年3月27日，中法建交50周年纪念大会在法国巴黎召开。会上，习近平主席发表重要讲话，提到一位法国医生“冒着生命危险开辟一条自行车‘驼峰航线’，把宝贵的药品运往中国抗日根据地”。这位法国医生就是贝熙叶。

贝家花园的“白求恩式医生”

贝熙叶1913年来到中国，先后担任法国驻北京公使馆医官、法国圣米歇尔医院医生、燕京大学校医、北堂医院院长和中法大学校董兼校医等职。他在中国工作生活了41年，直到1954年才回国。

1923年，贝熙叶妻子不幸病故，女儿患上肺炎。为给女儿提供良好的休养环境，他在北京西山阳台山东麓依山势建了一幢别墅，人称贝家花园。花园由3组建筑构成，占地约1万平方米。园门外建有坐西朝东四方形三层城堡式石楼，墙体用花岗岩石垒砌而成，门上镶嵌汉白玉“济世之医”匾额。北山腰平台建有两层五楹卷棚歇山顶楼阁，楼前有水池、藤架、喷泉等点缀。南山坡上建有坐西朝东五楹歇山顶厅堂，以及附属房屋数间。花园环境清幽，高低错落，掩映于苍翠葱茏之中。

贝熙叶医德仁厚、医术高超。他曾为孙中山、袁世凯、黎元洪、徐世昌、曹锟5位民国总统看过病，也医治过段祺瑞、蔡元培、梅兰芳等名流。同时，他还为平民百姓免费治病、无偿赠药。

贝熙叶看到贝家花园附近的村民生活拮据、缺医少药，便把自家石楼改为诊所，义务为他们治病。温泉村一妇女宫外孕，这种病当时在农村死亡率极高，经过他的及时治疗，病人得以保全性命。胡宝善老人年幼时膝盖肿胀，贝熙叶为他做了手术，治好了腿病。春天儿童容易感染天花、麻疹，贝熙叶便到附近学校为农村儿童免费注射疫苗。他救死扶伤的善举，拉近了与乡亲们的距离，大家都亲切地把这位留着大胡子、操着一口流利北京话的法国医生称作“老贝”。温泉村的老人至今谈起贝熙叶大夫，仍对他免费为村民医治疑难杂症的事迹如数家珍。

七七事变，日军进犯宛平城，全民族抗战爆发。贝熙叶对日本帝国主义的暴行义愤填膺，随即联络各国使馆、外国医院医生，积极救治伤员。一天，他冒着危险到前线察看情况时，看到一位妇女跪在地上号啕大哭，身旁躺着个年轻人一动不动，胸口还在流血。贝熙叶立刻下车，仔细为年轻人检查，见他还有微弱呼吸，打开随身携带的药箱紧急抢救，奇迹般地把他从死神身边拉了回来。贝熙叶还给受伤的八路军战士秘密做过多次手术，使他们重返前线、杀敌立功。他这种救死扶伤的国际主义精神，被后人誉为“白求恩式医生”。

支援抗日的药品补给线

抗战时期，因日军严密封锁管制，根据地药品十分紧缺，尤其是治疗外伤用的消炎止痛类西药，更是千金难求。前线伤员们由于得不到及时治疗，伤势常常恶化，甚至牺牲生命。如何搞到所需药品并顺利运往根据地，成为摆在北平地下党组织面前一项刻不容缓的重要任务。

1939年2月的一天，城内大甜水井胡同贝熙叶的家里来了位熟悉的朋友，原来是新街口基督教堂长老黄浩。黄浩的真实身份是北平地下党情报人员。他此行的任务是动员贝熙叶帮忙往“山那边”运送药品。当时，地下工作者通过各种渠道弄到药品已实属不易，想把药品送出城，更是难上加难。黄浩知道贝熙叶痛恨法西斯的野蛮侵略、同情中国人民的抗日战争，加之他外国医生的身份，往返城内和西山便利，而且贝家花园与抗日根据地仅有一山之隔，可谓运送药品的最佳人选。不出黄浩所料，贝熙叶毫不犹豫地答应了。

从此，贝熙叶经常开车带上药品从大甜水井胡同出发，经西直门，穿海淀镇，过温泉镇，到达贝家花园。一路上经过多个日军关卡，特别是温泉镇为城内到西山的交通要道，日军在这里盘查更加严格。虽然每次贝熙叶都冒着巨大风险，但都顺利完成药品运输的任务。

随后的几年时间里，一批批急需药品在贝熙叶的帮助下，从城内运到贝家花园后转交给游击队，再翻过妙峰山，最终送到平西抗日根据地和晋察冀边区的战地医院。白求恩大夫到冀中战地医院视察时，看到药架上摆放的奇缺药品，得知是地下工作人员冒着生命危险从敌占区搞到的，竖起大拇指称赞说：“真了不起！真了不起！”

太平洋战争爆发后，每况愈下的日军加紧了对华物资的掠夺和控制，石油供应日趋紧张，贝熙叶已经无法再用汽车运输药品，只好改骑自行车。此时，贝熙叶已年逾七旬高龄，从城里的家到贝家花园单程就需骑行40公里，还要带着几十斤重的药品，走过崎岖蜿蜒的山路。若遇雨雪等恶劣天气，他便推着自行车在泥泞的土路上艰难跋涉。在这样艰苦险恶的条件下，贝熙叶运送药品一直坚持到抗战结束。这条运输线就是习近平主席讲到的自行车“驼峰航线”。

地下党组织的秘密交通站

贝家花园位于平西根据地和北平城的中间地带，而它上方不足100

米的山上就是妙峰山游击队指挥部。游击队成员知道贝熙叶是一位正直的国际友人，暗中派地下党员王月川去贝家花园当“看门人”。贝家花园便成为北平地下党组织的一个秘密交通站，一批批地下党员、爱国青年、药品物资等经过这里，被转送到平西根据地、晋察冀边区。

国际友人林迈可也是通过这个秘密交通站奔赴抗日根据地的。林迈可是英国人，1937年12月来到中国，任燕京大学经济学导师。1941年12月7日，日军偷袭珍珠港，随后向英美宣战，开始四处抓捕在北平的英美进步人士。8日，曾经帮助八路军秘密运送药品、无线电器材等稀缺物资的林迈可夫妇，为躲避日军搜捕，带着两只装满无线电器材的箱子，驾驶汽车投奔素未谋面的贝熙叶。在温泉镇附近的黑龙潭前，他们弃车步行，雇用农民挑夫，把箱子藏在他们的大筐里，顺利绕过了温泉镇日军哨所，来到贝家花园。贝熙叶不在家，他们向王月川提出要进入抗日根据地。

王月川无法确认他们的身份，没有立刻答应。他一边请老乡把林迈可一行带入深山安全处，一边立刻向组织报告。确认身份后，由交通员带领他们翻过妙峰山，辗转到达晋察冀边区。林迈可在这里充分发挥自己的知识技能，任教于边区无线电高级训练班，培养了一批急需的人才；重建无线电站，加强了晋察冀边区电话与电报的收发能力。

1944年5月，经聂荣臻同意，林迈可偕夫人穿过日军三道封锁线，历尽艰险，来到延安。毛泽东、刘少奇、周恩来等在杨家岭为他们举行欢迎晚宴，并安排林迈可担任第十八集团军总司令部无线电技术顾问。在他的帮助下，延安成功建起大功率国际电台和新华社英文广播部，“让世界听到延安的声音”。同年9月1日，新华社正式开办对美国的英文文字广播，林迈可任顾问和英文改稿专家，这是中国共产党领导的新闻机构第一次使用无线电技术向国外播发英文新闻。他一直在延安工作和生活直至抗战胜利。2015年10月20日，习近平主席访英时说道：“已故英国议会上院议员林迈可勋爵积极参加中国人民抗日战争，在极为艰苦的环境下，帮助中国改进无线电通讯设备……历史将永远铭记这些为中英友好、为世界和平正义事业作出杰出贡献的人们。”

时光易逝，真情永恒。虽然贝熙叶开辟的“驼峰航线”已经消失在崇山峻岭之中，但是贝熙叶、林迈可等国际友人为中国人民抗日战争做出的重要贡献，历史不会忘记，人民不会忘记。

（执笔：徐丽丽、王美扬）

老帽山抗日六壮士

河北易县有一座狼牙山，在那里流传着“狼牙山五壮士”英勇抗日的故事。北京房山有一座老帽山，在这里同样传颂着“老帽山六壮士”抗击日寇的壮举。

日伪“扫荡” 警报响起

1938年，八路军总部先后派邓华、宋时轮率部挺进平西，开辟抗日根据地，包括当时宛平、房山、涞水大部分以及昌平、良乡、涿鹿、涿县、蔚县、宣化、怀来等县一部分。因根据地临近日伪在华北统治区的中心——北平，被日本侵略者视为插入心脏的一把尖刀，欲除之而后快，多次派重兵进行“扫荡”。

1943年，侵华日军为建立太平洋战场的后方基地，调集大批军队加紧围攻抗日根据地。4月中旬，房山南窖据点的300多名日伪军，携带轻重机枪和迫击炮，经霞云岭、白草坨、马安村等地向十渡地区进犯。当时，中共房涞涿联合县委、县政府及八路军冀中第10分区指挥机关就驻扎在十渡地区，第10分区27团团部在西庄村，冀中印刷所、银行在西河村，兵工厂在后石门村。13日傍晚，县委、县政府和27团接到日伪军进犯的情报，县长郝绍尧立即组织机关人员撤到西边山沟里，发动群众坚壁清野。27团随即派一个排到老帽山下一座俯临河滩的小山头阻击敌人。他们凭借险要地形，封锁山谷通道，做好打击日伪军准备，掩护人员和物资迅速转移。

英勇作战　阻击强敌

4月的山里，夜晚依然有些寒意。战士们隐蔽在灌木丛中和山石旁严阵以待，密切观察日伪军的动向。14日清晨，日伪军打着“膏药旗”，气焰嚣张地出现在山谷小道上。距离战士们预先设伏的有效射程越来越近，随着一声“打!”的口令，愤怒的子弹射向敌人。顿时，日伪军被打得不知所措，四处逃窜，横七竖八地丢下十几具尸体，慌忙后撤。战士们初战告捷。

日伪军惊魂稍定之后，根据枪声断定八路军兵力并不多。于是，重新组织兵力，集中炮火，从两个方向对八路军进行钳形攻击。战士们凭借地形优势，打退了日伪军多次疯狂进攻，又有一些敌人的尸体丢在河谷。日伪军恼羞成怒，气急败坏地架起机枪向八路军阵地猛烈扫射，几个战士先后牺牲。在人数少和武器装备差的情况下，形势越来越严峻。但为了掩护政府机关和团部的安全转移，战士们拼死作战，决不后退。

日伪军为抢占有利地形，向山坡发起一拨拨冲锋，都被战士们一次次打了下去，战斗异常激烈残酷。随着时间一分一秒过去，双方伤亡都在不断增加，逐渐形成拉锯态势。

以身殉国　书写壮举

老帽山阻击战一直持续到中午，战士们冒着枪林弹雨，浴血奋战，顽强坚守阵地，完成了预定的阻击任务。到了约定的撤退时间，战士们正准备陆续撤离阵地，突然背后响起一阵枪声，一股日伪军从老帽山北侧山腰上方冲下来。原来，敌人正面进攻屡屡受挫，于是在汉奸的引导下把北侧山峰作为突破点，而战士们在此并未部署兵力。敌人一个小分队迂回包抄过来，迅速占领制高点，对战士们形成两面夹击，战斗进入白热化，枪声、炮声和手榴弹爆炸声相互交织、震天动地。战士们腹背受敌，战斗形势急转直下。他们背靠背交替掩护突围，但几次尝试均未成功。在反击过程中，十几名战士相继倒下，最后阵地上只剩下6名满腔怒火、伤痕累累的战士。

面对日伪军步步紧逼，战士们且战且退，子弹和手榴弹打光了，就举起山石用尽全力砸向敌人。他们被迫退到山顶，背后就是悬崖，无路可退。穷凶极恶的敌人端着刺刀，面目狰狞地冲了上来，6名战士大义凛然，无所畏惧，抱着宁死不当俘虏的坚定信念，大声喊出“打倒日本帝国主义”，义无反顾地抱枪纵身跳下悬崖。其中一名战士跳崖后挂在半山腰树杈上，他又挣扎着第二次跳了下去。6名战士全部壮烈牺牲，连姓名都没有留下。

日伪军闯进十渡村，经反复搜查，没有发现县委、县政府和八路军部队，便气急败坏地放火烧了400多间民房。日伪军撤退后，当地群众到山下找到6名跳崖战士的遗体，血肉模糊不可分辨，他们怀着悲痛和崇敬的心情，将6名勇士就近安葬在老帽山下。

为缅怀革命先烈，传承红色基因，1984年2月，当地政府在老帽山半山腰修建一座纪念碑亭，纪念碑正面镌刻着“为中华民族解放事业英勇献身的六壮士永垂不朽”，背面碑文简要记述了“老帽山六壮士”的感人事迹。2014年，房山区政府将“老帽山六壮士”之墓迁移到平西无名烈士陵园，与抗日战争时期光荣牺牲的其他英烈为伴，一起长眠于莽莽西山，安息在他们曾经浴血战斗、誓死保卫的红色沃土上。

“老帽山六壮士”和千千万万在抗日战争中为国捐躯的优秀中华儿女

一样，面对战火硝烟，不怕牺牲，前仆后继。他们用热血和生命，一次又一次创造着抗战史上的伟大奇迹，谱写着中华民族抵御外侮的壮丽诗篇，激励着后人弘扬伟大抗战精神，向着中华民族伟大复兴的光辉彼岸奋勇前进。

（执笔：徐丽丽、王美扬）

从霞云岭唱响全国的红色赞歌

《没有共产党就没有新中国》，这首红色赞歌创作于战火纷飞的抗日战争年代，在房山霞云岭乡堂上村一经诞生，就响彻大江南北、长城内外，历经近80年仍脍炙人口，广为传唱。这首经典歌曲是谁创作的呢？最终的歌名是怎么确定的呢？让我们来为你一一解读。

《没有共产党就没有新中国》歌曲诞生地——房山区霞云岭乡堂上村

抗日救亡燃星火

曹火星，原名曹峙，1924年10月出生在河北省平山县。1937年，全民族抗战爆发，年仅13岁的曹峙被迫辍学，随全家逃难，投奔平山西部山沟的亲戚。国难当头，他目睹日本残暴的殖民统治，立志抗日救国。此时，八路军已在平山县建立抗日政权和抗日群众团体。1938年2月，曹峙加入平山县农民抗日救国会，并成为村青年救国会主任。同年，他被调至平山县抗日救国青年联合会宣传队当演员、任音乐队队长。曹峙充分发挥音乐特长，教大家识谱唱歌。当时，还不会作曲的他照葫芦画瓢，把民歌小调改成抗日歌曲，他的音乐梦想在抗日烽火中萌发。

1938年4月，曹峙又被调到铁血剧社，通过文艺表演宣传抗日救亡。他随着剧社走遍了滹沱河两岸的每一条山沟，唱遍了每一个村庄。在“母亲叫儿打东洋，妻子送郎上战场”等抗战歌声的鼓舞下，参军热潮不断高涨。为表达抗日的决心，他把自己的名字改为曹火星，立志要做一颗闪亮的红星，做一名真正的抗日战士。

1939年，华北联合大学迁至平山县，铁血剧社成员被党组织安排进入该校文艺学院学习。曹火星在这里正式学习作曲、和声等音乐知识，从聂耳、冼星海等人的作品中吸取养料、获得灵感。8个多月的系统学习，极大地激发了曹火星用歌曲去战斗的创作热情。

1943年初，铁血剧社更名为群众剧社，改由晋察冀边区抗日联合会领导。此时，曹火星已是该剧社音乐组组长，并光荣加入了中国共产党。为了反“扫荡”，群众剧社化整为零，组成若干个小分队，深入到群众中开展自编自演的文艺活动，宣传党的抗日主张。10月，曹火星一行4人，从晋察冀抗日根据地总部阜平出发，跋山涉水来到霞云岭乡堂上村。他们一边开展文艺创作，一边进行抗日宣传，组织村宣传队唱歌、排戏。

他们利用当地流行的“霸王鞭”民歌曲调填写新词，把党的抗日政策编成群众喜爱的文艺节目。

抒发心声谱赞歌

1943年3月10日，以蒋介石名义出版的《中国之命运》，叫嚣“没有国民党，就没有中国”“中国的命运，完全寄托于国民党”。这些说法引起全国人民的极大愤慨。中共中央针锋相对予以回击，出版《评中国之命运》，并于8月28日在延安《解放日报》发表了《没有共产党，就没有中国》的战斗檄文。

同年10月，一个深秋的夜晚，曹火星在堂上村庙堂土屋里，正在冥思苦想进行词曲创作。他静静回想与剧社同志一起战斗的日子，联想到共产党领导广大人民群众众志成城、浴血奋战的情景，脑海中突然闪现出几天前读到的《没有共产党，就没有中国》的社论。他顿时激情澎湃、灵感迸发，一行有力的大字跃然纸上，“没有共产党就没有中国”的歌名诞生了！他把自己对党的热爱和对抗战的亲身感受，凝聚笔端，一气呵成：

> 没有共产党就没有中国，没有共产党就没有中国。
> 共产党辛劳为民族，共产党他一心救中国。
> 他指给了人民解放的道路，他领导中国走向光明。
> 他坚持抗战六年多，他改善了人民生活。
> 他建设了敌后根据地，他实行了民主好处多。
> 没有共产党就没有中国……

曹火星一边哼唱一边谱曲，经过几天的反复修改，完成了《没有共产党就没有中国》词曲的创作。曲调先抑后扬、旋律流畅、铿锵有力；歌词感情真挚、简洁朴实、通俗易懂，紧贴群众生活，反映历史真实，唱出了人民对党的衷心拥护，唱出了人民对中国的美好憧憬。

剧社战友们学会这首歌曲，并教会了堂上村村民。他们打着“霸王鞭”边舞边唱，很快就把这首歌唱遍了霞云岭。10月底，这首歌油印成歌片在涞水县传唱。之后，晋察冀边区在河北易县举办千人冬训班时，曹火星又教唱这支歌曲，并在《群众歌声》上首次发表。在传唱过程中，这首歌的词曲曾做过个别改动，最早是“坚持抗战六年多”，1944年群众把这句改成“坚持抗战七年多”，抗战胜利时歌词最终定格在“坚持抗战八年多”。1945年9月，这首歌在《晋察冀日报》刊登。后来，随着解放战争的节节胜利，这首唱出真理、道出心声的歌曲传遍了全中国。

一字千钧成永恒

1950年的一天，毛泽东在中南海院子里散步，忽然听到女儿李讷的歌声，好奇地问：“你唱的是什么歌呀？再唱一遍给我听听好不好？”李讷笑了笑：“爸爸，我唱的是《没有共产党就没有中国》。”随后就开口唱了起来。

毛泽东听完歌问：“你说说，中国共产党是哪年成立的。”李讷答道：“1921年！”“那中华人民共和国是哪年成立的？”“去年10月1日。”“好！那么中国的历史有多少年了？”李讷想了想回答说：“大概有几千年了吧？”毛泽东微笑着说：“对嘛，中国已经有5000年的历史，而中国共产党成立才几十年。你想想是先有中国还是先有中国共产党。怎么能说没有共产党就没有中国呢？所以，应该在中国前面加一个‘新’字，即‘没有共产党就没有新中国’，这样才符合史实。”毛主席一锤定音，从此这首歌就正式定名为《没有共产党就没有新中国》，成为歌颂党的经典之作、真理之歌，一直传唱至今。

曹火星曾在回忆中说：“我写这首歌是动了感情的。抗日根据地的广大人民群众在共产党领导下，克服种种困难坚持抗战，搞民主建设，使人民当家作主。搞土改发展生产，给人民改善生活……这些活生生的事实是我亲眼所见，人民的抗战积极性，对党的深情，我有亲身体会。没有共产党怎么会有坚持抗战到胜利的局面？没有共产党怎么会有今天？”的确，这首歌唱出了中华儿女的共同心声，道出了一条颠扑不破的真理，抒发了广大人民永远跟党走的坚定信念。

2001年，在庆祝建党80周年之际，《没有共产党就没有新中国》歌曲诞生地纪念雕塑揭幕。2006年，在庆祝建党85周年之际，《没有共产党就没有新中国》纪念馆正式落成。2021年，《没有共产党就没有新中国》被列入庆祝中国共产党成立100周年大会开篇合唱曲目。

岁月匆匆过，经典永流传。进入新时代，《没有共产党就没有新中国》这首红色赞歌，将继续激励我们在中华民族伟大复兴的历史征程上阔步前行。

（执笔：徐丽丽、王美扬）

无名英雄纪念广场的无名英雄

北京西山国家森林公园内东侧，有一座无名英雄纪念广场。广场坐西朝东，分上下两层。一层是巨幅景观墙，镌刻着毛泽东的题诗。景观墙两边的花岗岩壁上刻着846个烈士英名。二层正中屹立着一块长14米、高4米的纪念碑，正面是再现隐蔽战线战斗场景的5组浮雕，背面是主碑铭。碑前矗立着以吴石、朱枫、陈宝仓、聂曦为原型的英雄雕像。走进这座广场，不禁会让人想到70多年前，那些为实现国家统一、人民解放牺牲在台湾的无名英雄。

北京西山无名英雄纪念广场（宋传信　摄）

298箱军事绝密档案

1949年8月，国民党军队节节败退，福州回到人民手中。一天，福州军管会突然收到298只完好无损的箱子，打开一看，发现竟然是国民党准备运往台湾的军事绝密档案。当时，并不知道这些档案是谁提供的。直到若干年后，才得知它是由时任国民党福州绥靖公署副主任吴石刻意留下来的。

吴石是福建省闽侯县螺洲乡（今福州市仓山区螺洲镇吴厝村）人，1911年参加辛亥革命，先后毕业于保定陆军军官学校、日本炮兵学校和日本陆军大学。抗战期间，他负责对日情报工作，先后任国民党第四战区参谋长、军政部主任参谋兼部长等职。他屡有建树，曾参与制定“保卫武汉作战计划”，颇受蒋介石器重。蒋介石“攘外必先安内”的政策以及党内倾轧、腐败丛生的乱象，使吴石大失所望，对国家和民族的前途忧心忡忡。得知他的情况，党组织委派他的好友、中共情报系统重要成员、时任国民党高级将领吴仲禧做他的思想工作，使他逐渐对共产党有了正确认识，决定投身于中国人民解放事业。1947年4月，他和中共华东局书记刘晓等人见面，接受了为中共提供军事情报这一重要而极其危险的任务。由于吴石本身是军事战略专家，且身居要职，因此他提供的情报价值极高。

1948年6月，吴仲禧被派往“徐州剿匪总指挥部”，在吴石积极关照和帮助下，顺利收集到徐州“剿总”有关辖区范围、作战意图、兵力配备等军事防务情况。这一情报是淮海战役前人民解放军获得的最早又比较全面的情报，对淮海战役的胜利起到重要作用。吴仲禧后来回忆说：“这次任务的完成，如果没有吴石的有力帮助，没有李树正按照吴石的嘱托作了种种关照，是不可能这样顺利的。”

淮海战役胜利后，人民解放军挥师南下，南京政府土崩瓦解。国民党中央机关仓促向台湾、广州溃退时，企图把国防部史政局保存的一批军事机要档案撤运台北，但吴石以“暂移福州，进则返京容易，退则转台便捷”“军运紧，调船难”为由，一方面颠倒绝密和非绝密两类档案资料的发运顺序拖延时间，另一方面对副官聂曦等人下达“人在机要档案在”的“死命令”，将这批国民党军事绝密档案移存福州并派人妥善看管，留给即将到来的人民解放军。

“一定要给他们记上一功”

福州解放前夕，吴石接到调任台湾“国防部参谋次长”的命令。赴台上任前，吴仲禧劝他去解放区，他却坚决表示，自己的决心已经下得太晚了，为人民做的事太少了，现在既然还有机会，个人风险算不了什么，于是他毅然决定投身危机四伏的孤岛继续潜伏，为祖国和人民获取更多的情报。吴石途经香港时，正式接受了中共地下党托付的重任，代号为“密使一号”。

吴石抵台后，与同为共产党地下工作者、时任“联勤总部第四兵站总监”陈宝仓取得联系，他们与聂曦一起置生死于不顾，利用职务之便全力搜集情报。他们的情报网遍布国防部、东南长官公署、空军部队等重要机关。

随着解放战争的快速推进，人民解放军发起对金门和舟山群岛的跨海作战，但由于缺乏准确的军事情报而相继失利。为尽快了解敌情变化，华东局决定派长期在上海、香港从事情报工作的女地下党员朱枫（又名朱谌之）赴台，获取吴石掌握的情报。朱枫伪装成商人抵台后，与中共台湾省工委书记蔡孝乾（代号老郑）取得联系。随后，朱枫秘密来到吴石的寓所，从他手中接过早已准备好的缩微胶卷，内有：《台湾战区战略防御图》《海防前线阵地兵力、火器配备图》《关于大陆失陷后组织全国性游击武装的应变计划》，以及台湾海峡、台湾海区的海流资料，战略登陆点的地理资料分析，海空军兵力部署情况，等等。

这些极具军事价值的情报，迅速通过香港传递到华东局，其中几份绝密文件还呈送给了毛泽东。当毛泽东听说这些情报是一位秘密女特派员赴台从一位国民党上层人士“密使一号”那里取回时，当即嘱咐有关人员：“一定要给他们记上一功!”激动之余他还挥毫写下一首诗：“惊涛拍孤岛，碧波映天晓。虎穴藏忠魂，曙光迎来早。”这首五言绝句就镌刻在无名英雄纪念广场的景观墙上。

后来，朱枫与吴石多次秘密会晤，有时还通过聂曦传递情报，圆满完成了党组织交给的任务。

冒险签发的“特别通行证”

蒋介石集团败退台湾后，为巩固其反动统治，大肆搜捕中共情报人员，掀起一股“反共”浪潮，致使中共在台地下组织遭到毁灭性打击。

1950年1月29日，蔡孝乾被捕入狱，在敌人的威逼利诱之下，很快叛变投敌，将在台湾的中共地下党组织情况和盘托出。此时，朱枫在台湾的任务已经完成，正打算返回上海与家人团聚，她还不知道自己已经被叛徒出卖。2月2日，得知蔡孝乾被捕叛变消息的吴石，紧急派遣聂曦约见朱枫，告知她身份已经暴露，必须立即转移。在国民党对出岛人员控制极严的情况下，为使朱枫安全离台，吴石冒险签发了一张“特别通行证”。两天后，朱枫搭乘军用运输机飞赴舟山，准备乘船前往上海。

与此同时，吴石也身处险境。保密局从蔡孝乾的笔记本上看到了吴石的名字，随即对吴宅进行搜查，发现他亲笔签发给朱枫“特别通行证”的证据。于是，台湾当局据此摸清了朱枫的去向，并以“通共叛逆”嫌疑逮捕吴石，追捕朱枫。

这时，朱枫已经到达舟山，见岗哨密布、特务横行，于是装病住进沈家门私立存济医院，但仍未躲过特务的魔爪。2月18日，朱枫不幸被捕。羁押舟山期间，朱枫从皮衣夹缝中取出金链、金镯，分4次把二两多重的黄金吞服自杀，但未能成功。被押解回台湾后，面对敌人的严刑拷打，她始终大义凛然、坚贞不屈，严守党的秘密。连审办她的国民党保密局侦防组少将组长谷正文都说她是“党性坚强，学能优良之女匪”，“此种维护重要工作，不惜牺牲个人生命之纪律与精神，诚有可取法之处”。

6月10日下午，吴石、朱枫、陈宝仓、聂曦4人被押赴刑场，一场惨绝人寰的暴行在台北马场町上演。天空乌云翻滚、遮天蔽日，地面警车呼啸、宪兵林立。面对敌人的枪口，吴石从容吟诵着他在狱中所作“凭将一掬丹心在，泉下嗟堪对我翁”的诗句，慷慨赴死；朱枫高呼“中国共产党万岁”的口号，身中七枪英勇就义；陈宝仓和聂曦昂首挺胸、面带微笑，壮烈牺牲。“吴石案”在台受牵连者达200多人。

1949年前后，人民解放军按照中央关于解放台湾的决策部署，先后秘密派遣1500余名干部入台。在被国民党当局杀害的1100余人中，有200多位烈士的名字至今无法知晓。

于无声处听惊雷，于无形处建奇功。隐蔽战线的无名英雄们“别亲离子而赴水火，易面事敌而求大同”“或成或败，或囚或殁，人不知之，乃至陨后无名”。他们在看不见硝烟的战场上寻光逆行、舍生取义，用青春和热血映红黎明前的天空，用大爱与信仰铸就不灭的灵魂！他们将永远与西山相伴，期待着宝岛早日回到祖国的怀抱。

（执笔：徐丽丽、王美扬）

双清别墅擘画建国

香山南麓半山腰处，一座中西合璧式园林建筑内，茂林修竹、泉水淙淙。这里就是毛泽东“进京赶考”的第一个住地——双清别墅。在这里，毛泽东、朱德发布向全国进军的命令，吹响了“打过长江去，解放全中国”的伟大号角；在这里，毛泽东发表《论人民民主专政》，为新中国的建立奠定理论基础和政策基础；在这里，毛泽东与各民主党派、各界人士共商国是，描绘了建立建设新中国的宏伟蓝图。

发布向全国进军命令　推翻蒋家王朝

中共中央进驻香山时，辽沈、淮海和平津三大战役胜利结束，国民党政府在长江以北的力量已全线崩溃，在长江以南也难以组织起系统的防御。蒋介石集团为了挽救军事上节节败退的颓势，玩起“和谈”的缓兵之计，背地里却加紧部署长江防线，企图实现“划江而治”。

毛泽东始终保持着战略上的清醒。他早在西柏坡时就发表了《关于时局的声明》，表示为了迅速结束战争、实现真正和平、减少人民痛苦，中国共产党愿意在惩办战争罪犯、废除伪宪法和伪法统、改编一切反动军队等八项条件的基础上，同南京国民党政府及国民党地方政府和军事集团进行和平谈判。

1949年4月1日，以张治中为首席代表的国民党政府代表团抵达北平。当晚，他们与以周恩来为首席代表的中共代表团举行国共和谈第一次正式会议。4月8日，周恩来陪同张治中来到香山双清别墅。毛泽东同张治中长谈4个小时，并共进午餐。接着，他又陆续同国民党政府代表团的邵力子、章士钊、黄绍竑、刘斐个别谈话，表示“只要李宗仁诚心和谈，我们是欢迎的”。

毛泽东在香山一面关注谈判进展，一面部署渡江作战，把渡江时间与和平谈判紧密联系在一起。根据形势变化，毛泽东和中央军委几度推迟原计划3月底发起的渡江作战，充分显示了中国共产党谋求和平的诚意。

由于国民党政府拒绝在《国内和平协定》（最后修正案）上签字，4月20日，谈判宣告破裂。毛泽东随即命令总前委，立即组织发起渡江战役。次日，毛泽东、朱德发布向全国进军的命令，要求“坚决、彻底、干净、全部地歼灭中国境内一切敢于抵抗的国民党反动派，解放全国人民，保卫中国领土主权的独立和完整”。

南京解放
千里江防轉眼粉碎
南京反動政權滅亡
鎮江無錫武進蘇州丹陽先後解放
火光殺聲中
江水長天相映紅
南岸發出了登陸信號
社論
南京解放 反動政府滅亡！
抗議英艦暴行
先鋒部隊迫上海
蔣介石飛上海
李宗仁逃回桂林
太原昨晨已告解放
守城敵軍沒有一個漏網
前線司令部下令活捉戰犯們
太原戰役初步戰果
巴黎捷京聞南京解放
和平大會爲中國歡呼
高歌 狂舞 提燈遊行
民主黨派聯合聲明
擁護進軍命令
美加政府援助偽匪
婦女決心保衛和平

1949年4月25日《进步日报》

4月20日夜，渡江战役打响，在西起江西湖口、东至江苏江阴的千里战线上，百万雄师分三路强渡长江，国民党苦心经营3个半月的长江防线顷刻瓦解。22日深夜，毛泽东在双清别墅起草庆祝第三野战军第7、第9兵团渡江胜利的电报，随即又为新华社撰写了《我三十万大军胜利南渡长江》《人民解放军百万大军横渡长江》两篇新闻稿。23日，人民解放军占领国民党统治中心南京，宣告国民党22年反动统治的覆灭。

南京解放后，毛泽东如释重负，心潮澎湃。一天，他坐在双清别墅池塘边的六角红亭里读报，当看到4月25日《进步日报》大字标题“南京解放”的新闻时，被跟随中共中央执行摄影任务的徐肖冰拍下了这一珍贵历史瞬间。随即，毛泽东写下那首脍炙人口的《七律·人民解放军占领南京》：

钟山风雨起苍黄，百万雄师过大江。
虎踞龙盘今胜昔，天翻地覆慨而慷。
宜将剩勇追穷寇，不可沽名学霸王。
天若有情天亦老，人间正道是沧桑。

这首诗气势恢宏、思想深邃，充分表达了伟大领袖将革命进行到底的坚强决心，深刻揭示了人类社会进步的客观规律。

随后，人民解放军相继解放了无锡、镇江、杭州、武汉、九江、南昌，并于5月27日攻占上海。至6月2日解放崇明岛，渡江战役胜利结束，历时42天，歼敌40余万。

与此同时，毛泽东和中央军委在香山指挥人民解放军以摧枯拉朽之势，迅速解决国民党残余部队。到9月底，解放了除滇、黔、川、康、藏和两广以外全国大陆大部分领土。

发表《论人民民主专政》 奠定建国基石

1949年6月中旬，新政治协商会议筹备会第一次全体会议召开后，筹建新中国的脚步明显加快。对于共产党领导的新中国国家政权是什么性质的，这个政权内部各阶级的地位及其相互关系是怎样的，当时党内外一些人还存在模糊认识。为从理论上阐明中国共产党在建立新中国问题上的主张，也为庆祝即将到来的建党28周年，毛泽东决定安排撰写一篇文章。

6月24日，毛泽东写信给他的秘书、时任新华通讯社社长胡乔木，要其用两天时间起草一篇纪念“七一”的论文，另单拟一组纪念“七七”的口号。他还叮嘱胡乔木：“注意偷空睡足觉。你起草后，我帮你修改，你可节省若干精力。”两天后，他又写信催稿。27日早上，胡乔木将题为《中国革命胜利的关键何在？——纪念中国共产党的二十八周年》的文章，呈送给毛泽东。毛泽东看后不太满意，但又不容易修改，于是决定自己动笔。

毛泽东在双清别墅几乎足不出户，时而伏案疾书，时而停笔思索，以至于身边细心的工作人员猜测可能有什么大事发生。两天后，一篇题为《二十八年》的文章诞生了。他又在清样稿上修改过两次，增加许多内容，经过再三斟酌后，最终将标题定为《论人民民主专政——纪念中国共产党二十八年》，并亲笔署名毛泽东。经中共中央领导集体研究，这篇文章于6月30日由新华社公开发表。

在《论人民民主专政》一文中，毛泽东总结中国近百年革命的历史经验，阐明资产阶级的民主主义让位给工人阶级领导的人民民主主义、资产阶级共和国让位给人民共和国的历史必然性，提出了人民民主专政这一科学概念。他指出，在中国，在现阶段，人民中包括工人阶级、农民阶级、城市小资产阶级和民族资产阶级。工人阶级是领导力量，工农联盟是基础力量。由于中国经济落后，民族资产阶级还有很大的重要性，但是它不应当在国家政权中占主要地位。“这些阶级在工人阶级和共产党的领导之下，团结起来，组成自己的国家，选举自己的政府，向着帝国主义的走狗即地主阶级和官僚资产阶级以及代表这些阶级的国民党反动派及其帮凶们实行专政”。“对人民内部的民主方面和对反动派的专政方面，互相结合起来，就是人民民主专政”。

毛泽东指明中国社会前进的方向。人民在建立自己的国家之后，要强化人民的国家机器，以巩固国防和保护人民利益，并有步骤地解决国家工业化问题，使中国“稳步地由农业国进到工业国，由新民主主义社会进到社会主义社会和共产主义社会，消灭阶级和实现大同”。他还提出新中国的基本外交方针，“联合世界上以平等待我的民族和各国人民，共同奋斗。这就是联合苏联，联合各人民民主国家，联合其他各国的无产阶级和广大人民，结成国际的统一战线”。

《论人民民主专政》这篇文章以8000余字的篇幅，总结了民主革命时期政权建设的经验，回答了国内外普遍关注的一系列理论和政策问题，明确了即将成立的中华人民共和国的社会主义国家性质。它和党的七届二中全会决议为新中国的建立奠定了理论基础和政策基础。

会见各界民主人士　共商建国大业

为了筹建新中国，早在1948年秋，中共中央就诚邀民主党派和爱国民主人士，参加新政治协商会议的筹备工作。

1949年3月25日晚，毛泽东邀请20余位民主人士在颐和园座谈。次日，他在双清别墅会见的第一位客人是民主建国会创始人之一黄炎培。3年多前，毛泽东与黄炎培在延安杨家岭的窑洞中，有过一段关于“历史周期率”、被称为“窑洞对”的著名谈话。两人久别重逢，相言甚欢。黄炎培谈到民主建国会创建过程及后来工作情况。毛泽东对此表示赞赏，并强调民建要以工商业界人士为主，以推动民族工商业为主要工作，请黄炎培做即将建立的新中国民族工商业的牵头人，一方面向共产党反映工商界人士的要求，另一方面向工商界人士传达共产党的政策。毛泽东一再强调，新中国成立后，中共对待民族工商业的态度和做法将不同于苏联，相反要予以利用和发展。他希望黄炎培凭借自己的威望和影响，迅速向外界传递这一精神。黄炎培听后深以为是，进一步坚定了对国家光明前景的信心，并于28日分别给上海、香港、新加坡等地工商界代表人士发电，敦促他们早日来北平参加新政协会议。

此后，毛泽东在双清别墅先后会见了李济深、张澜、沈钧儒、陈叔通、何香凝、马叙伦、李达、柳亚子、陈嘉庚等各民主党派及各方面代表人物，和他们探讨国内外局势、筹备新政协会议，共襄建国盛举。毛泽东对这些人十分尊重，总是走出房间，到院子里恭候，有时还到大门口欢迎。对于年迈的长者，毛泽东热情谦和地予以搀扶。孙中山夫人宋庆龄和国民党元老程潜先后抵达北平时，毛泽东还前往车站迎接。这些民主人士在与毛泽东等中共领导人的接触中，深切感受到共产党人的虚怀若谷和坦诚相待，更加坚定了与中国共产党长久真诚合作的信心与决心。

筹建新中国的工作，是通过新政治协商会议进行的。6月11日，众多民主人士齐聚双清别墅，参加新政协筹备会第一次预备会议，毛泽东、周恩来与他们一起商讨新政协的筹备事宜。6月15—19日，新政治协商会议筹备会第一次全体会议在中南海召开，参加会议的有134人，代表中国共产党和各民主党派、人民团体及无党派民主人士等23个单位。会上成立以毛泽东为主任的新政协筹备会常务委员会，下设6个小组，通过反复协商讨论，紧张有序全面展开筹建新中国的工作。特别是制定一部全国各族人民、各民主党派、各人民团体一致接受和遵守的共同纲领，是建立中华人民共和国重要的基础工作。

起草共同纲领由新政协筹备会常务委员会第三小组负责。进驻香山前，中共中央曾完成了一部《中国人民民主革命纲领草案》，重点在“动员一切力量参加和支援解放战争”，显然已不适应新形势的要求。这次起稿由第三小组组长周恩来亲自执笔，起初定名为《新民主主义纲领》，并把“新政治协商会议”改为“中国人民政治协商会议”。8月22日，经充分酝酿、反复讨论，周恩来将草案初稿呈送毛泽东。毛泽东审阅后，把名称改为《新民主主义的共同纲领》。9月初，第三次起稿开始，纲领正式定名为《中国人民政治协商会议共同纲领》，毛泽东亲自参与这一阶段各个稿本的修改工作。从3日至13日，他对草案逐字推敲、深入研究，至少进行过4次修改，改动超过200处。每次改完，他还对校对、印制作出批示。为使共同纲领具有广泛的代表性，即将出席中国人民政治协商会议的代表们分组讨论2次、第三小组讨论3次、新政协筹备会常委会讨论2次，充分体现了民主协商精神。九三学社创始人许德珩称“这种民主的、实事求是的精神，是值得我们佩慰的”。

这部起到临时宪法作用的《中国人民政治协商会议共同纲领》，在9月下旬召开的中国人民政治协商会议第一届全体会议上审议通过。共同纲领由序言和总纲、政权机关、军事制度、经济政策、文化教育政策、民族政策、外交政策共7章60条组成，确定了中华人民共和国的国体是工人阶级领导的、以工农联盟为基础的人民民主专政，政体是实行民主集中制的人民代表大会制度，政党制度是中国共产党领导的多党合作和政治协商制度，国家结构形式是统一的多民族国家和在单一制国家中的民族区域自治制度。这些制度完整系统地构成了中华人民共和国的基本政治制度。

在香山双清别墅居住的181天时间里，毛泽东日理万机、夙夜在公，以高瞻远瞩、统揽全局的战略思维，擘画着新中国的宏图伟业。10月1日，毛泽东在天安门城楼庄严宣告：“中华人民共和国中央人民政府今天成立了！”从此，揭开了中国历史新的篇章。经过70余年的艰辛探索和不懈奋斗，中华民族迎来了从站起来、富起来到强起来的伟大飞跃，实现中华民族伟大复兴进入了不可逆转的历史进程！

（执笔：纪篦、王美扬）

参考资料

图书类：

1. [汉] 司马迁:《史记》，岳麓书社2012年版。

2. [西晋] 陈寿:《三国志》，北京出版社2007年版。

3. [北魏] 郦道元，陈桥驿译注，王东补注:《水经注》，中华书局2016年版。

4. [北齐] 魏收:《魏书》，中华书局1984年版。

5. [唐] 李百药:《北齐书》，中华书局1983年版。

6. [后晋] 沈昫等:《旧唐书》，中华书局1975年版。

7. [北宋] 司马光:《资治通鉴》，北京联合出版公司2016年版。

8. [元] 脱脱等:《辽史》，中华书局1975年版。

9. [元] 脱脱等:《金史》，中华书局1975年版。

10. [明] 刘侗、于奕正:《帝京景物略》，上海古籍出版社2001年版。

11. [明] 宋濂等:《元史》，中华书局2016年版。

12. [明] 沈榜:《宛署杂记》，北京出版社2018年版。

13. [清] 张廷玉等:《明史》，中华书局1974年版。

14. [清] 于敏中等:《钦定日下旧闻考》，北京古籍出版社1981年版。

15. [清] 陈琮纂，永定河文化博物馆整理:（乾隆）《永定河志》，学苑出版社2013年版。

16. [清] 李逢亨纂，永定河文化博物馆整理:（嘉庆）《永定河志》，学苑出版社2013年版。

17.［清］李鸿章修，黄彭年纂，崔广社等点校：（光绪）《畿辅通志》，河北大学出版社2017年版。

18.［清］谷应泰：《明史纪事本末》，中华书局2018年版。

19.赵尔巽等：《清史稿》，天津古籍出版社2012年版。

20.舒焚：《辽史稿》，湖北人民出版社1984年版。

21.蔡蕃：《北京古运河与城市供水研究》，北京出版社1987年版。

22.王玲：《北京与周边城市关系史》，北京燕山出版社1988年版。

23.石景山区地名志编辑委员会：《石景山区地名志》，北京科学技术出版社1991年版。

24.段天顺：《燕水古今谈》，北京燕山出版社1991年版。

25.何业恒：《中国珍稀兽类的历史变迁》，湖南科学技术出版社1993年版。

26.吴英才、郭隽杰：《中国的佛寺》，天津人民出版社1994年版。

27.黄宗汉、王灿炽：《孙中山与北京》，人民出版社1996年版。

28.中共北京市丰台区委党史资料征集办公室：《丰台地区革命斗争史料选编》（第二册），内部发行1996年。

29.佟洵：《佛教与北京寺庙文化》，中央民族大学出版社1997年版。

30.王建国：《京畿丛书——石景山》，北京图书馆出版社1998年版。

31.中共北京市委党史研究室、首钢总公司党委组织部：《十里钢城——首钢总公司发展纪实》，北京出版社1999年版。

32.北京市文物研究所：《镇江营与塔照》，中国大百科全书出版社1999年版。

33.北京市地方志编纂委员会：《北京志·水利志》，北京出版社2000年版。

34.王彩梅：《燕国简史》，紫禁城出版社2001年版。

35.政协北京市门头沟区委员会文史资料研究委员会编:《京西举人村——灵水》，香港银河出版社2001年版。

36.香山公园管理处:《香山公园志》，中国林业出版社2001年版。

37.北京市地方志编纂委员会:《北京志·地质矿产志》，北京出版社2003年版。

38.北京市地方志编纂委员会:《北京志·周口店遗址志》，北京出版社2003年版。

39.北京市石景山区文化委员会:《法海寺壁画》，中国文联出版社2004年版。

40.北京市地方志编纂委员会:《北京志·颐和园志》，北京出版社2004年版。

41.尹钧科、吴文涛:《历史上的永定河与北京》，北京燕山出版社2005年版。

42.常林、白鹤群:《北京西山健锐营》，学苑出版社2006年版。

43.北京市政协文史资料委员会:《北京文史资料精选·大兴卷》，北京出版社2006年版。

44.北京市石景山区地方志办公室:《古刹寻踪》，中央文献出版社2008年版。

45.《清实录·圣祖仁皇帝实录》，中华书局2008年版。

46.首钢党委组织部、首钢档案馆:《首钢足迹1919—2009》，中央文献出版社2009年版。

47.北京香山慈幼院校友会:《熊希龄与香山慈幼院》，南开大学出版社2009年版。

48.梁思成、林徽因:《梁思成林徽因讲建筑》，湖南大学出版社2009年版。

49.李伶伶:《梅兰芳全传》，中国青年出版社2009年版。

50.朱炳旭译:《拉班·扫马和马克西行记》，大象出版社2009

年版。

51.贾珺:《北京颐和园》，清华大学出版社2009年版。

52.朱志敏:《李大钊传》，红旗出版社2009年版。

53.侯仁之:《北京城的生命印记》，生活·读书·新知三联书店2009年版。

54.程砚秋、程永江:《程砚秋日记》，时代文艺出版社2010年版。

55.孙冬虎:《北京地名发展史》，北京燕山出版社2010年版。

56.北京市档案馆:《北京档案史料——档案中的北平抗战》，新华出版社2010年版。

57.蔡蕃:《元代水利家郭守敬》，当代中国出版社2011年版。

58.包世轩:《北京历史文化遗产集论：西山问道集》，北京燕山出版社2011年版。

59.中共中央党史研究室:《中国共产党历史》第一卷（1921—1949），中共党史出版社2011年版。

60.韩建业:《北京先秦考古》，文物出版社2011年版。

61.郑永华:《姚广孝史事研究》，人民出版社2011年版。

62.李继华、常进军、李权兴:《李大钊被捕牺牲安葬资料选编》，线装书局2011年版。

63.顾颉刚:《顾颉刚自传》，北京大学出版社2012年版。

64.吴伯娅:《圆明园史话》，社会科学文献出版社2012年版。

65.吴文涛:《北京水利史》，人民出版社2013年版。

66.袁树森:《京西进香古道》，团结出版社2013年版。

67.北京市地方志编纂委员会:《北京志·历史概要》，北京出版社2013年版。

68.北京市石景山区档案局（馆）:《档案历史文化系列丛书之一——八大处》，同心出版社2013年版。

69.岳永逸:《中国节日志·妙峰山庙会》，光明日报出版社2014

年版。

70.顾颉刚:《妙峰山》，上海科学技术文献出版社2014年版。

71.马可波罗著，冯承钧译:《马可波罗行纪》，江苏文艺出版社2014年版。

72.葛仁考:《元朝重臣刘秉忠研究》，人民出版社2014年版。

73.张宝章:《三山五园新探》(上、下册)，中国人民大学出版社2014年版。

74.朱谦之:《中国景教》，商务印书馆2014年版。

75.北京市西周燕都遗址博物馆:《琉璃河遗址与燕文化研究论文集纪念北京建城3060年》，科学出版社2015年版。

76.《中国抗日战争史简明读本》编写组:《中国抗日战争史简明读本》，人民出版社2015年版。

77.中共北京市委党史研究室:《北平抗战简史》，北京出版社2015年版。

78.王密林:《景泰陵志》，人民日报出版社2015年版。

79.阚红柳:《畅春园研究》，首都师范大学出版社2015年版。

80.周进、常颖、冯雪利、乔克:《卢沟桥事变：全民族抗战的起点》，北京出版社 2015年版。

81.中共北京市委党史研究室、北京市旅游发展委员会:《北京红色旅游故事》，中国工商出版社2015年版。

82.北京市海淀区文化发展促进中心、北京市海淀老龄大学:《玉泉山静明园》，中国画报出版社2016年版。

83.中共北京市委宣传部、中共北京市委党史研究室:《向榜样学习》，北京出版社2016年版。

84.习近平:《在纪念孙中山先生诞辰150周年大会上的讲话》，人民出版社2016年版。

85.尤书英:《永定河史话》，团结出版社2017年版。

86.焦雯珺、杜振东、闵庆文主编:《北京京西稻作文化系统》，中国农业出版社2017年版。

87.北京市文史研究馆:《金中都》，北京出版社2018年版。

88.孙冬虎、吴文涛、高福美:《古都北京人地关系变迁》，中国社会科学出版社2018年版。

89.张宝章:《玉泉山静明园》，北京出版社2018年版。

90.张宝章:《畅春园》，北京出版社2018年版。

91.张宝章:《三山五园》，北京出版社2018年版。

92.袁长平:《香山静宜园》，北京出版社2018年版。

93.张超:《圆明园》，北京出版社2018年版。

94.中国明史学会、北京市昌平区十三陵特区办事处:《第十七届明史国际学术研讨会暨纪念明定陵发掘六十周年国际学术研讨会论文集》（上、下册），北京燕山出版社2018年版。

95.李桂清:《琉璃河》，北京出版社2018年版。

96.王雪莲:《北京西山八大水院》，中国人民大学出版社2018年版。

97.董翠平:《周口店记忆》，中华书局2018年版。

98.中共北京市委党史研究室、北京市地方志编纂委员会办公室:“中共中央北京香山革命历史丛书”，北京人民出版社2019年版。

99.张亚钧:《中国地质的摇篮——北京西山》，地质出版社2019年版。

100.蔺虹霞:《报国有心尤慷慨　大师程砚秋》，敦煌文艺出版社2019年版。

101.刘文鹏:《北京南海子历史文化研究辑刊》，北京燕山出版社2019年版。

102.刘仲华等:《讲武习勤的皇家苑囿——南苑历史文化区研究》，社会科学文献出版社2019年版。

103.北京市地方志编纂委员会:《北京志·云居寺志》，北京出版社2019年版。

104.阚红柳:《清代畅春园史料初编》(上下册)，北京联合出版公司2019年版。

105.阚红柳:《三山五园掌故》，北京联合出版公司2020年版。

106.中共北京市委党史研究室、北京市地方志编纂委员会办公室:《北京历史上的自然灾害》，北京出版社2020年版。

107.李锡厚、白滨:《辽金西夏史》，上海人民出版社2020年版。

108.中共北京市委宣传部、中共北京市委党史研究室:“北京文化书系红色文化丛书”，北京出版社2020年版。

109.陈高华、史卫民:《元大都元上都研究》，中国社会科学出版社2020年版。

110.中共北京市委党史研究室、北京市地方志编纂委员会办公室:《北京市地名志》，北京出版社2020年版。

111.《中国共产党简史》编写组:《中国共产党简史》，人民出版社、中共党史出版社2021年版。

112.李楠:《王朝风云——辽夏金》，中国文史出版社2021年版。

113.中共北京市委党史研究室:《中国共产党北京历史》，中共党史出版社2021年版。

114.中共北京市委党史研究室、北京市地方志编纂委员会办公室:“北大红楼与中国共产党创建历史丛书”，北京人民出版社2021年版。

115.[日]塚本善隆、长广敏雄等，汪帅东译:《房山云居寺研究》，北京联合出版公司2016年版。

报刊类：

《北京大学学报》《北京党史》《北京档案》《北京古都历史文化讲座第2辑》《北京观察》《北京规划建设》《北京行政学院学报》《北京建都850周年国际学术研讨会论文集》《北京农业职业学院学报》《北京青年报》《北京人大》《北京日报》《北京社会科学》《北京师范大学学报》《北京史学》《北京晚报》《北京文博文丛》《北京文物与考古》《博览群书》《沧桑》《曹雪芹研究》《城市地质》《城市与减灾》《大众考古》《党史纵览》《地球》《地球科学》《地震地磁观测与研究》《地震学报》《地质论评》《地质通报》《法音》《佛教文化》《工会信息》《故宫博物院院刊》《光明日报》《广西民族学院学报》《贵州文史丛刊》《国防》《国家地理》《国家教师科研专项基金科研成果2019》《海内与海外》《杭州文博》《河北师范大学学报》《黑龙江社会科学》《黑龙江史志》《华北水利水电大学学报》《化石》《纪念北京市社会科学院建立十周年历史研究所研究成果论文集》《江苏地方志》《江西社会科学》《京西时报》《军事历史》《抗战史料研究》《历史研究》《考古》《历史档案》《历史教学》《绿化与生活》《满族研究》《民国春秋》《民间文化论坛》《民俗研究》《民族研究》《农学学报》《农业考古》《农业科技与信息》《齐鲁学刊》《前线》《秦汉研究》《秦始皇帝陵博物院》《清华大学学报》《群言》《人民日报》《人文天下》《上海大学学报》《生命世界》《史前研究》《史学理论研究》《史学史研究》《收藏家》《首都博物馆丛刊》《首都食品与医药》《书屋》《丝绸之路》《宋史研究论丛》《台声》《天风》《团结报》《晚报文萃》《文化遗产》《文化纵横》《文史春秋》《文史精华》《文物》《文物春秋》《文摘报》《五台山研究》《西北民族论丛》《西藏研究》《学习时报》《炎黄春秋》《遗产与保护研究》《艺术教育》《知识就是力量》《中共党史研究》《中

关村》《中国边疆史地研究》《中国藏学》《中国档案》《中国档案报》《中国地名》《中国国家博物馆馆刊》《中国纪检监察报》《中国科学报》《中国历史地理论丛》《中国民族报》《中国民族博览》《中国税务》《中国文物报》《中国宗教》《中山日报》《中央民族大学学报》《装饰》《资源与人居环境》《紫禁城》《纵横》

网站类：

1.中国政府网（http://www.gov.cn/）。

2.联合国教科文组织世界遗产大会官网（http://whc.unesco.org/en/list/449）。

3.北京市文物局官方网站（http://wwj.beijing.gov.cn/）。

4.潭柘寺官方网站（www.bjtanzhesi.com.cn）。

内部资料：

1.［清］神穆德等:《潭柘山岫云寺志》，民国国立中央图书馆刊印本。

2.田树藩:《西山名胜记》，北京市八大处公园管理处校刊2001年版。

3.房山区文化委员会等:《燕人始祖　九重圣地——北京镇江营遗址文物展》，北京航科文化传媒有限公司制作2016年版。

后　记

为“让书写在古籍里的文字都活起来”，挖掘好“一城三带”历史文化内涵，讲好北京历史故事，助力全国文化中心建设，市委党史研究室、市地方志办组织编写了《北京西山永定河故事》。

市委市政府高度重视编写工作，市领导魏小东、崔述强、孙梅君、王红全程关注，并就打造精品力作作出指示，崔述强、孙梅君最后审定了书稿。该书由市委党史研究室、市地方志办主任李良统筹策划，经专家反复论证，室务会研究确定，并报市委市政府批准。李良、唐晓峰担任该书主编，从确定选题到谋篇布局，从甄别史实到提升质量，全面指导、严格把关。执行主编赵鹏、范登生具体组织编写工作，全程指导文稿撰写、审读和统改。室务会成员张恒彬、陈志楣、刘岳、运子微对书稿提出宝贵意见。

该书由市委党史研究室、市地方志办市志指导处组织实施，纪筤、于冰、王美扬、林玉琳、徐丽丽、王羚6名同志承担具体写作任务。

该书在编写过程中得到专家学者的悉心指导。孙冬虎、崔玉光、孔繁峙、吴文涛、岳升阳、蔡蕃、郗志群、沈湘平、侯兆年、李金路、张宝章、刘仲华、王建伟、吕舟、龙登高、张景华、张宝秀、陈戎、刘庆旻、丁超、郭耕、李真、王晓方、徐飞、宋卫忠、高文瑞、赵珍、孙翊、赵小卫、邓春富、吕金波、沙志亮等同志多次审阅书稿并提出指导性意见。陈丽红、曹楠、苏峰、常颖、乔克、贾变变、李自华、张宁等也为该书做出了贡献。

书中部分图片由北京市公园管理中心、北京市文物局、北京大觉寺与团城管理处、首都博物馆、中国第四纪冰川遗迹陈列馆、延庆硅化木国家地质公园提供。北京出版集团北京出版社的编辑负责本书的审校出版工作。

该书参阅了许多公开出版或发表的文献资料和研究成果。在此，谨向为编写工作做出贡献的单位和同志表示诚挚感谢！

由于时间仓促，加之编写水平所限，该书疏漏难免，敬请读者批评指正。

本书编委会

2022年5月